Matthias Müller   **Kommunalrecht Baden-Württemberg**

JURIQ Erfolgstraining
Herausgegeben von JURIQ® Juristisches Repetitorium, Köln

Kommunalrecht Baden-Württemberg

von
Rechtsanwalt Dr. Matthias Müller,
Dipl. Verwaltungswirt (FH)

3., neu bearbeitete Auflage

Bibliografische Information der Deutschen Nationalbibliothek
Die Deutsche Nationalbibliothek verzeichnet diese Publikation in der
Deutschen Nationalbibliografie; detaillierte bibliografische Daten sind
im Internet über <http://dnb.d-nb.de> abrufbar.

Bei der Herstellung des Werkes haben wir uns zukunftsbewusst für umweltverträgliche
und wiederverwertbare Materialien entschieden. Der Inhalt ist auf elementar chlorfreies
Papier gedruckt.

ISBN 978-3-8114-7148-1

E-Mail: kundenservice@hjr-verlag.de
Telefon: +49 6221/489-555
Telefax: +49 6221/489-410

© 2014 C.F. Müller, eine Marke der Verlagsgruppe Hüthig Jehle Rehm GmbH
Heidelberg, München, Landsberg, Frechen, Hamburg

www.cfmueller-campus.de
www.hjr-verlag.de

Dieses Werk, einschließlich aller seiner Teile, ist urheberrechtlich geschützt. Jede Verwertung
außerhalb der engen Grenzen des Urheberrechtsgesetzes ist ohne Zustimmung des Verlages
unzulässig und strafbar. Das gilt insbesondere für Vervielfältigungen, Übersetzungen, Mikro-
verfilmungen und die Einspeicherung und Bearbeitung in elektronischen Systemen.

Satz: TypoScript, München
Illustrationen: Mattfeldt & Sänger, München
Druck: Kessler Druck + Medien, Bobingen

Liebe Leserinnen und Leser,

die Reihe „JURIQ Erfolgstraining" zur Klausur- und Prüfungsvorbereitung verbindet sowohl für Studienanfänger als auch für höhere Semester die Vorzüge des klassischen Lehrbuchs mit meiner Unterrichtserfahrung zu einem umfassenden Lernkonzept aus Skript und Online-Training.

In einem ersten Schritt geht es um das **Erlernen** der nach Prüfungsrelevanz ausgewählten und gewichteten Inhalte und Themenstellungen. Einleitende Prüfungsschemata sorgen für eine klare Struktur und weisen auf die typischen Problemkreise hin, die Sie in einer Klausur kennen und beherrschen müssen. Neu ist die **visuelle Lernunterstützung** durch
- ein nach didaktischen Gesichtspunkten ausgewähltes Farblayout
- optische Verstärkung durch einprägsame Graphiken und
- wiederkehrende Symbole am Rand

   ⟲ = Definition zum Auswendiglernen und Wiederholen

   🅿 = Problempunkt

   🎓@ = Online-Wissens-Check

Illustrationen als „Lernanker" für schwierige Beispiele und Fallkonstellationen steigern die Merk- und Erinnerungsleistung Ihres Langzeitgedächtnisses.

Auf die Phase des Lernens folgt das **Wiederholen und Überprüfen** des Erlernten im **Online-Wissens-Check**: Wenn Sie im Internet unter www.juracademy.de/skripte/login das speziell auf das Skript abgestimmte Wissens-, Definitions- und Aufbautraining absolvieren, erhalten Sie ein direktes Feedback zum eigenen Wissensstand und kontrollieren Ihren individuellen Lernfortschritt. Durch dieses aktive Lernen vertiefen Sie zudem nachhaltig und damit erfolgreich Ihre kommunalrechtlichen Kenntnisse!

Frage 1 (Punkte: 1)

Welche Rechte stehen dem Bürgermeistern als Vorsitzender des Gemeinderates zu?

Antwort

Aussagen	Antwort	Aussagerichtigkeit und Kommentar
a) Ausübung des Hausrechts bei den Gemeinderatssitzungen	☑ ✓	Richtig, § 36 Abs. 1 GemO BW
b) Einberufung des Gemeinderates	☑ ✓	Richtig, § 34 Abs. 1 GemO BW
c) Leitung der Sitzungen des Gemeinderates	☑ ✓	Richtig, § 36 Abs. 1 GemO BW
d) Erlass einer Geschäftsordnung des Gemeinderates	☐ ✓	Falsch, die Geschäftsordnung gibt sich der Gemeinderat selbst, § 36 Abs. 2 GemO BW.
e) Vorbereitung der Sitzungen der Ausschüsse	☑ ✓	Richtig, § 43 Abs. 1 GemO BW
f) Vorbereitung der Sitzungen des Gemeinderates	☑ ✓	Richtig, § 43 Abs. 1 GemO BW

→ **Richtig**
  Punkte für diese Antwort: 1/1.

Vorwort

Schließlich geht es um das **Anwenden und Einüben** des Lernstoffes anhand von Übungsfällen verschiedener Schwierigkeitsstufen, die im Gutachtenstil gelöst werden. Die JURIQ **Klausurtipps** zu gängigen Fallkonstellationen und häufigen Fehlerquellen weisen Ihnen dabei den Weg durch den Problemdschungel in der Prüfungssituation.

Das **Lerncoaching** jenseits der rein juristischen Inhalte ist als zusätzlicher Service zum Informieren und Sammeln gedacht: Ein erfahrener Psychologe stellt u.a. Themen wie Motivation, Leistungsfähigkeit und Zeitmanagement anschaulich dar, zeigt Wege zur Analyse und Verbesserung des eigenen Lernstils auf und gibt Tipps für eine optimale Nutzung der Lernzeit und zur Überwindung evtl. Lernblockaden.

Das vorliegende Skript trägt in seiner Konzeption dem Umstand Rechnung, dass das Kommunalrecht in Baden-Württemberg vom Wortlaut der GemO und deren teils sehr detaillierten Regelungen lebt. Anders als Ihnen dies aus Teilen des Straf- oder Zivilrechts bekannt sein mag, spielen weitschweifende Theorienstreite in der Gemeindeverfassung kaum eine Rolle. Für die Fallbearbeitung ist es vielmehr von Vorteil, wenn Sie neben dem Gesetzestext auch die internen Strukturen der Gemeinde verinnerlicht haben. Um dies zu erleichtern, vermittelt Ihnen das Skript ein möglichst plastisches Bild von den (inner)gemeindlichen Zusammenhängen. Wenn Sie verstehen, wie eine Gemeinde rechtlich „funktioniert", wird Ihnen das Lösen kommunalrechtlich geprägter Klausuren keine Schwierigkeiten bereiten.

Auf geht's – ich wünsche Ihnen viel Freude und Erfolg beim Erarbeiten des Stoffs!

Und noch etwas: Das Examen kann jeder schaffen, der sein juristisches Handwerkszeug beherrscht und kontinuierlich anwendet. Jura ist kein „Hexenwerk". Setzen Sie nie ausschließlich auf auswendig gelerntes Wissen, sondern auf Ihr Systemverständnis und ein solides methodisches Handwerk. Wenn Sie Hilfe brauchen, Anregungen haben oder sonst etwas loswerden möchten, sind wir für Sie da. Wenden Sie sich gerne an C.F. Müller, Verlagsgruppe Hüthig Jehle Rehm GmbH, Im Weiher 10, 69121 Heidelberg, E-Mail: kundenservice@hjr-verlag.de. Dort werden auch Hinweise auf Druckfehler sehr dankbar entgegen genommen, die sich leider nie ganz ausschließen lassen.

Ammerbuch, im Dezember 2013

Matthias Müller

JURIQ Erfolgstraining – die Skriptenreihe von C.F. Müller mit Online-Wissens-Check

Mit dem Kauf dieses Skripts aus der Reihe „JURIQ Erfolgstraining" haben Sie gleichzeitig eine Zugangsberechtigung für den Online-Wissens-Check erworben – ohne weiteres Entgelt. Die Nutzung ist freiwillig und unverbindlich.

Was bieten wir Ihnen im Online-Wissens-Check an?

- Sie erhalten einen individuellen Zugriff auf **Testfragen zur Wiederholung und Überprüfung des vermittelten Stoffs**, passend zu jedem Kapitel Ihres Skripts.
- Eine individuelle **Lernfortschrittskontrolle** zeigt Ihren eigenen Wissensstand durch Auswertung Ihrer persönlichen Testergebnisse.

Wie nutzen Sie diese Möglichkeit?

Online-Wissens-Check

Registrieren Sie sich einfach für Ihren kostenfreien Zugang auf **www.juracademy.de/skripte/login** und schalten sich dann mit Hilfe des Codes für Ihren persönlichen Online-Wissens-Check frei.

Ihr persönlicher User-Code: 149976227

Der Online-Wissens-Check und die Lernfortschrittskontrolle stehen Ihnen für die **Dauer von 24 Monaten** zur Verfügung. Die Frist beginnt erst, wenn Sie sich mit Hilfe des Zugangscodes in den Online-Wissens-Check zu diesem Skript eingeloggt haben. Den Starttermin haben Sie also selbst in der Hand.

Für den technischen Betrieb des Online-Wissens-Checks ist die JURIQ GmbH, Unter den Ulmen 31, 50968 Köln zuständig. Bei Fragen oder Problemen können Sie sich jederzeit an das JURIQ-Team wenden, und zwar per E-Mail an: info@juriq.de.

Inhaltsverzeichnis

	Rn.	Seite
Vorwort		V
Codeseite		VII
Literaturverzeichnis		XVI

1. Teil
Rechtliche Grundlagen des Kommunalrechts … 1 … 1

2. Teil
Die Gemeinden im Staatsaufbau … 5 … 2

	Rn.	Seite
A. Gliederung des Bundes und der Länder	5	2
B. Unmittelbare und mittelbare Staatsverwaltung	7	2
I. Unmittelbare Staatsverwaltung	7	2
II. Mittelbare Staatsverwaltung	8	3
C. Gemeinden und Landkreise als Teil der mittelbaren Staatsverwaltung	9	4
D. Arten von Gemeinden	10	4
I. Kreisangehörige Gemeinden	11	4
II. Sonderfall: Große Kreisstädte	12	4
III. Stadtkreise	13	5

3. Teil
Kommunale Selbstverwaltungsgarantie … 14 … 6

	Rn.	Seite
A. Verfassungsmäßige Grundlage	14	6
B. Inhalt des Art. 28 Abs. 2 S. 1 GG	15	6
I. Schutzbereich des Art. 28 Abs. 2 S. 1 GG	15	6
1. Art. 28 Abs. 2 S. 1 GG als institutionelle Garantie	15	6
2. Angelegenheiten der örtlichen Gemeinschaft	19	7
3. Eigenverantwortlichkeit	29	9
II. Eingriffe	30	9
III. Schranken	31	9
1. Kernbereich der kommunalen Selbstverwaltung	32	10
2. Randbereich der kommunalen Selbstverwaltung	33	10
IV. Kommunale Selbstverwaltungsgarantie in der Landesverfassung	40	11
V. Rechtsschutz	41	12
1. Verletzung durch formelles Landesgesetz: Kommunalrechtliche Normenkontrolle zum Staatsgerichtshof	42	12
2. Verletzung durch formelles oder materielles Bundesrecht: Kommunalverfassungsbeschwerde zum BVerfG	43	12
3. Allgemeine Verfassungsbeschwerde zum BVerfG?	44	13

	Rn.	Seite

4. Teil
Aufgaben der Gemeinde — 45 — 14

A. Weisungsfreie Aufgaben: Freiwillige Aufgaben und weisungsfreie Pflichtaufgaben — 49 — 15
    I. Freiwillige Aufgaben — 49 — 15
    II. Weisungsfreie Pflichtaufgaben — 51 — 15

B. Weisungsaufgaben — 53 — 16

C. Bundesauftragsangelegenheiten — 55 — 17

5. Teil
Einwohner und Bürger der Gemeinde — 56 — 18

A. Einwohner — 56 — 18
    I. Begriff des Einwohners — 56 — 18
    II. Den Einwohnern Gleichgestellte — 57 — 18
        1. Grundbesitzer und Gewerbetreibende – § 10 Abs. 3 GemO — 57 — 18
        2. Juristische Personen und Personenvereinigungen – § 10 Abs. 4 GemO — 59 — 19

B. Bürger — 60 — 19
    I. Begriff — 60 — 19
    II. Ehrenamtliche Tätigkeit – § 15 GemO — 62 — 20
        1. Pflicht zur ehrenamtlichen Tätigkeit — 62 — 20
        2. Vertretungsverbot – § 17 Abs. 3 GemO — 66 — 21
        3. Ausschluss wegen Befangenheit – § 18 GemO — 71 — 21

C. Übungsfall Nr. 1 — 72 — 22

6. Teil
Beteiligung von Einwohnern und Bürgern — 74 — 24

A. Gelegenheit zur Äußerung – § 20 Abs. 2 S. 2 GemO — 75 — 24

B. Bürgerversammlung – § 20a GemO — 76 — 25
    I. Allgemeines — 76 — 25
    II. Anberaumung, Verhandlungsgang — 78 — 25
    III. Anberaumung auf Antrag der Bürger — 80 — 25
    IV. Rechtsschutz — 83 — 26

C. Bürgerantrag – § 20b GemO — 84 — 26
    I. Voraussetzungen des Bürgerantrags — 85 — 26
    II. Entscheidung über die Zulässigkeit — 90 — 27
    III. Rechtsschutz — 91 — 28

D. Fragestunde und Anhörung — 92 — 28

E. Bürgerentscheid — 93 — 28
    I. Allgemeines — 93 — 28
    II. Voraussetzungen — 94 — 28
    III. Verfahren — 96 — 29
    IV. Ergebnis des Bürgerentscheids — 97 — 29
    V. Rechtswirkung des Bürgerentscheids — 98 — 29

	Rn.	Seite
F. Bürgerbegehren	99	29
I. Allgemeines	99	29
II. Voraussetzungen	100	30
III. Entscheidung über die Zulässigkeit	104	31
IV. Durchführung	105	31
V. Rechtswirkung	106	31
VI. Exkurs: Besonderheiten beim Rechtsschutz im Zusammenhang mit Bürgerbegehren	107	32

7. Teil
Öffentliche Einrichtungen

	Rn.	Seite
Öffentliche Einrichtungen	108	33
A. Begriff der öffentlichen Einrichtung	109	33
I. Einrichtung	110	33
II. Widmungsakt	111	34
III. Schaffung im gemeindlichen Wirkungskreis	113	34
B. Voraussetzung für die Schaffung öffentlicher Einrichtungen	114	35
C. Anspruch auf Zulassung	115	35
I. Öffentliche Einrichtung	116	36
II. Anspruchsberechtigte	117	36
III. Beschränkungen des Zulassungsanspruchs	120	36
IV. Sonderfall: Zulassung politischer Parteien	123	37
V. Exkurs: Rechtsweg bei Ablehnung des Zulassungsanspruchs	126	38
1. Zulassungsanspruch	127	38
2. Benutzungsverhältnis	128	38
D. Anschluss- und Benutzungszwang	129	39
I. Begriff	130	39
II. Voraussetzungen	132	40
1. Satzung	132	40
2. Öffentliche Einrichtung	134	41
3. Öffentliches Bedürfnis	135	41
E. Übungsfall Nr. 2	136	42

8. Teil
Die Organe der Gemeinde

	Rn.	Seite
Die Organe der Gemeinde	138	45
A. Der Gemeinderat	139	45
I. Rechtsstellung des Gemeinderats – § 24 GemO	139	45
II. Rechtsstellung der Gemeinderäte – § 32 GemO	140	46
III. Aufgaben des Gemeinderats	141	46
IV. Zusammensetzung des Gemeinderats – § 25 GemO	146	47
V. Wahl des Gemeinderats	148	47
1. Wahlgrundsätze, aktives und passives Wahlrecht	148	47
2. Hinderungsgründe	153	48
VI. Ausscheiden aus dem Gemeinderat	154	48
VII. Haftung	155	49
VIII. Fraktionen im Gemeinderat	156	49
IX. Geschäftsordnung des Gemeinderats – § 36 Abs. 2 GemO	159	49

	Rn.	Seite
B. Der Bürgermeister	162	50
I. Rechtsstellung	162	50
II. Aufgaben	163	50
1. Aufgaben als Vorsitzender des Gemeinderats	164	50
2. Aufgaben als Leiter der Gemeindeverwaltung – § 44 GemO	169	52
3. Wahl des Bürgermeisters	179	55

9. Teil
Ausschüsse, Ältestenrat, Jugendgemeinderat

	Rn.	Seite
Ausschüsse, Ältestenrat, Jugendgemeinderat	182	57
A. Ausschüsse	182	57
I. Beschließende Ausschüsse	183	57
1. Verhältnis zum Gemeinderat	184	57
2. Zusammensetzung	187	58
II. Beratende Ausschüsse – § 41 GemO	188	58
B. Ältestenrat	189	59
C. Beteiligung Jugendlicher	191	59

10. Teil
Stellvertreter des Bürgermeisters, Beigeordnete, Beauftragung, Bevollmächtigung

	Rn.	Seite
Stellvertreter des Bürgermeisters, Beigeordnete, Beauftragung, Bevollmächtigung	192	60
A. Stellvertreter des Bürgermeisters aus der Mitte des Gemeinderats	192	60
B. Beigeordnete	194	61
I. Rechtsstellung der Beigeordneten, Amtszeit, Wahl	194	61
II. Aufgaben	195	61
C. Amtsverweser	202	63
D. Beauftragung und rechtsgeschäftliche Vollmacht	203	63

11. Teil
Die Gemeinderatssitzung

	Rn.	Seite
Die Gemeinderatssitzung	209	65
A. Beschlussfassung im Gemeinderat	210	65
I. Allgemeines	210	65
II. Wahlen	212	66
III. Abstimmungen	214	66
B. Voraussetzung für eine ordnungsgemäße Beschlussfassung	216	67
I. Zuständigkeit des Gemeinderats	217	67
1. Verbandskompetenz	217	67
2. Organkompetenz	218	67
II. Ordnungsgemäße Einberufung	219	68
1. Zuständigkeit	220	68
2. Form, Adressatenkreis, Frist	222	68
3. Tagesordnung	227	69
4. Beifügung der erforderlichen Unterlagen	230	70
5. Exkurs: Informationsrecht des Gemeinderats/Informationspflicht des Bürgermeisters	231	71
6. Ortsübliche Bekanntgabe	232	71

	Rn.	Seite
7. Ausnahme: Einberufung im Notfall	233	71
8. Rechtsfolge: Teilnahmepflicht	234	72
III. Öffentlichkeit der Sitzung	235	72
1. Grundsatz der Öffentlichkeit	237	72
2. Ausnahme: Nichtöffentlichkeit	239	73
3. Zuständigkeit	243	74
4. Rechtsfolgen der Nichtöffentlichkeit	244	75
5. Rechtsschutz	246	75
IV. Ordnungsgemäße Verhandlungsleitung	247	75
1. Verhandlungsleitung	248	75
2. Sitzungsordnung, Hausrecht	249	76
3. Rechtsschutz	252	76
4. Exkurs: Allgemeines öffentlich-rechtliches und zivilrechtliches Hausrecht	253	77
V. Befangenheit	254	77
1. Allgemeines	255	77
2. Persönlicher Anwendungsbereich des § 18 GemO	257	78
3. Befangenheitsgrund	258	78
4. Persönliche Betroffenheit	259	79
5. Ausnahmen von der Befangenheit	260	80
6. Verfahren zur Feststellung der Befangenheit	264	80
7. Rechtsfolgen der Befangenheit	266	81
8. Fehlerfolgen	268	81
9. Heilung	271	82
10. Rechtsschutz des zu Unrecht ausgeschlossenen Gemeinderats	272	82
VI. Beschlussfähigkeit	273	83
C. Fehlerhafte Beschlüsse und Rechtsschutz	274	83
D. Niederschrift	275	84
E. Besondere Arten der Beschlussfassung: Offenlegung und schriftliches bzw. elektronischen Verfahren	279	84
F. Vollzug der Beschlüsse	280	85
G. Übungsfall Nr. 3	281	86

12. Teil
Kommunales Satzungsrecht — 283 — 88

	Rn.	Seite
A. Begriff der Satzung	284	88
B. Rechtsgrundlagen	287	89
C. Begrenzung der Satzungsbefugnis	288	90
D. Pflichtsatzungen	290	90
E. Hauptsatzung	291	90
F. Verfahren betreffend das Zustandekommen einer kommunalen Satzung	293	91
G. Heilung von Verfahrens- und Formvorschriften	301	93

	Rn.	Seite
H. Rechtsschutz gegen kommunale Satzungen	304	95
I. Abstraktes Normenkontrollverfahren	305	95
II. Inzidente Normenkontrolle	306	95
III. Verfassungsbeschwerde	307	95
I. Exkurs: Aufbau einer kommunalen Satzung	308	96

13. Teil
Aufsicht

	Rn.	Seite
Aufsicht	309	98
A. Begriff	309	98
B. Verfassungsgrundlagen	311	98
C. Rechtsaufsicht	312	98
I. Allgemeines	312	98
II. Formelle Rechtmäßigkeit des Aufsichtshandelns	313	99
1. Rechtsaufsichtsbehörden	314	99
2. Form des Handelns, Anhörung	316	99
3. Anhörung	317	100
III. Die einzelnen Rechte der Aufsicht	318	100
1. Beanstandung, Aufhebung, Rückgängigmachung – § 121 GemO	318	100
2. Anordnungsrecht – § 122 GemO	334	105
3. Informationsrecht – § 120 GemO	342	107
4. Ersatzvornahme – § 123 GemO	347	109
5. Bestellung eines Beauftragten – § 124 GemO	353	111
6. Vorzeitige Beendigung der Amtszeit des Bürgermeisters – § 128 GemO	354	111
7. Weitere Kompetenzen der Rechtsaufsichtsbehörde	355	111
8. Exkurs: Besonderheiten beim Rechtsschutz gegen Maßnahmen der Rechtsaufsicht	358	112
D. Fachaufsicht	364	114
I. Begriff, Rechtsstellung	364	114
II. Aufsichtsmittel der Fachaufsichtsbehörde	366	114
1. GemO	367	114
2. Spezialgesetzliche Aufsichtsrechte	368	114
III. Verhältnis der Fachaufsicht zur Rechtsaufsicht	370	115
IV. Fachaufsichtsbehörden	373	116
V. Exkurs: Besonderheiten beim Rechtsschutz gegen Maßnahmen der Fachaufsicht	374	116
1. Rechtliche Einordnung der fachaufsichtlichen Maßnahme	374	116
2. Weisungen ohne VA-Qualität	375	117
3. Weisung mit VA-Qualität	376	117

14. Teil
Kommunalverfassungsstreit

	Rn.	Seite
Kommunalverfassungsstreit	377	118
A. Zulässigkeit der Klage	380	119
I. Eröffnung des Verwaltungsrechtswegs – § 40 VwGO	380	119
1. Rechtsstreitigkeit	381	119
2. Nichtverfassungsrechtliche Streitigkeit	382	120

	Rn.	Seite
II. Statthafte Klageart	383	120
III. Klagebefugnis	384	121
IV. Feststellungsinteresse	385	121
V. Beteiligtenfähigkeit	386	121
VI. Weitere Zulässigkeitsvoraussetzungen	387	122
B. Begründetheit der Klage	388	122
I. Passivlegitimation	388	122
II. Rechtsverletzung	389	122
C. Einstweiliger Rechtsschutz	390	123
D. Übungsfall Nr. 4	391	124

15. Teil
Besondere Verwaltungsformen — 393 — 126

	Rn.	Seite
A. Ortschaftsverfassung	393	126
I. Allgemeines, Begriff	393	126
II. Ortschaftsrat	394	126
III. Ortsvorsteher	398	127
B. Bezirksverfassung – § 64 ff. GemO	400	127
I. Allgemeines	400	127
II. Bezirksbeirat	401	128

16. Teil
Landkreise — 403 — 129

	Rn.	Seite
A. Rechtsstellung	403	129
B. Verfassungsmäßige Garantie des Art. 28 Abs. 2 GG	406	129
C. Aufgaben	407	130
D. Organe	409	130
I. Kreistag	410	130
II. Landrat	411	130
E. Aufsicht	412	131

17. Teil
Überblick: Interkommunale Zusammenarbeit — 413 — 132

	Rn.	Seite
A. Zweckverband	415	132
B. Öffentlich-rechtliche Vereinbarung bzw. Zweckvereinbarung	418	133
C. Verwaltungsgemeinschaften	419	133
I. Gemeindeverwaltungsverband	420	133
II. Vereinbarte Verwaltungsgemeinschaft	422	134

18. Teil
Überblick: Wirtschaftliche Betätigung der Gemeinden — 425 — 135

Sachverzeichnis 137

Literaturverzeichnis

Ade	Gemeindeordnung für Baden-Württemberg, Kommentar, in: Praxis der Kommunalverwaltung, zitiert nach Beck-Online
Creifelds	Rechtswörterbuch, 20. Aufl. 2011
Gern	Kommunalrecht Baden-Württemberg 9. Aufl. 2005 (zitiert: *Gern*)
Gersdorf	Verwaltungsprozessrecht, 4. Aufl. 2009
Jarass/Pieroth	Grundgesetz für die Bundesrepublik Deutschland, Kommentar, 11. Aufl. 2011 (zitiert: *Bearbeiter* in Jarass/Pieroth)
Kunze/Bronner/Katz	Gemeindeordnung für Baden-Württemberg, Kommentar, 4. Aufl., Stand: Dezember 2012 (zitiert: *KBK*)
Müller	Interkommunale Zusammenarbeit und Vergaberecht, 2006
Schenke	Verwaltungsprozessrecht, 13. Aufl. 2012
Waibel	Gemeindeverfassungsrecht Baden-Württemberg, 5. Aufl. 2007

Tipps vom Lerncoach

Warum Lerntipps in einem Jura-Skript?

Es gibt in Deutschland ca. 1,6 Millionen Studierende, deren tägliche Beschäftigung das Lernen ist. Lernende, die stets ohne Anstrengung erfolgreich sind, die keinere oder größere Lernprobleme hatten, sind eher selten. Besonders juristische Lerninhalte sind komplex und anspruchsvoll. Unsere Skripte sind deshalb fachlich und didaktisch sinnvoll aufgebaut, um das Lernen zu erleichtern.

Über fundierte Lerntipps wollen wir darüber hinaus all diejenigen ansprechen, die ihr Lern- und Arbeitsverhalten verbessern und unangenehme Lernphasen schneller überwinden wollen.

Diese Tipps stammen von *Frank Wenderoth*, der als Diplom-Psychologe seit vielen Jahren in der Personal- und Organisationsentwicklung als Berater und Personal Coach tätig ist und außerdem Jurastudierende in der Prüfungsvorbereitung und bei beruflichen Weichenstellungen berät.

Wie lernen Menschen?

Die Wunschvorstellung ist häufig, ohne Anstrengung oder ohne eigene Aktivität „à la Nürnberger Trichter" lernen zu können. Die modernen Neurowissenschaften und auch die Psychologie zeigen jedoch, dass Lernen ein aktiver Aufnahme- und Verarbeitungsprozess ist, der auch nur durch aktive Methoden verbessert werden kann. Sie müssen sich also für sich selbst einsetzen, um Ihre Lernprozesse zu fördern. Sie verbuchen die Erfolge dann auch stets für sich.

Gibt es wichtigere und weniger wichtige Lerntipps?

Auch das bestimmen Sie selbst. Die Lerntipps sind als Anregungen zu verstehen, die Sie aktiv einsetzen, erproben und ganz individuell auf Ihre Lernsituation anpassen können. Die Tipps sind pro Rechtsgebiet thematisch aufeinander abgestimmt und ergänzen sich von Skript zu Skript, können aber auch unabhängig voneinander genutzt werden.

Verstehen Sie die Lerntipps „à la carte"! Sie wählen das aus, was Ihnen nützlich erscheint, um Ihre Lernprozesse noch effektiver und ökonomischer gestalten zu können!

Lernthema 3
Leistungsfähigkeit, Ernährung und individueller Tagesrhythmus

Jura Lernen ist Kopfarbeit, die mit emotionalen und motivationalen Zuständen verbunden ist. Diese mentalen Prozesse sind physiologisch betrachtet elektrische Aktivität der Hirnzellen – also Körperarbeit. Und Körperarbeit erfordert und verbraucht Energie. Sie brauchen für eine erfolgreiche Lernarbeit eine angemessene Energiezufuhr durch passende Ernährung. Und weil es Tagesschwankungen in der Leistungsfähigkeit gibt, ist es für Sie wichtig, Ihre Lern- und Pausenplanung an einem individuell passenden Rhythmus auszurichten.

Lerntipps

Optimieren Sie Ihre Ernährung!

Zum Lernen ist es günstig, sich gut zu fühlen und geistig konzentriert zu sein. Nudeln zum Beispiel kurbeln das „Glückshormon" Serotonin an und sind eine Langzeitenergiequelle, da der Körper die Kohlenhydrate aus dem Mehl nur langsam abbaut. Aufmunternd wirken Brot, Fisch und Kartoffeln. Bananen wirken leicht beruhigend durch ihren Magnesiumgehalt. Durch zu wenig Nahrung sinkt der Blutzuckerspiegel ab, bewirkt eine Konzentrations- und damit Leistungsabnahme. Für das Gehirn sind daher kleinere Mahlzeiten (am besten fünf) optimal. Nicht umsonst wird von Ernährungsexperten nach wie vor das Schulbrot und ein Apfel empfohlen, auch wenn das bei vielen Schülern als uncool gilt. Denken Sie auch an Vitamine, besonders C, E und B und Mineralien wie Eisen und Calcium. Obst und Gemüse sind hier ideal.

Also starten Sie mit einem stressfreien, gemütlichen Frühstück mit Zeitung, stehen Sie lieber früher auf. Nach jeder Mahlzeit sollte eine kurze Pause eingelegt werden, da die Energie (Sauerstoff) erst einmal für die Verdauung verbraucht wird und dem Gehirn nicht direkt zur Verfügung steht.

Leistungsfähigkeit, Ernährung und individueller Tagesrhythmus

Fazit:

Sie müssen sich auf vorgegebene Rhythmen in Stundenplänen und Vorlesungszeiten einerseits einstellen. Der Körper stellt sich bei Regelmäßigkeit auch um. Das können Sie nutzen. Wenn Sie viele Freiräume zur Gestaltung Ihres Tagesrhythmus besitzen, sollten Sie regelmäßige und feststehende Lern- und Pausenzeiten festlegen. Sie bestimmen Ihren Rhythmus selbst und nicht der Rhythmus Sie. So schöpfen Sie Ihre Leistungsmöglichkeiten besser aus.

Pausen fest einplanen und einhalten!

Nach schwerer Arbeit brauchen Sie generell angemessene Pausen. Viele Studenten lernen täglich zehn oder mehr Stunden und erzielen in Relation dazu minimale Lerngewinne. Unsere „Lernmaschine" Gehirn benötigt Speicher- und Verarbeitungszeiten und Wartungspausen. Pausen haben arbeitsphysiologische Wirkungen.

- Häufige Pausen von weniger als 20 Minuten sind besonders effektiv, erfrischend und besser als wenige lange Pausen.
- Gerade zu Beginn einer Pause ist der Erholungswert am größten.
- Pausen sollten nicht mit Nebentätigkeiten ausgefüllt werden.
- Die Freude auf die Pause kann einen positiven Arbeitseffekt bewirken, der bereits vor der Pause eintritt.
- In den Pausen arbeitet unser Gehirn weiter, es knüpft Verbindungen, startet unbewusste Suchprozesse (deshalb fällt uns nach der Pause häufig plötzlich eine Lösung ein, die wir vorher nicht finden konnten).
- Pausen werden meist als Belohnung erlebt. Dadurch wirken sie verstärkend auf unser weiteres Lernverhalten.

Nicht von ungefähr haben Arbeitnehmer einen gesetzlichen Anspruch auf Pausen von gewisser Dauer. Und der Arbeitgeber die Fürsorgepflicht für deren Einhaltung. Sie haben ein Recht auf Pausen und die Pflicht sie einzuplanen und einzuhalten, unabhängig vom Lernerfolg. Wahrscheinlich werden Pausen so selten fest eingehalten, weil man meint, sie sind vergeudete Zeit. Also, keine Angst vor Zeitverlust.

Falsches Essen und Trinken kann das Lernen ausbremsen!

Vermeiden Sie den Geschmacksverstärker Glutamat, der sich z.B. in vielen Fertiggerichten und dem allgemeinen Fast Food wie Hamburger, Würstchen und Chips befindet. Er kann zu Hitzewallungen, Kopfschmerzen und Herzklopfen führen. Und brauchen Sie in anstrengenden Lernphasen nun wirklich nicht! Kaffee entzieht zwar keine Flüssigkeit wie Tee, wirkt wie Cola kurzzeitig aufputschend , dann aber ermüdend. Wenn Sie gerne Tee trinken – der wirkt positiv anregend – gleichen Sie das unbedingt durch die entsprechende Menge Wasser aus, denn ….

… die geistige Leistung wird durch Wasser verbessert!

Wasser ist ein wichtiges Transportmittel zur Stoffverschiebung und für die Zellaktivität. Flüssigkeitsmangel reduziert die Informationsaufnahme, -verarbeitung und den Wissenserwerb, durch vermehrte Wasseraufnahme verbessern sich geistige Leistungen, z.B. erkennbar an besseren Noten. Trinken während einer Lehrveranstaltung erhöht die Aufmerksamkeit für den Lehrstoff (Ergebnisse aus der Rosbacher Studie). Im normalen Alltagsgeschehen sollten wir 1,5 bis 2 Liter Flüssigkeit zu uns nehmen. Bei größerer Beanspruchung und Hitze entsprechend mehr. Wasser ist ideal auch wegen der Spurenelemente, stilles Wasser durchspült den Körper besser als Wasser mit Kohlensäure. Fruchtsaft kann natürlich dazugemischt werden.

Es gibt erhebliche individuelle Unterschiede in den Tagesleistungskurven!

Die gegenwärtige Forschung relativiert einige Annahmen über „den Bio-Rhythmus":

- Tagesrhythmische Schwankungen beziehen sich auf unterschiedliche Leistungsfähigkeiten (körperliche vs. geistige).
- Die Schwankungen hängen stark von den Rahmenbedingungen wie z.B. der Intensität der Anforderungen ab (z.B. 12 Uhr Leistungsfähigkeit für Prüfungsfach A gering, aber für Sport nicht unbedingt; 3 Uhr Discobesuch hellwach etc.)
- Die Leistungsfähigkeit hängt stark mit der Motivation zusammen (z.B. Lesen eines Buches über ein Hobby oder über ein kompliziertes Prüfungsthema).
- Es gibt erhebliche Unterschiede in den tagesablaufbedingten Leistungsschwankungen verschiedener Menschen (u.a. Eulen und Lerchen …), d.h. kein allgemeiner Stundenplan kann diese aus rein organisatorischen Gründen berücksichtigen.

Leistungsfähigkeit, Ernährung und individueller Tagesrhythmus

Lernen am Abend ist weniger effektiv!

Das Lernen am späten Abend – also nach 22 Uhr ist wenig effektiv, da gemessen am Arbeitsaufwand weniger behalten wird. Vermeiden Sie also die Nachmittage mit Fernsehen, Verabredungen, Freizeit zu verbringen und hier viel Freizeitenergie zu investieren. Danach geistige Energie für Lernleistungen aufzubringen, fällt umso schwerer. Bei spätem Lernen schläft man erfahrungsgemäß auch schlechter und das, obwohl der nächste Tag wiederum Ihren vollen Einsatz erfordert. Seien Sie ehrlich zu sich und schauen Sie einmal, von welcher abendlichen Uhrzeit an die Lerneffektivität nachlässt.

Am Abend gut abschalten!

Planen Sie mindestens 60 Minuten vor dem Schlafengehen vollkommen zum Entspannen ein. Sie können so mehr Abstand zum Lernen gewinnen und der Schlaf wird umso erholsamer sein. Andernfalls grübeln Sie weiter über Ihren Lernstoff, und Sie stehen am nächsten Morgen mit einem „Lernkater" auf. Alkohol oder Schlafmittel beeinträchtigen die Lernarbeit im Schlaf erheblich. Nur im erholsamen Schlaf arbeitet das Gehirn gerne für Sie eigenverantwortlich weiter.

Den Schlaf als Lernorganisator nutzen!

Es ist nachgewiesen, dass sich unser Gehirn während des Schlafens nicht ausruht, der Arbeitsmodus schaltet um und das Gehirn wird zum Verwalter und Organisator des Gelernten. Das Gehirn bzw. die neuronale Aktivität sichtet, sortiert und ordnet zu, schafft Verbindungen (Synapsen) zu bereits bestehenden Wissensinhalten und verankert Gelerntes – ohne dass wir bewusst und aktiv etwas tun müssen. Diese Erkenntnisse erklären wahrscheinlich auch die lernförderlichen Wirkungen des Kurzschlafes (Power Napping) und der kurzen und tiefen Entspannung mit Hypnose.

Nutzen Sie die verschiedenen Pausenarten im Verlaufe eines Arbeitstages!

Zur Unterstützung einer gesunden und effektiven „Pausenmoral" können Sie verschiedene Arten von Pausen unterscheiden. Alle wollen mit gutem Gefühl ausprobiert und genossen werden. Entwickeln Sie Ihre persönliche, vielleicht „etwas andere" Pausenstrategie. Sie werden feststellen, dass Sie konzentrierter und effektiver arbeiten können. Allerdings ist ein wenig Vorsicht geboten, wenn Sie Pausen zur „Lernvermeidung" nutzen.

- Die Abspeicherpause (Augen zu) von 10 bis 20 Sekunden nach Definitionen, Begriffen und komplexen Lerninhalten zum sicheren Abspeichern und zur Konzentration.
- Die Umschaltpause von 3 bis 5 Minuten nach ca. 20 bis 40 Minuten Arbeit, um Abstand zum vorher Gelernten zu bekommen und dadurch Neues besser aufzunehmen.
- Die Zwischenpause von 15 bis 20 Minuten nach 90 Minuten intensiver Arbeit, also nach zwei Arbeitsphasen dient dem Erholen und Abschalten.
- Die lange Erholungspause von 1 bis 3 Stunden, z.B. mittags oder zum Feierabend nach 3 Stunden Arbeit ebenfalls zum richtigen Abschalten, Regenerieren, Sich-Belohnen etc.

Ihre Mittagspause hat für Ihren Tagesrhythmus eine besondere Bedeutung!

Vor und nach dem Mittagessen sollte eine längere Erholungspause von mindestens 30 Minuten eingeplant werden, d.h. insgesamt mindestens 60 Minuten lernfreie Zeit. Ein Power Napping von ca. 20 Minuten nach dem Mittagessen reicht oft aus. Dann ist man besonders fit. Von Arbeitsphysiologen wird der kurze und tiefe Mittagschlaf empfohlen, womit dem Leistungstief von 13 bis 14 Uhr entgegengewirkt werden kann. Der Magen wird nach dem Mittagessen mit viel sauerstoffreichem Blut versorgt. Das fehlt ihrem Gehirn in dieser Phase also so oder so. Und durch das Nickerchen werden Aufmerksamkeit und Konzentration wieder gesteigert. Aber es sind alle Tätigkeiten erlaubt, die entspannen, schön sind, das Gehirn nicht belasten und fristgerecht beendet werden können.

1. Teil
Rechtliche Grundlagen des Kommunalrechts

Das Kommunalrecht regelt im Schwerpunkt die Rechtsstellung und Organisation der kommunalen Körperschaften, also der Gemeinden, der Gemeindeverbände, der Landkreise und der weiteren Verbände (z.B. Nachbarschafts- oder Regionalverbände). Die Gesetzeskompetenz für diese Rechtsmaterie liegt grundsätzlich bei den Ländern (vgl. Art. 70 GG).

Die für das Studium wichtigsten kommunalrechtlichen Gesetze sind die

- **Gemeindeordnung** für Baden-Württemberg i.d.F. vom 24.7.2000 (GemO), betreffend die Gemeinden und die
- **Landkreisordnung** für Baden-Württemberg i.d.F. vom 19.6.1987 (LKrO) betreffend die Landkreise.

Sowohl die GemO als auch die LKrO sind **Gesetze im formellen Sinn**, wenngleich die Bezeichnung als „Ordnung" nicht ohne weiteres darauf schließen lässt.

Daneben existieren weitere Vorschriften, die spezielle Teilbereiche des Kommunalrechts (teils in Ergänzung der Vorschriften von GemO und LKrO) gesondert regeln, wie etwa

- das **Kommunalabgabenrecht** (geregelt im Kommunalabgabengesetz, KAG),
- das **Recht der kommunalen Zusammenarbeit** (Schwerpunkt der gesetzlichen Grundlage hierfür ist das Gesetz über die kommunale Zusammenarbeit, GKZ),
- das **Kommunalwahlrecht** (normiert im Kommunalwahlgesetz, KomWG, und in der Kommunalwahlordnung, KomWO),
- die Vorschriften zum **Haushalts- und Kassenrecht** (in der Gemeindehaushaltsverordnung, GemHVO) und
- die Regelungen zum **Eigenbetriebsrecht** (Eigenbetriebsgesetz, EigBG).

>> Lesen Sie die Inhaltsverzeichnisse von GemO und LKrO und vergegenwärtigen Sie sich, wie diese strukturiert sind <<

>> Verschaffen Sie sich auch einen groben Überblick über diese Gesetze, indem Sie wenigstens die Überschriften der Paragraphen lesen! <<

2. Teil
Die Gemeinden im Staatsaufbau

A. Gliederung des Bundes und der Länder

5 Bevor das Kommunalrecht i.e.S. dargestellt wird, folgen zunächst Ausführungen dazu, welche Stellung die Gemeinden im Staatsaufbau einnehmen.

6 Die Bundesrepublik ist aufgrund der verfassungsmäßigen Ordnung des Grundgesetzes ein Bundesstaat (Art. 20 Abs. 1 GG). Das Grundgesetz geht von einem **zweigliedrigen Staatsaufbau** aus, innerhalb dessen nur Bund und Länder Staatsqualität genießen,[1] d.h. nur der Bund und die Länder haben eine Verfassung, eine originäre Rechtsetzungskompetenz u.s.f.

Die Gemeinden hingegen sind, wenngleich rechtlich selbstständig, im Staatsaufbau ausschließlich dem Verfassungsbereich der Länder zugeordnet und damit **Untergliederungen der Länder**. Sie sind in den Verwaltungsaufbau der Länder integriert. Dementsprechend haben sie keine originäre Gesetzgebungskompetenz; ihnen kommt lediglich ein vom Staat verliehenes Satzungsrecht zu. Auch findet sich innerhalb der Gemeinde keine Gewaltenteilung i.e.S. Wenngleich der Gemeinderat teils normsetzend tätig wird (etwa bei Erlass von Satzungen), ist er doch Verwaltungsorgan.

B. Unmittelbare und mittelbare Staatsverwaltung

I. Unmittelbare Staatsverwaltung

7 Die Verwaltung innerhalb der Länder wird in unmittelbare und mittelbare Staatsverwaltung unterteilt. Die **unmittelbare Staatsverwaltung** wird vom Land selbst in seiner Funktion als Hoheitsträger mit eigener Rechtspersönlichkeit als Körperschaft des öffentlichen Rechts ausgeübt. Es bedient sich hierbei der rechtlich unselbstständigen Landesbehörden. (Verwaltungs-)Träger der unmittelbaren Staatsverwaltung ist das Land.

> **Beispiel** Der unmittelbaren Staatsverwaltung zuzuordnen sind etwa die Landesregierungen, Ministerien und Regierungspräsidien, aber auch das Landratsamt, soweit es als untere staatliche Verwaltungsbehörde (= Untere Verwaltungsbehörde) handelt (vgl. hierzu Rn. 404). Keine unmittelbare Staatsverwaltung findet auf der Gemeindeebene statt; staatliche Aufgaben, die auf dieser Ebene anfallen, werden als Weisungsangelegenheiten in eigener Verantwortung der Gemeinden erledigt. ■

---

1 *StGH BW* Urteil vom 10.5.1999 – 2/97, VBlBW 1999, 294-304.

II. Mittelbare Staatsverwaltung

Bei der **mittelbaren Staatsverwaltung** werden die Verwaltungsaufgaben des Staates anders als bei der unmittelbaren Staatsverwaltung nicht durch eigene staatliche Behörden der Länder erfüllt, sondern rechtlich selbstständigen Verwaltungsträgern zur Erledigung übertragen. Öffentlich-rechtlich organisierte Träger dieser mittelbaren Staatsverwaltung sind Körperschaften, Stiftungen und Anstalten des öffentlichen Rechts.

> **Körperschaften** sind mitgliedschaftlich organisierte Selbstverwaltungsträger mit gewählter Vertretung. Bei **Stiftungen** des öffentlichen Rechts handelt es sich um einen öffentlich-rechtlichen Vermögensbestand, der einem bestimmten Zweck gewidmet wurde. **Anstalten** sind rechtlich verselbstständigte Verwaltungsträger, die nicht Körperschaft oder Stiftung sind und mit einem Bestand an sachlichen und personellen Mittel Aufgaben der öffentlichen Verwaltung erfüllen.

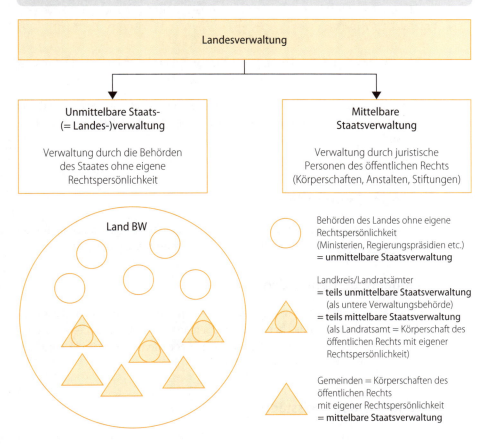

C. Gemeinden und Landkreise als Teil der mittelbaren Staatsverwaltung

9 Teil der mittelbaren Staatsverwaltung sind die Gemeinden. Sie sind gem. § 1 Abs. 4 GemO **Gebietskörperschaften** und damit juristische Personen des öffentlichen Rechts. Gleiches gilt gem. § 1 Abs. 2 LKrO für die Landkreise.

> **Gebietskörperschaften** sind „solche Körperschaften des öffentlichen Rechts, bei denen sich die Mitgliedschaft aus dem Wohnsitz im Gebiet der Körperschaft ergibt und die mit Gebietshoheit ausgestattet sind. Sie werden von allen Bewohnern eines abgegrenzten Teiles des Staatsgebietes getragen. Die Mitgliedschaft wird durch den Wohnsitz (…) begründet (…). Wesentlich ist mithin das unmittelbare Verhältnis, welches zwischen Personen, Fläche und hoheitlicher Gewalt besteht[2]". In Abgrenzung hierzu werden bei Personalkörperschaften die Mitglieder nach spezifischen Gesichtspunkten wie beispielsweise durch den beruflichen, sozialen oder kulturellen Hintergrund bestimmt (z.B. Ärztekammern, Genossenschaften, Versicherungsanstalten, Verbände).

Als Gebietskörperschaften sind die Gemeinden Träger von Rechten und Pflichten und Teil der mittelbaren Staatsverwaltung. Entsprechendes gilt für die Landkreise.

Die Gründung und die Existenz von juristischen Personen des öffentlichen Rechts sind von einem Hoheitsakt abhängig; im Falle der Gemeinden ist dies § 1 Abs. 4 GemO, der die Existenz der Gemeinde als Gebietskörperschaft normiert.

D. Arten von Gemeinden

10 Die Gemeinden in Baden-Württemberg lassen sich organisatorisch in **kreisangehörige Gemeinden** mit der Sonderform der **Stadtkreise** und in **Große Kreisstädte** unterteilen.

I. Kreisangehörige Gemeinden

11 Den „Normalfall" der Gemeinden bilden die sog. kreisangehörigen Gemeinden, die einem Landkreis als staatlichem Verwaltungsbezirk zugeordnet sind. Sie teilen sich die Aufgabenwahrnehmung mit dem Landkreis, dem sie angehören, wobei dem Landkreis die Aufgaben der unteren Verwaltungsbehörde zukommt (§ 15 LVG).

II. Sonderfall: Große Kreisstädte

12 § 3 Abs. 2 GemO schafft die Möglichkeit, dass sich kreisangehörige Gemeinden mit mehr als 20 000 Einwohnern zu Großen Kreisstädten erklären lassen. Als solche bleiben sie nach wie vor kreisangehörig. Der Hauptunterschied zu den „normalen" Gemeinden liegt in dem erweiterten Aufgabenbereich. Gemäß § 15 Abs. 1 Nr. 1 LVG sind auch die Großen Kreisstädte untere Verwaltungsbehörden, weshalb Große Kreisstädte auf ihrem Hoheitsgebiet einen Großteil der Aufgaben wahrnehmen, die sonst der Landkreis erbringt.

---

2 *BVerfG* Urteil vom 24.7.1979 – 2 BvK 1/78; *BVerfGE* 52, 95.

> **Hinweis**
>
> Beachten Sie in diesem Zusammenhang aber, dass die Zuständigkeiten der Großen Kreisstädte betreffend die Pflichtaufgaben nach Weisung (§ 15 Abs. 2 LVG) durch § 19 LVG für die dort genannten Angelegenheiten eingeschränkt sind.

III. Stadtkreise

Gemäß § 3 Abs. 1 GemO können sich Gemeinden auf Antrag zu Stadtkreisen erklären lassen. Als Folge hiervon gehören sie keinem Landkreis (mehr) an und nehmen auf ihrem Gebiet sowohl die gemeindlichen Aufgaben wie auch die der Landkreise wahr, d.h. sie sind untere Verwaltungsbehörden und erbringen die entsprechenden Aufgaben als Pflichtaufgaben nach Weisung (§ 15 Abs. 2 LVG).

13

> **Online-Wissens-Check**
>
> **Benennen Sie die Träger der mittelbaren Staatsverwaltung!**
>
> Überprüfen Sie jetzt online Ihr Wissen zu den in diesem Abschnitt erarbeiteten Themen. Unter **www.juracademy.de/skripte/login** steht Ihnen ein Online-Wissens-Check speziell zu diesem Skript zur Verfügung, den Sie kostenlos nutzen können. Den Zugangscode hierzu finden Sie auf der Codeseite.

3. Teil
Kommunale Selbstverwaltungsgarantie

A. Verfassungsmäßige Grundlage

14 Art. 28 Abs. 2 S. 1 GG ist die verfassungsmäßige Grundlage der kommunalen Selbstverwaltung. Er räumt den Gemeinden gegenüber dem Staat das Recht ein, alle Angelegenheiten der örtlichen Gemeinschaft im Rahmen der Gesetze in eigener Verantwortung zu regeln und bestimmt damit das Verhältnis der Gemeinden zum Staat. Ausweislich Art. 28 Abs. 2 S. 2 GG gilt die kommunale Selbstverwaltungsgarantie auch für Gemeindeverbände, worunter primär die Landkreise zu subsumieren sind.

PRÜFUNGSSCHEMA

Verletzung des Art. 28 Abs. 2 S. 1 GG

Obwohl Art. 28 Abs. 2 S. 1 GG kein Grundrecht ist, bietet sich für die Prüfung in der Klausur, ob die hieraus resultierenden Garantien verletzt wurden, der Aufbau einer Grundrechtsprüfung an, also gegliedert nach Schutzbereich, Eingriff und Schranken.

I. Eröffnung des Schutzbereichs von Art. 28 Abs. 2 S. 1 GG
  1. Art. 28 Abs. 2 S. 1 GG als institutionelle Garantie
      a) institutionelle Rechtssubjektsgarantie
      b) objektive Rechtsinstitutionsgarantie
  2. Angelegenheiten der örtlichen Gemeinschaft
      ▶ Definition des Begriffs der Angelegenheiten der örtlichen Gemeinschaft, Konkretisierung durch Gemeindehoheiten   **Rn. 20**
  3. Eigenverantwortlichkeit

II. Eingriffe

III. Schranken
  1. Kernbereich der kommunalen Selbstverwaltung
      ▶ Bestimmung des Kernbereichs   **Rn. 32**
  2. Randbereich der kommunalen Selbstverwaltung
      ▶ Bestimmung des Randbereichs   **Rn. 33**

B. Inhalt des Art. 28 Abs. 2 S. 1 GG

I. Schutzbereich des Art. 28 Abs. 2 S. 1 GG

1. Art. 28 Abs. 2 S. 1 GG als institutionelle Garantie

15 Wie sich bereits aus der systematischen Stellung des Art. 28 Abs. 2 S. 1 GG innerhalb der Verfassung ergibt, beinhaltet diese Norm kein Grundrecht. Vielmehr enthält sie eine **institutionelle Garantie**, also eine Gewähr für den grundsätzlichen Bestand der „Einrichtung Gemeinde" mit den sie prägenden Elementen.

Schutzbereich des Art. 28 Abs. 2 S. 1 GG

Die institutionelle Garantie des Art. 28 Abs. 2 S. 1 GG hat **drei Zielrichtungen**: Geschützt ist zum einen, dass es Gemeinden als solche im Staatsaufbau geben muss (sog. **institutionelle Rechtssubjektsgarantie**). Hingegen schützt Art. 28 Abs. 2 S. 1 GG nicht die einzelne Gemeinde in ihrem individuellen Bestand. Nach Ansicht des BVerfG beeinträchtigen Auflösungen von Gemeinden, Gemeindezusammenschlüsse, Eingemeindungen und sonstige Gebietsänderungen den verfassungsrechtlich geschützten Kernbereich des Selbstverwaltungsrechts grundsätzlich nicht.[1]

Beispiel Ein Eingriff in die institutionelle Rechtssubjektsgarantie läge dann vor, wenn durch einen staatlichen Hoheitsakt die Gemeinden generell abgeschafft würden. Gleiches würde gelten, wenn die Gemeinden aufgrund staatlichen Handelns in ihrer durch die geschichtliche Entwicklung geprägten Rechts- und Handlungsfähigkeit so stark eingeschränkt würden, dass die Selbstständigkeit gegenüber dem Staat nicht mehr gesichert wäre. Hingegen können Gemeinden in andere Gemeinden eingegliedert werden, wenn hierfür Gründe des öffentlichen Wohls sprechen (vgl. hierzu § 8 GemO).

Daneben gewährt die institutionelle Garantie des Art. 28 Abs. 2 S. 1 GG den Gemeinden einen bestimmten Aufgabenbestand und das Recht zur eigenverantwortlichen Aufgabenerledigung (sog. **objektive Rechtsinstitutionsgarantie**).

Damit die aus Art. 28 Abs. 2 S. 1 GG zugunsten der Gemeinden resultierenden Garantien werthaltig, d.h. im Falle einer Verletzung rechtlich durchsetzbar sind, vermittelt die Norm zudem Rechtsschutz betreffend den ihr innewohnenden Gewährleistungsgehalt (sog. **subjektive Rechtsstellungsgarantie**). M.a.W.: Wird die kommunale Selbstverwaltungsgarantie durch staatliche Eingriffe verletzt, kann diese Verletzung auf Grundlage des Art. 28 Abs. 2 GG gerichtlich geltend gemacht werden.

2. Angelegenheiten der örtlichen Gemeinschaft

Festgemacht am Normtext des Art. 28 Abs. 2 S. 1 GG umfasst die Gewährleistung des Selbstverwaltungsrechts „alle Angelegenheiten der örtlichen Gemeinschaft im Rahmen der Gesetze in eigener Verantwortung zu regeln". Einen abschließenden Katalog von Aufgaben, mit dem sich die Angelegenheiten der örtlichen Gemeinschaft definieren ließen, gibt es nicht.

Aus dem Wortlaut des Art. 28 Abs. 2 S. 1 GG lässt sich entnehmen, dass den Gemeinden eine **Allzuständigkeit** für die Aufgaben der örtlichen Gemeinschaft zukommt („alle Angelegenheiten der örtlichen Gemeinschaft"), ohne dass es hierfür einer besonderen Aufgabenzuweisung bedarf (sog. **Verbandskompetenz**).

Aufgrund der vermuteten Allzuständigkeit darf sich die Gemeinde mit allen Angelegenheiten befassen, die zur örtlichen Gemeinschaft gehören und für die nicht bereits eine anderweitige Kompetenzzuordnung besteht. Zu den Aufgaben der örtlichen Gemeinschaft gehören nach der h.M. alle „**Bedürfnisse und Interessen, die in der örtlichen Gemeinschaft** wurzeln oder auf sie einen spezifischen Bezug haben".[2] Nicht zu den gemeindlichen Aufgaben gehören im Umkehrschluss also solche, die kraft Kompetenzzuweisung staatliche Aufgaben sind.

---

1 *BVerfG* Beschluss vom 27.11.1978 – 2 BvR 165/75; *BVerfGE* 50, 50-56.
2 *BVerfG* Beschluss vom 23.11.1988 – 2 BvR 1619/83; *BVerfGE* 79, 127-161.

zusätzliche Aufgabenbereiche der Gemeinde

21 Ausnahmsweise darf sich die Gemeinde jedoch dann mit solchen, außerhalb der örtlichen Gemeinschaft liegenden Themen befassen, wenn diese Rechtspositionen der Gemeinde berühren können und die Gemeinde hiervon potenziell betroffen ist.[3] In diesen Fällen kommt der Kommune zwar in der Sache keine Entscheidungsbefugnis zu (diese ist kraft Kompetenzzuweisung ja gerade beim Staat); jedoch wird ihr eine sog. **Befassungskompetenz** eingeräumt.

Beispiel Klassisches Beispiel für eine Angelegenheit, für die zugunsten der Gemeinde eine Befassungskompetenz besteht, ist die Landesverteidigung. Auch wenn die Kompetenz für die Verteidigung ausschließlich beim Bund liegt (vgl. Art. 73 Abs. 1 Nr. 1 GG), darf sich die Gemeinde jedenfalls insoweit mit diesem Thema befassen, als sie hiervon berührt wird, so wenn etwa die Errichtung einer Einrichtung der Landesverteidigung auf dem Gemeindegebiet in Aussicht steht.

22 Wenngleich die Angelegenheiten der örtlichen Gemeinschaft nicht abschließend benannt werden können, lassen sich die typischen Aufgaben der Gemeinden anhand der sog. **Gemeindehoheiten** schlagwortartig zusammenfassen:

a) Organisationshoheit

23 Die Organisationshoheit beinhaltet das Recht, die Art und Weise der Aufgabenerfüllung sowohl betreffend die Selbstverwaltungsangelegenheiten wie auch die staatlich übertragenen Aufgaben selbst zu bestimmen. Weiterhin ist von der Organisationshoheit die Selbstbestimmung der gemeindeinternen Verfahrensabläufe und internen Kompetenzverteilungen geschützt sowie die Möglichkeit, Aufgaben zusammen mit Dritten wahrzunehmen, etwa im Rahmen der interkommunalen Zusammenarbeit (man spricht insoweit von der Kooperationshoheit).

b) Gebietshoheit

24 Die Gebietshoheit umfasst das Recht der Gemeinde, auf ihrem Gemeindegebiet Hoheitsgewalt auszuüben. Der Gebietshoheit unterliegen alle natürlichen und juristischen Personen, die sich auf dem Gemeindegebiet aufhalten, ihren Sitz haben, Liegenschaften innehaben oder ein Gewerbe betreiben (sog. Territorialprinzip). Außerhalb des Gemeindegebiets kann die Gemeinde keine Hoheitsrechte ausüben.

c) Personalhoheit

25 Von der Personalhoheit umfasst ist das Recht der Gemeinde, Beamte, Angestellte und Arbeiter auszuwählen, anzustellen, zu befördern und zu entlassen, um die ihr obliegenden Aufgaben zu bewältigen. Damit verbunden ist ebenfalls die Disziplinargewalt, d.h. das Recht, etwaige Vergehen der Mitarbeiter dienstrechtlich zu ahnden.

d) Planungshoheit

26 Die Planungshoheit sichert den Gemeinden die Möglichkeit, alle auf ihrem Gemeindegebiet anfallenden örtlichen Planungsaufgaben eigenverantwortlich im Rahmen ihrer Zuständigkeit wahrzunehmen. Hierzu gehört auch das Recht, an übergeordneten Planungsvorgängen beteiligt zu werden, sofern diese Auswirkungen auf die Gemeinde haben.

---

[3] *BVerfG* Urteil vom 14.12.1990 – 7 C 37/89; *BVerwGE* 87, 228-236.

e) Satzungshoheit

Zu den Hoheitsrechten der Gemeinde zählt weiterhin die Satzungshoheit. Einfachgesetzlichen Niederschlag findet die Satzungshoheit beispielsweise in § 4 GemO, der den Gemeinden die Möglichkeit einräumt, in weisungsfreien Angelegenheiten Satzungen zu erlassen. Typische Regelungsbereiche kommunaler Satzungen sind die des Organisationsrechts (z.B. Hauptsatzung), des Baurechts (z.B. Bebauungspläne) sowie der Leistungsverwaltung (z.B. Benutzungsordnungen für öffentliche Einrichtungen).

27

f) Finanzhoheit/Steuer- und Abgabenhoheit

Das Grundgesetz enthält in Art. 106 Abs. 5, 5a, 6, 7 und 8 GG finanzverfassungsrechtliche Vorschriften, welche zusammen mit Art. 28 Abs. 2 S. 3 GG als besondere Ausprägung der kommunalen Selbstverwaltung die kommunale Finanzhoheit bilden. Zur Bewältigung der kommunalen Aufgaben gewährt die Finanzhoheit eine eigenverantwortliche Mittelbewirtschaftung im Rahmen der Haushaltswirtschaft (Erstellung eines Haushaltsplans, mit dem die Einnahmen und Ausgaben der Gemeinde festgelegt werden). Die damit verbundene Steuer- und Abgabenhoheit ermöglicht den Gemeinden im Rahmen des Steuerfindungsrechts, Finanzquellen auszuschöpfen, um einen wesentlichen Teil der kommunalen Aufgaben durch eigene Einnahmen bestreiten zu können.

28

3. Eigenverantwortlichkeit

Art. 28 Abs. 2 S. 1 GG schafft ausweislich seines Wortlauts zugunsten der Gemeinden die Befugnis zur **eigenverantwortlichen Führung der Geschäfte** (Eigenverantwortlichkeit). Damit verbunden ist das Recht der Gemeinden, die Abläufe und Entscheidungszuständigkeiten bei der Wahrnehmung der gemeindlichen Aufgaben im Einzelnen selbst festzulegen. Hiermit unvereinbar sind Maßnahmen, die zu einer umfassenden Steuerung der kommunalen Organisation durch den Bund oder das Land führen und der Gemeinde keinerlei Entscheidungsspielraum lassen; entsprechendes würde gelten, wenn die Organisation der Gemeinden durch staatliche Behörden beliebig steuerbar wäre.[4]

29

II. Eingriffe

Eine Beschränkung des Rechts auf kommunale Selbstverwaltung ist bei allen belastenden, durch andere Hoheitsträger vorgenommenen Maßnahmen anzunehmen, wenn diese nicht völlig unerheblich sind, d.h. eine gewisse Intensität aufweisen. Eingriffe können also dann gegeben sein, wenn Landes- oder Bundesgesetze oder untergesetzliche Normen einen Regelungsgehalt haben, der (auch) die Angelegenheiten der örtlichen Gemeinschaft oder das Recht der Gemeinden auf eigenverantwortliche Aufgabenerledigung tangiert.

30

III. Schranken

Ausweislich Art. 28 Abs. 2 S. 1 GG unterliegt die kommunale Selbstverwaltung der Gemeinden einem Gesetzesvorbehalt („… im Rahmen der Gesetze…"), mit Hilfe dessen sowohl Eingriffe in die Eigenverantwortlichkeit wie auch in die Allzuständigkeit zu rechtfertigen sind. Einschränkbar ist also grundsätzlich sowohl das „ob" als auch das „wie" der Aufgabenerledigung.

31

---

4 *BVerfG* Beschluss vom 26.10.1994 – BvR 445/91; *BVerfGE* 91, 228-245.

Inhaltlich umfasst der Gesetzesvorbehalt formelle Gesetze, aber auch materielle Gesetze wie Rechtsverordnungen, Satzungen, Gewohnheitsrecht oder staatliche Raumordnungsprogramme.

Bezüglich der Einschränkbarkeit des Art. 28 Abs. 2 S. 1 GG ist danach zu unterscheiden, ob sich der Eingriff auf den Kernbereich oder den Randbereich der kommunalen Selbstverwaltung bezieht.

1. Kernbereich der kommunalen Selbstverwaltung

32 Der Kernbereich der kommunalen Selbstverwaltung ist unbeschränkbar (sog. Wesensgehaltstheorie). Schwierig ist indes, den Kernbereich des Art. 28 Abs. 2 S. 1 GG zu definieren. Nach h.M. lässt sich eine solche Definition nicht anhand einer klar umgrenzten Aufgabenzuordnung festmachen.

Nach der Rechtsprechung des BVerfG gehören zum Kernbereich der kommunalen Selbstverwaltungsgarantie die Bedürfnisse und Interessen, die in der örtlichen Gemeinschaft wurzeln oder hierzu einen spezifischen Bezug haben. Umfasst sind nach h.M. die o.g. Gemeindehoheiten (Rn. 22 ff.). Jedoch gehören auch sie nur in ihrem Grundbestand zum Kernbereich, so dass eine Kernbereichsverletzung nur dann anzunehmen ist, wenn eine der typischen Gemeindehoheiten soweit eingeschränkt wird, dass von ihr nichts mehr bei der Gemeinde zurück bleibt.

> **JURIQ-Klausurtipp**
>
> Bedenken Sie im Hinblick auf eine Klausur, dass ein Eingriff in den Kernbereich nicht zu rechtfertigen ist – Ihre Prüfung wäre also mit der Bejahung des Eingriffs beendet, ohne dass Sie Ihr Wissen zur Frage der Rechtfertigung ausbreiten könnten.

2. Randbereich der kommunalen Selbstverwaltung

33 Kein absolutes Eingriffsverbot besteht hinsichtlich des Randbereichs der kommunalen Selbstverwaltung. Insoweit hat der Gesetzgeber eine gewisse Gestaltungsfreiheit, in diesen Bereich einzugreifen.

Beispiel Als „typische" Randbereichseingriffe kommen der **Entzug einer kommunalen Aufgabe** oder eine Beschränkung der eigenverantwortlichen Aufgabenerfüllung in Betracht. ■

34 Die Möglichkeit des Gesetzgebers, in den Randbereich der kommunalen Selbstverwaltungsgarantie einzugreifen, ist jedoch nicht grenzenlos. Nach Ansicht des BVerfG ist der Entzug einer kommunalen Aufgabe nur bei Vorliegen von zwingenden Gründen des Allgemeinwohls zulässig.

Beispiel Beispielhaft sind solche Allgemeinwohlbelange dann anzunehmen, wenn die Aufgabenerledigung anders als durch eine Verlagerung auf einen anderen Verwaltungsträger nicht mehr sicherzustellen wäre. ■

35 Abstrakt betrachtet muss der Gesetzgeber bei der Prüfung, ob er einer Gemeinde eine Aufgabe entziehen darf, eine gerichtlich voll überprüfbare Güterabwägung vornehmen. Zu den abwägungsrelevanten Aspekten gehören etwa die Seuchenabwehr oder der Umweltschutz. Alleine eine Verwaltungsvereinfachung reicht für die Rechtfertigung eines solchen Eingriffs nicht aus.

Ähnliches gilt, wenn durch eine **Aufgabenverlagerung** eine wirtschaftlichere Aufgabenerledigung erreicht werden soll; auch dies ist i.d.R. kein hinreichender Rechtfertigungsgrund, es sei denn, dass nur so ein unverhältnismäßig hoher Kostenanstieg vermieden werden kann.

Ob die **Übertragung neuer Aufgaben** auf die Gemeinde und die damit einhergehende Mehrbelastung mit Kosten durch den Gesetzesvorbehalt des Art. 28 Abs. 2 S. 1 GG gerechtfertigt ist, beurteilt sich nach den gleichen Maßstäben wie beim Aufgabenentzug: auch hier müssen wesentliche Gemeinwohlbelange die Aufgabenzuweisung notwendig machen; teils sieht für diese Fälle bereits das Grundgesetz einen Ausgleich vor (Art. 106 Abs. 8 GG).

Die **Beschränkung** der Gemeinde in ihrer **eigenverantwortlichen Aufgabenerledigung** ist ebenfalls nur unter der Voraussetzung erlaubt, dass Gründe des Allgemeinwohls dies erfordern. Zudem muss die Beschränkung im Lichte des Verhältnismäßigkeitsgrundsatzes auf das unbedingt erforderliche Maß beschränkt sein.

Einen Eingriff in den Randbereich der kommunalen Selbstverwaltung bilden schließlich die Bestands- und Gebietsveränderungen, etwa durch eine Gebietsreform, bei der aus mehreren Teilen von ursprünglichen Gemeinden eine neue Gemeinde gebildet wird.

> **Hinweis**
>
> Zur Erinnerung: Art. 28 Abs. 2 S. 1 GG gewährt zwar den grundsätzlichen Bestand der Gemeinden, jedoch keinen Schutz der einzelnen Gemeinde auf Erhalt ihres Gemeindegebiets.

Aus welchen Gründen eine Veränderung des Gemeindegebiets zulässig ist, normiert § 8 GemO. Materiell-rechtliche Voraussetzung ist demnach stets das Vorliegen von Gründen des öffentlichen Wohls, die eine solche Gebietsveränderung erfordern. Sie sind anzunehmen, wenn ein höheres Interesse der Allgemeinheit an der Gebietsänderung als am Gebietserhalt besteht (zu den formellen Voraussetzungen vgl. im Einzelnen § 8 GemO).

> **JURIQ-Klausurtipp**
>
> Die aufgezählten Aspekte, die für die Rechtfertigung eines Eingriffs in den Randbereich der kommunalen Selbstverwaltung herangezogen werden können, sind selbstverständlich nicht abschließend. Greifen Sie in der Klausur die im Sachverhalt genannten Vorgaben auf und zeigen Sie, dass Sie diese richtig gewichten und „klausurtechnisch verarbeiten" können.

IV. Kommunale Selbstverwaltungsgarantie in der Landesverfassung

Sein landesverfassungsrechtliches Pendant findet Art. 28 Abs. 2 GG in Art. 71 Abs. 1 S. 1 und 2 LV. Der Schutzbereich des Art. 71 Abs. 1 S. 1 und 2 LV entspricht nach h.M. dem des Art. 28 Abs. 2 GG, so dass auf die vorstehenden Ausführungen verwiesen werden kann.

V. Rechtsschutz

41 Teil des Art. 28 Abs. 2 S. 1 GG ist die **subjektive Rechtsstellungsgarantie**, die den Gemeinden die gerichtliche Geltendmachung einer Verletzung der kommunalen Selbstverwaltungsgarantie ermöglicht. Bezüglich der statthaften Verfahrensart ist danach zu unterscheiden, ob die Verletzung der Selbstverwaltungsgarantie aufgrund eines formellen Landesgesetzes oder aber durch ein formelles oder materielles Bundesgesetz erfolgt.

1. Verletzung durch formelles Landesgesetz: Kommunalrechtliche Normenkontrolle zum Staatsgerichtshof

42 Art. 76 LV i.V.m. §§ 8 Abs. 1 Nr. 8, 54 StGHG gewährt den Gemeinden und Gemeindeverbänden die Möglichkeit, beim Staatsgerichtshof Klage zu erheben mit der Behauptung, ein Landesgesetz im formellen Sinne verletze die Vorschriften der Art. 71–75 LV.

PRÜFUNGSSCHEMA

Kommunalrechtliche Normenkontrolle zum StGH

I. Zulässigkeit
1. **Zuständigkeit**
   Zuständig ist gem. Art. 76 LV i.V.m. §§ 8 Abs. 1 Nr. 8, 54 StGHG der Staatsgerichtshof Baden-Württemberg
2. **Antragsteller**
   Gemeinde oder Gemeindeverbände, Art 76 LV
3. **Antragsgegenstand**
   Nur formelle Landesgesetze; nicht: Rechtsverordnungen oder Satzungen (hiergegen ist aber u. U. eine Normenkontrolle gem. § 47 VwGO statthaft)
4. **Antragsbefugnis**
   Die Antragsbefugnis der Gemeinde ist nur gegeben, wenn sie substantiiert geltend macht, ein formelles Landesgesetz verletze unmittelbar die in den genannten Verfassungsbestimmungen niedergelegte objektive verfassungsrechtliche Ordnung des Kommunalwesens und gleichzeitig ihre eigene subjektive verfassungsrechtlich garantierte Rechtsposition (Art. 76 LV). Bereits aufgelöste Kommunen sind antragsbefugt, soweit der Streit um ihre Rechte geht.

II. Begründetheit
Prüfungsmaßstab der kommunalrechtlichen Normenkontrolle sind die Art. 71–75 LV. Nur wenn das angegriffene Landesgesetz gegen diese Normen verstößt, ist die Normenkontrolle begründet.

---

2. Verletzung durch formelles oder materielles Bundesrecht: Kommunalverfassungsbeschwerde zum BVerfG

43 Art. 93 Abs. 1 Nr. 4b GG i.V.m. § 91 BVerfGG eröffnet den Gemeinden und Gemeindeverbänden mit Ausnahme der Zweckverbände die Möglichkeit, mit der Behauptung, ihr Recht auf Selbstverwaltung nach Art. 28 Abs. 2 GG sei durch ein (materielles oder formelles) Gesetz verletzt, Klage vor dem Bundesverfassungsgericht zu erheben.

Rechtsschutz 3 B V

Kommunalverfassungsbeschwerde zum BVerfG

I. Zulässigkeit

1. **Zuständigkeit**
   Zuständig ist das gemäß Art. 93 Abs. 1 Nr. 4b GG i.V.m. § 91 BVerfGG das BVerfG.
2. **Beteiligtenfähigkeit**
   Gemeinden und Gemeindeverbände, Art. 93 Abs. 1 Nr. 4b GG.
3. **Beschwerdegegenstand**
   Die Verfassungsbeschwerde ist nur zulässig gegen ein Gesetz i.S.d. Art. 93 Abs. 1 Nr. 4b GG. Umfasst werden neben förmlichen Gesetzen auch Rechtsverordnungen sowie alle anderen Arten vom Staat erlassener Rechtsnormen, die Außenwirkung gegenüber der Gemeinde entfalten. Die Kommunalverfassungsbeschwerde ist auch gegen untergesetzliches Landesrecht zulässig. Unzulässig aufgrund Subsidiarität ist eine Kommunalverfassungsbeschwerde zum BVerfG gegen formelles Landesrecht (vgl. Wortlaut Art. 93 Abs. 1 Nr. 4b GG). Staatliche Einzelmaßnahmen können nicht Beschwerdegegenstand sein.
4. **Beschwerdebefugnis**
   Möglichkeit der Verletzung der aus Art. 28 Abs. 2 GG resultierenden Rechtsstellung, § 91 BVerfGG. Die beschwerdeführende Gemeinde (bzw. der Gemeindeverband) muss durch die von ihr angegriffene Regelung selbst, gegenwärtig und unmittelbar betroffen sein. Der Unmittelbarkeit steht nicht entgegen, dass zur Gesetzesdurchführung noch Vollzugshandlungen erforderlich sind.
5. **Form**
   Der Antrag muss schriftlich gestellt und begründet sein; ferner muss der Sachverhalt schlüssig dargetan werden, aufgrund dessen der Schutzbereich des Art. 28 Abs. 2 GG (Kern- oder Randbereich) betroffen sein könnte.
6. **Frist**
   Die Verfassungsbeschwerde ist binnen Jahresfrist nach Inkrafttreten der angegriffenen Rechtsnorm zu erheben, § 93 Abs. 3 BVerfGG.
7. **Erschöpfung des Rechtswegs**, § 90 Abs. 2 S. 1 BVerfGG.

II. Begründetheit
Prüfungsmaßstab der kommunalen Verfassungsbeschwerde sind alle Normen des Grundgesetzes, die geeignet sind, das verfassungsrechtliche Bild der Selbstverwaltung mitzubestimmen (bundesstaatliche Kompetenzverteilung, Rechtsstaatsprinzip, Demokratieprinzip, Willkürverbot, Art. 101 Abs. 1, 103 Abs. 1 GG). Die Kommunalverfassungsbeschwerde ist begründet, wenn eine Gemeinde oder ein Gemeindeverband in ihrem/seinem Recht auf Selbstverwaltung durch die angegriffene Rechtsnorm tatsächlich verletzt ist.

3. Allgemeine Verfassungsbeschwerde zum BVerfG?

Rechtsschutz in Form der allgemeinen Verfassungsbeschwerde (Art. 93 Abs. 1 Nr. 4a GG, §§ 90 ff. BVerfGG) können Gemeinden regelmäßig nicht in Anspruch nehmen, da sie sich als Träger der öffentlichen Verwaltung nicht auf Grundrechte berufen können. Eine Ausnahme hiervon gilt lediglich dann, wenn es um die Geltendmachung von Justizgrundrechten geht (Art. 101, 103 GG). **44**

4. Teil
Aufgaben der Gemeinde

45 Die Aufgaben der Gemeinden werden gemäß § 2 GemO in **freiwillige Aufgaben** und **Pflichtaufgaben** unterteilt, je nachdem, ob die Gemeinde kraft staatlichem Hoheitsakt zu deren Erfüllung verpflichtet ist oder ob es ihr frei steht, sich deren anzunehmen.

> **Beispiel** Der Bau und der Betrieb eines örtlichen Heimatmuseums ist eine freiwillige Aufgabe der Gemeinde. Hingegen ist die Gemeinde gem. § 3 Abs. 1 Feuerwehrgesetz verpflichtet, eine Feuerwehr vorzuhalten („Jede Gemeinde hat auf ihre Kosten eine den örtlichen Verhältnissen entsprechende leistungsfähige Feuerwehr aufzustellen, auszurüsten und zu unterhalten.").

>> Lassen Sie sich durch die beiden unterschiedlichen Differenzierungsmethoden (freiwillige Aufgaben – Pflichtaufgaben bzw. weisungsfreie und weisungsgebundene Aufgaben) nicht verwirren. Machen Sie sich anhand des Schaubilds und den nachfolgenden Ausführungen die Unterschiede klar! <<

46 Innerhalb der Pflichtaufgaben differenziert § 2 Abs. 2 und 3 GemO weiter zwischen solchen, die **weisungsfrei** ausgeführt werden können und solchen, bei denen auch die Art der Ausführung der staatlichen Weisung obliegt (sog. **Weisungsaufgaben**). Anknüpfend an die letztgenannte Differenzierung werden die Arten der gemeindlichen Aufgaben – etwa in § 118 GemO – auch in **weisungsfreien Angelegenheiten** (= freiwillige Aufgaben und weisungsfreie Pflichtaufgaben) und **Weisungsangelegenheiten** (= Pflichtaufgaben) eingeteilt.

47 Möglichkeiten der Differenzierung gemeindlicher Aufgaben

- nach Freiwilligkeit der Übernahme

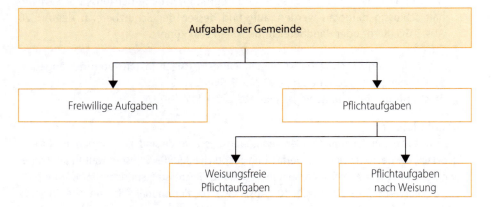

Weisungsfreie Pflichtaufgaben 4 A II

- nach Weisungsgebundenheit der Gemeinde 48

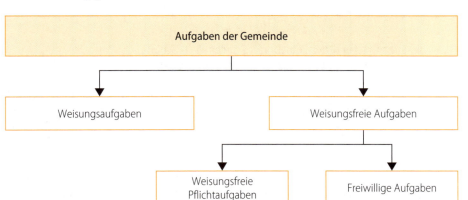

A. Weisungsfreie Aufgaben: Freiwillige Aufgaben und weisungsfreie Pflichtaufgaben

I. Freiwillige Aufgaben

Freiwillige Aufgaben sind – der Name legt es bereits nahe – solche, zu deren Erfüllung die Gemeinde nicht verpflichtet ist, die sie also übernimmt, ohne dass hierzu eine gesetzliche Verpflichtung besteht. Die Übernahme freiwilliger Aufgaben ist den Gemeinden aufgrund der Selbstverwaltungsgarantie grundsätzlich gestattet. Sie haben insoweit ein sog. **Aufgabenfindungsrecht**. Begrenzt ist die Möglichkeit der Aufgabenfindung in mehrerlei Hinsicht. Zum einen kann die Gemeinde grundsätzlich nur auf ihrem Hoheitsgebiet tätig werden und sich insoweit nur Aufgaben der örtlichen Gemeinschaft annehmen. Zum anderen muss die Gemeinde bei der Übernahme von freiwilligen Aufgaben stets ihre finanzielle Leistungsfähigkeit im Blick haben. Ausdrücklich normiert ist diese Beschränkung in § 10 Abs. 2 GemO, der den Gemeinden „in den Grenzen ihrer Leistungsfähigkeit" die Schaffung öffentlicher Einrichtungen (= freiwillige Aufgabe) erlaubt. 49

Darüber hinaus darf sich eine Gemeinde nur dann freiwilligen Aufgaben zuwenden, wenn zuvor die Erfüllung der ihr obliegenden Pflichtaufgaben gewährleistet ist. Weil die freiwilligen Aufgaben im Rahmen der Selbstverwaltungsgarantie kraft freier Willensentscheidung übernommen werden können, handelt es sich bei ihnen stets um Selbstverwaltungsangelegenheiten und nicht um staatliche Aufgaben. 50

Beispiel Beispiele für freiwillige Aufgabenbereiche der Gemeinden sind Jugendhaus, Gemeindehalle, Theater, Museum, Freibad, öffentliche Einrichtungen der Daseinsvorsorge, Städtepartnerschaften etc. ■

II. Weisungsfreie Pflichtaufgaben

Nach der Legaldefinition des § 2 Abs. 2 GemO sind Pflichtaufgaben solche, zu deren Erfüllung die Gemeinden durch Gesetz verpflichtet sind. Ist den Gemeinden dabei freigestellt, auf welche Art und Weise sie die Aufgaben erledigen, spricht man von weisungsfreien Pflichtaufgaben. 51

> **Beispiel** Zu den weisungsfreien Pflichtaufgaben zählen etwa
>
> - die Straßenbaulast, §§ 9, 44 StrG;
> - die Beleuchtung und das Räumen der Straßen, § 41 StrG;
> - die Errichtung und der Betrieb von Schulen, § 48 SchulG;
> - die Aufstellung von Bauleitplänen, § 1 Abs. 3 BauGB. ∎

52 Gerade wie die freiwilligen Aufgaben werden auch die weisungsfreien Pflichtaufgaben in eigener Verantwortung der Gemeinde ausgeführt. Auch bei ihnen handelt es sich demnach um Selbstverwaltungsangelegenheiten.

> **Hinweis**
>
> Rechtliche Auswirkungen hat die Charakterisierung einer Aufgabe als weisungsfreie Aufgabe für die Frage der gemeindlichen Aufsicht. § 118 Abs. 1 GemO beschränkt die Aufsicht über weisungsfreie Aufgaben auf die Rechtsaufsicht (Rn. 312 ff.). Überprüft werden kann nur die Rechtmäßigkeit, nicht aber die Zweckmäßigkeit der Aufgabenerfüllung.
>
> Entscheidend ist die Klassifizierung der Aufgabe auch für die Bestimmung der zuständigen Widerspruchsbehörde: Große Kreisstädte und Stadtkreise sind betreffend den weisungsfreien Aufgaben Widerspruchsbehörde nach § 73 Abs. 1 Nr. 3 VwGO i.V.m. § 17 AGVwGO, da sie gem. § 119 GemO nicht der Rechtsaufsicht des Landratsamts unterstehen (zur Unterscheidung von kreisangehörigen Gemeinden, Großen Kreisstädten und Stadtkreisen, Rn. 10 ff.).

B. Weisungsaufgaben

53 Haben die Gemeinden bei der Erfüllung der ihnen kraft Gesetzes zugewiesenen Pflichtaufgaben keinen Spielraum, wie sie diese Aufgaben erledigen, spricht man von weisungsgebundenen Pflichtaufgaben oder kurz von Weisungsaufgaben, § 2 Abs. 3 GemO.

54 Weisungsaufgaben werden den Gemeinden durch Gesetz zur Erfüllung nach Weisung auferlegt, wobei im Gesetz der Umfang des Weisungsrechts zu bestimmen ist (§ 2 Abs. 3 GemO). Weisungsaufgaben sind solche, bei denen die Gemeinden als untere staatliche Verwaltung tätig werden, wie etwa als untere Baurechtsbehörde (weitere Beispiele sind die Aufgaben nach dem PolG, dem GastG etc.). Darüber hinaus sind gemäß § 15 Abs. 2 LVG die von den Stadtkreisen und Großen Kreisstädten wahrgenommenen Aufgaben der unteren Verwaltungsbehörden Weisungsaufgaben. Weisungsaufgaben sind im jeweiligen Gesetz regelmäßig ausdrücklich als solche benannt.

> **Beispiel** § 62 Abs. 4 PolG normiert: „Ortspolizeibehörden sind die Gemeinden. Die den Gemeinden hiernach übertragenen Aufgaben sind Pflichtaufgaben nach Weisung." ∎

Da hinsichtlich der Weisungsaufgaben sowohl das „ob" als auch das „wie" der Aufgabenerfüllung gesetzlich bestimmt ist, unterliegen die Gemeinden diesbezüglich der Fachaufsicht (§ 118 Abs. 2 GemO, Rn. 364 ff.). Überprüft werden kann folglich sowohl die Recht- als auch die Zweckmäßigkeit des Verwaltungshandelns.

> **Hinweis**
>
> Die Abgrenzung von freiwilligen Aufgaben, weisungsfreien Pflichtaufgaben und Weisungsaufgaben kann man sich einfach mit der Frage nach dem „ob" und „wie" der Aufgabenerfüllung merken: Bei freiwilligen Aufgaben ist die Gemeinde sowohl hinsichtlich des „ob" als auch des „wie" der Erfüllung frei. Bei weisungsfreien Pflichtaufgaben ist das „ob" staatlicherseits bestimmt, das „wie" liegt in der Verantwortung der Gemeinde. Bei der Erfüllung von Weisungsaufgaben ist den Gemeinden sowohl das „ob" als auch das „wie" der Aufgabenerfüllung vorgegeben.

C. Bundesauftragsangelegenheiten

Eine Sonderform der Weisungsaufgaben bilden die Bundesauftragsangelegenheiten. Führen die Länder Bundesgesetze im Auftrag des Bundes aus, bleibt die Errichtung der entsprechenden Behörden und damit die Bestimmung der Vollzugskompetenz dennoch Angelegenheit des Landes (vgl. Art. 85 GG). Auf diesem Wege können die Länder den Gemeinden die Erledigung von Bundesaufgaben übertragen. Man spricht dann von Bundesauftragsangelegenheiten.

55

Beispiel Durchführung der Bundestagswahl oder die Gewährung von Leistungen nach dem BAFöG. ∎

> **Online-Wissens-Check**
>
> **Welche Arten von gemeindlichen Aufgaben gibt es?**
>
> Überprüfen Sie jetzt online Ihr Wissen zu den in diesem Abschnitt erarbeiteten Themen. Unter **www.juracademy.de/skripte/login** steht Ihnen ein Online-Wissens-Check speziell zu diesem Skript zur Verfügung, den Sie kostenlos nutzen können. Den Zugangscode hierzu finden Sie auf der Codeseite.

5. Teil
Einwohner und Bürger der Gemeinde

A. Einwohner

I. Begriff des Einwohners

 56 **Einwohner** einer Gemeinde i.S.d. GemO ist, wer in der Gemeinde wohnt (§ 10 Abs. 1 GemO), d.h. dort die tatsächliche und rechtliche Verfügungsgewalt über eine Wohnung hat, wenn nach den äußeren Umständen eine Benutzung und Beibehaltung der Wohnung angenommen werden kann.[1]

Die aus der Rechtsstellung als Einwohner resultierenden Rechte und Pflichten sind im Wesentlichen in § 10 Abs. 2 und 5 GemO sowie in § 11 GemO geregelt. Das bedeutendste **Recht** der Einwohner ist gem. § 10 Abs. 2 S. 2 GemO das zur Nutzung der öffentlichen Einrichtungen der Gemeinde (zu den öffentlichen Einrichtungen ausführlich Rn. 109 ff.). Die **Pflichten** der Einwohner liegen hauptsächlich in der Tragung der Gemeindelasten. Ebenso gehören hierzu Anschluss- und Benutzungszwang (Rn. 129 ff.).

Beispiel Gemeindelasten sind die örtlichen Steuern, Gebühren und Beiträge sowie – ohne große praktische Relevanz – die Erbringung von Hand- und Spanndiensten (§ 10 Abs. 5 GemO). ■

II. Den Einwohnern Gleichgestellte

1. Grundbesitzer und Gewerbetreibende – § 10 Abs. 3 GemO

57 Besitzer von Grundstücken innerhalb der Gemeinde und die in der Gemeinde Gewerbetreibenden werden den Einwohnern in zweierlei Hinsicht gleichgestellt: Auch sie dürfen die öffentlichen Einrichtungen der Gemeinde nutzen und haben die entsprechenden Gemeindelasten zu tragen.

> **Hinweis**
>
> Bitte beachten Sie den Wortlaut des § 10 Abs. 3 GemO: Dort ist ausdrücklich von Grundstücksbesitzern und nicht etwa von „Eigentümern" die Rede. Folglich gilt die Norm auch für Mieter und Pächter.

58 Eine Einschränkung des Nutzungsrechts für die den Einwohnern (teilweise) gleichgestellten Grundbesitzer und Gewerbetreibenden besteht jedoch insoweit, als dieses nur für diejenigen Einrichtungen der Gemeinde gilt, die auch und gerade für Gewerbetreibende und Grundstücksbesitzer vorgehalten werden (vgl. den Wortlaut § 10 Abs. 3 GemO).

---

1 *Ade* § 10 Rn. 1.

Beispiel Der Wirt, der nicht Einwohner der Gemeinde ist, in der er sein Wirtshaus betreibt, hat einen Anspruch auf die Benutzung der öffentlichen Wasserversorgung (sie dient auch den Gewerbetreibenden). Hingegen hat er keinen Anspruch darauf, auf dem gemeindlichen Friedhof (= öffentliche Einrichtung) bestattet zu werden (= Nutzung der öffentlichen Einrichtung), da diesbezüglich kein Zusammenhang zu seinem Gewerbe besteht.

2. Juristische Personen und Personenvereinigungen – § 10 Abs. 4 GemO

Den Grundbesitzern und Gewerbetreibenden wiederum gleichgestellt sind juristische Personen des öffentlichen und privaten Rechts und nicht rechtsfähige Personenvereinigungen (§ 10 Abs. 4 GemO).

Beispiel Juristische Personen des privaten Rechts sind z.B. die eingetragenen Vereine, GmbHs und AGs. Juristische Personen des öffentlichen Rechts sind z.B. Handwerkskammern, Universitäten etc. Zu den Personenvereinigungen i.S.d. § 10 Abs. 4 GemO zählen insbesondere die nicht eingetragenen Vereine und Parteien.

Für juristische Personen und Personenvereinigungen gelten die für die Grundbesitzer und Gewerbetreibenden genannten Beschränkungen betreffend das Nutzungsrecht entsprechend.

B. Bürger

I. Begriff

> **Bürger** der Gemeinde ist, wer Deutscher i.S.d. Art. 116 GG oder Unionsbürger ist, das 16. Lebensjahr vollendet hat und seit mindestens drei Monaten in der Gemeinde wohnt, d.h. dort seinen Hauptwohnsitz hat (§ 12 Abs. 1 GemO).

Bürger sind demnach Einwohner, welche die genannten, besonderen „Qualifikationsmerkmale" des § 12 Abs. 1 GemO erfüllen.

Der Rechte- und Pflichtenkreis der Bürger umfasst den der Einwohner. Darüber hinaus haben Bürger aber auch weitergehende Bürgerrechte und -pflichten. Die wohl bedeutendsten Rechte eines Gemeindebürgers sind das aktive und passive Wahlrecht zu Gemeindewahlen (Rn. 148 ff.) sowie das Stimmrecht in sonstigen Gemeindeangelegenheiten (§ 14 GemO), das Antragsrecht auf Durchführung einer Bürgerversammlung (§ 20a GemO, Rn. 76 ff.) und die Mitwirkung bei Bürgerentscheid, -begehren und -antrag (§§ 20b, 21 GemO, Rn. 84 ff.). Typische Bürgerpflicht ist die Ausübung einer ehrenamtlichen Tätigkeit (§ 15 GemO, Rn. 62 ff.).

II. Ehrenamtliche Tätigkeit – § 15 GemO

1. Pflicht zur ehrenamtlichen Tätigkeit

62 Eine **ehrenamtliche Tätigkeit** i.S.d. GemO liegt vor, wenn ein Bürger der Gemeinde unentgeltlich und außerhalb eines Dienstverhältnisses bei der Erfüllung öffentlicher kommunaler Aufgaben mitwirkt.

Die Gemeindeordnung differenziert drei Arten der ehrenamtlichen Tätigkeit, nämlich die Wahl zum Gemeinde- oder Ortschaftsrat, das gemeindliche Ehrenamt (= längerfristige Ausübung von bestimmten Verwaltungsangelegenheiten als Ehrenbeamter, z.B. als ehrenamtlich tätiger Bürgermeister, § 42 Abs. 2 GemO) sowie die ehrenamtliche Mitwirkung (= Erledigung einzelner Aufgaben, ohne als Gemeinde- oder Ortschaftsrat oder Ehrenbeamter tätig zu sein, z.B. als ehrenamtlicher Wahlhelfer).

>> Lesen Sie § 16 Abs. 1 GemO, damit Sie ein Gespür für die „wichtigen Gründe" i.S.d. § 16 GemO entwickeln. «

63 Nach § 15 GemO besteht die **Pflicht** des Bürgers, ein Ehrenamt anzunehmen und für eine bestimmte Zeit auszuüben. In Ansehung dieses Grundsatzes kann ein Bürger die ehrenamtliche Tätigkeit, zu der er z.B. durch Wahl bestimmt wurde, nur aus **wichtigem Grund ablehnen**. Wann ein solch wichtiger Grund vorliegt, regelt der nicht abschließende („insbesondere") Katalog des § 16 Abs. 1 GemO. Grundsätzlich gilt: Einen wichtigen Grund wird man bejahen können, wenn objektiv feststellbare Umstände aus der persönlichen Sphäre des Bürgers ihm die weitere Ausübung des Ehrenamtes unter Berücksichtigung der gesamten Verhältnisse unzumutbar machen. Die bloße Unlust auf die Ausübung des Ehrenamtes reicht für eine Ablehnung nicht aus.

> **JURIQ-Klausurtipp**
>
> Bitte beachten Sie bei Ihrer Beurteilung, ob ein nicht in § 16 GemO ausdrücklich genannter Grund für die Ablehnung einer ehrenamtlichen Tätigkeit ausreichend ist, dass dieser „sonstige Grund" von gleichem Gewicht wie die in § 16 Abs. 1 GemO ausdrücklich genannten Gründe sein muss.

64 Die Pflichten, die mit einem Ehrenamt verbunden sind, ergeben sich aus § 17 GemO: Wer zur ehrenamtlichen Tätigkeit berufen wurde, muss die ihm übertragenen Geschäfte **uneigennützig** und **verantwortungsbewusst** führen (§ 17 Abs. 1 GemO). Er darf folglich bei dieser Tätigkeit nicht auf eigene Vorteile bedacht sein noch die Vermeidung der ihn betreffenden Nachteile im Sinn haben. Darüber hinaus ordnet § 17 Abs. 2 GemO eine **Verschwiegenheitspflicht** für die Fälle an, in denen eine solche gesetzlich vorgeschrieben, besonders angeordnet oder ihrer Natur nach erforderlich ist.

Beispiel § 35 Abs. 2 GemO ordnet eine Verschwiegenheitspflicht in Bezug auf nichtöffentliche Gemeinderatssitzungen an, die so lange andauert, bis der Bürgermeister hiervon entbindet oder die in nichtöffentlicher Sitzung gefassten Beschlüsse in einer öffentlichen Ratssitzung bekannt gegeben worden sind. ∎

65 In finanzieller Hinsicht haben ehrenamtlich Tätige Anspruch auf Ersatz ihrer Auslagen und ihres Verdienstausfalls (§ 19 GemO). Die Einzelheiten zur Entschädigung sind durch gemeindliche Satzung zu regeln.

2. Vertretungsverbot – § 17 Abs. 3 GemO

Eine sowohl für die Klausur wie auch für die Praxis wichtige Norm, welche die ehrenamtliche Tätigkeit im Einzelfall einschränkt, ist § 17 Abs. 3 GemO. Der das Ehrenamt ausübende Bürger darf Ansprüche und Interessen eines anderen gegen die Gemeinde nicht geltend machen, soweit er nicht als dessen gesetzlicher Vertreter handelt. Man spricht insoweit von einem **Vertretungsverbot**.

a) Inhalt des Vertretungsverbots

Sinn und Zweck des kommunalrechtlichen Vertretungsverbots ist, die Gemeindeverwaltung von allen Einflüssen freizuhalten, die eine objektive, unparteiische und einwandfreie Führung der Gemeindegeschäfte gefährden könnten. Es soll verhindern, dass Mitglieder von Gemeindevertretungen ihren politischen Einfluss in der Gemeindeverwaltung zugunsten der von ihnen vertretenen Personen ausnutzen und ihre berufliche Tätigkeit in Widerstreit mit den von ihnen wahrzunehmenden öffentlichen Interessen gerät. Betroffen sind vom Vertretungsverbot in praxi insbesondere Gemeinderäte, die hauptberuflich als Rechtsanwälte oder Steuerberater tätig sind, wenn sie die Interessen ihrer Mandanten gegenüber der Gemeinde geltend machen sollen.

Die Begriffe „Ansprüche" oder „Interessen" i.S.d. § 17 Abs. 3 GemO sind weit auszulegen. Bei den **Ansprüchen** i.S.d. § 17 Abs. 3 GemO kommt es nach allgemeiner Meinung nicht darauf an, ob diese privatrechtlicher oder öffentlich-rechtlicher Natur sind oder ob sie sich auf den weisungsfreien oder weisungsgebundenen Bereich der Gemeinde beziehen (zur Differenzierung vgl. Rn. 46 ff.). Die Geltendmachung von **Interessen** ist dann anzunehmen, wenn Belange gegenüber der Gemeinde durchgesetzt werden sollen, auf die gerade kein Anspruch besteht.

Zu beachten ist der eingeschränkte personelle Anwendungsbereich des § 17 Abs. 3 GemO: das Vertretungsverbot greift nach dem klaren Wortlaut der Norm nur dann, wenn die Vertretung eines Dritten durch den ehrenamtlich Tätigen im Raume steht; macht der das Ehrenamt Ausübende eigene Ansprüche oder Interessen geltend, ist dies nicht durch § 17 Abs. 3 GemO untersagt.

b) Entscheidung über das Vertretungsverbot

Ob ein Vertretungsverbot vorliegt, entscheidet bei Gemeinde- und Ortschaftsräten der Gemeinderat (nicht der Ortschaftsrat!), im Übrigen der Bürgermeister (§ 17 Abs. 3 S. 3 GemO). Die Feststellung über das Vorliegen eines Vertretungsverbots stellt einen **Verwaltungsakt** dar, der verwaltungsgerichtlich überprüfbar ist.

Wird gegen § 17 Abs. 3 GemO verstoßen, kann ein Ordnungsgeld verhängt werden (§ 17 Abs. 4 i.V.m. § 16 Abs. 3 GemO, § 9 DVO GemO). Hingegen sind Rechtshandlungen, die unter Missachtung des Verbots vorgenommen wurden, wirksam.

3. Ausschluss wegen Befangenheit – § 18 GemO

§ 18 GemO verbietet es dem ehrenamtlich tätigen Bürger, an Entscheidungen, die ihm oder einer in § 18 Abs. 1 und 2 GemO genannten Person einen unmittelbaren Vor- oder Nachteil bringen, mitzuwirken. Einzelheiten zur Befangenheit werden im Zusammenhang mit der Gemeinderatssitzung erläutert (Rn. 254 ff.).

C. Übungsfall Nr. 1[2]

„Das OWi-Mandat"

R ist Mitglied des Gemeinderats der Gemeinde G. Im Rahmen ihrer Tätigkeit als Rechtsanwältin vertritt sie einen ihrer Mandanten in einem Ordnungswidrigkeitenverfahren gegen die Gemeinde. Die Mehrheit des Gemeinderats hält diese Vertretung für unzulässig und beschließt daher, R diese Tätigkeit zu untersagen. Das Bürgermeisteramt der Gemeinde erlässt daraufhin durch Bescheid ein Vertretungsverbot gegen die R. Begründet ist der Bescheid mit dem Hinweis, die Gemeindeverwaltung sei von allen Einflüssen freizuhalten, die eine objektive, unparteiische und einwandfreie Führung der Gemeindegeschäfte gefährden könne. § 17 Abs. 3 GemO lasse es nicht zu, dass eine Rechtsanwältin, die Gemeinderatsmitglied sei, ihre Mandanten in Ordnungswidrigkeitenverfahren gegen die Gemeinde vertrete.

R hält diesen Bescheid für rechtswidrig. Nach einem erfolglos durchgeführten Widerspruchsverfahren erhebt sie fristgemäß Klage zum zuständigen VG.

Wie wird das Gericht entscheiden?

Lösung

A. Zulässigkeit der Klage

I. Verwaltungsrechtsweg – § 40 VwGO

Bei der Klage gegen den Bescheid der Gemeinde G handelt es sich um eine öffentlich-rechtliche Streitigkeit nichtverfassungsrechtlicher Art i.S.d. § 40 VwGO.

II. Statthaftigkeit

Die statthafte Klageart richtet sich nach dem Klagebegehren. Die Klage richtet sich gegen einen belastenden VA (§ 35 LVwVfG) der Gemeinde, so dass die Anfechtungsklage gem. § 42 Abs. 1 Alt. 1 VwGO statthaft ist.

III. Klagebefugnis – § 42 Abs. 2 VwGO

Als Adressatin des belastenden VAs ist R möglicherweise in eigenen Rechten (Art. 12 Abs. 1 GG) verletzt. Die Klagebefugnis ist demnach zu bejahen.

IV. Vorverfahren – § 68 VwGO

Ein Vorverfahren gem. § 68 VwGO wurde ordnungsgemäß durchgeführt.

V. Klagefrist – § 74 VwGO

Die einmonatige Klagefrist des § 74 VwGO wurde gewahrt.

VI. Zuständiges Gericht

Das VG ist in vorliegendem Fall gem. § 45 VwGO sachlich zuständig. Die örtliche Zuständigkeit ist laut Sachverhalt gegeben.

VII. Zwischenergebnis

Die Klage der R ist zulässig.

B. Begründetheit

Die Klage ist begründet, wenn sie sich gegen den richtigen Beklagten wendet (§ 78 VwGO), der angefochtene Verwaltungsakt rechtswidrig ist und die Klägerin in ihren Rechten verletzt (§ 113 Abs. 1 S. 1 VwGO).

I. Passivlegitimation

Die Klage ist gem. § 78 Nr. 1 VwGO gegen den Rechtsträger der den VA erlassenden Behörde zu richten.

---

2 Der Fall ist einer Entscheidung des *VGH Mannheim* nachgebildet (Urteil vom 22.2.1979 – I 745/78).

Der angefochtene Bescheid wurde vom Bürgermeisteramt erlassen. Aus diesem Grunde ist die Gemeinde G die richtige Beklagte.

II. Rechtswidrigkeit des angefochtenen VAs

1. Ermächtigungsgrundlage

Mit Bescheid der Gemeinde G wurde gegen R ein Vertretungsverbot verhängt. Zutreffende Ermächtigungsgrundlage hierfür ist § 17 Abs. 3 GemO.

2. Formelle Rechtswidrigkeit

Anhaltspunkte dafür, dass der Bescheid der Gemeinde G formell rechtswidrig ist, sind im Sachverhalt nicht ersichtlich. Insbesondere wurde die Entscheidung über die Verhängung des Vertretungsverbots gemeindeintern von dem hierfür zuständigen Organ – dem Gemeinderat – getroffen (§ 17 Abs. 3 S. 3 GemO).

3. Materielle Rechtswidrigkeit

Der Bescheid der Gemeinde G wäre dann materiell rechtswidrig, wenn das gegen R verhängte Vertretungsverbot nicht von § 17 Abs. 3 GemO gedeckt wäre.

a) § 17 Abs. 3 GemO lässt die Verhängung eines Vertretungsverbots in den Fällen zu, in denen der ehrenamtlich tätige Bürger Ansprüche oder Interessen eines Dritten gegen die Gemeinde geltend macht.

b) Vorliegend bestehen Zweifel an der Rechtmäßigkeit des VA vor allem deshalb, weil fraglich ist, ob die Tätigkeit in einem Ordnungswidrigkeitenverfahren eine Geltendmachung von Ansprüchen oder Interessen i.S.d. § 17 Abs. 3 GemO ist.

aa) Nach Ansicht des VGH Baden-Württemberg[3] ist die Vertretung in Bußgeldsachen durch einen dem Gemeinderat angehörenden Rechtsanwalt kein Geltendmachen von Ansprüchen oder Interessen eines anderen gegen die Gemeinde. Dem liegt die Überlegung zugrunde, dass im Ordnungswidrigkeitenverfahren die Gemeinde die Befugnisse einer Strafverfolgungsbehörde im Rahmen eines strafrechtsähnlichen Verfahrens wahrnimmt. In diesem Verfahren tritt ihr der Rechtsanwalt des wegen einer Ordnungswidrigkeit verfolgten Bürgers nicht als Bevollmächtigter, der Ansprüche oder Interessen seines Mandanten gegen die Gemeinde geltend macht, gegenüber. Er hat vielmehr eine dem Strafverteidiger vergleichbare Rolle.

bb) Beide – sowohl der Rechtsanwalt in seiner Funktion als Verteidiger als auch die Gemeinde in der ihr zugewiesenen Rolle der staatlichen Strafverfolgungsbehörde – haben die für das Verfahren nach dem Ordnungswidrigkeitengesetz maßgebende Aufgabe zu erfüllen, als Organe der Rechtspflege nach der Wahrheit zu suchen, d.h. sich mit objektiven Kriterien um die Richtigkeit des gegen den Bürger erhobenen Vorwurfs zu bemühen. In dieser Funktion kann der Interessenkonflikt, den der Gesetzgeber mit der im § 17 Abs. 3 S. 1 GemO getroffenen Regelung im Auge hat, nicht eintreten. Hieran ändert sich auch nichts vor dem Hintergrund, dass die verhängten Bußgelder in die Gemeindekasse fließen. Denn bei der Aufgabe, die den Gemeinden mit dem Ordnungswidrigkeitengesetz auferlegt worden ist, handelt es sich im Kern um eine solche der Strafverfolgung als staatliche Aufgabe und nicht um eine Aufbesserung des Gemeindehaushalts.

c) Im Ergebnis hätte die Gemeinde G gegenüber der R kein Vertretungsverbot verhängen dürfen, da dieses nicht durch § 17 Abs. 3 S 1 GemO rechtlich gedeckt ist. Die dem Bescheid zu Grunde liegende Auslegung dieser Vorschrift sprengt den Rahmen der mit § 17 Abs. 3 S. 1 GemO bezweckten Regelung und ist deshalb mit den Grundrechten der Klägerin aus Art. 12 Abs. 1 GG nicht vereinbar.

C. Ergebnis

Da die R durch den rechtswidrigen VA in eigenen Rechten verletzt wird, ist die Klage begründet.

---

3 *VGH BW* Urteil vom 22.3.1979 – I 745/78.

6. Teil
Beteiligung von Einwohnern und Bürgern

74 Neben der mittelbaren Mitwirkung der Bürger an der kommunalen Selbstverwaltung durch die Wahl des Gemeinderats und des Bürgermeisters sieht die Gemeindeordnung in den §§ 20 ff. verschiedene Regelungen vor, mittels derer die Bürger bei der Entscheidung von Sachfragen in unterschiedlicher Form Einfluss nehmen können. Differenziert werden können die Arten der Mitwirkung danach, wie stark die Einwohner bzw. Bürger in die Entscheidungsfindung eingebunden werden.

> **Hinweis**
>
> Verschaffen Sie sich einen ersten Überblick:
>
> Formen der Mitwirkung, bei denen die Entscheidungskompetenz beim Gemeinderat bleibt, die Bürger aber im Vorfeld der Entscheidung aktiv beteiligt werden können, sind:
>
> - die **Gelegenheit zur Äußerung** gem. § 20 Abs. 2 GemO, die den Einwohnern bei wichtigen Angelegenheiten im Rahmen der Gemeinderatssitzung eingeräumt werden kann (Rn. 75);
> - die **Bürgerversammlung**, innerhalb derer wichtige Gemeindeangelegenheiten mit den Einwohnern erörtert werden sollen, § 20a GemO (Rn. 76 ff.);
> - der **Bürgerantrag** nach § 20b GemO, der der Bürgerschaft das Recht einräumt, die Befassung des Gemeinderats mit einer bestimmten Angelegenheit zu erzwingen (Rn. 84 ff.);
> - die **Zuziehung sachkundiger Bürger** zu Gemeinderatssitzungen, § 33 Abs. 3 GemO; entsprechendes gilt für Ausschüsse, § 40 Abs. 1 bzw. § 41 Abs. 1 GemO (Rn. 187);
> - die **Fragestunde** innerhalb der Gemeinderatssitzung, § 33 Abs. 4 S. 1 GemO (Rn. 92);
> - die **Anhörung** der von Ratsentscheidungen betroffenen Personen, § 33 Abs. 4 S. 2 GemO (Rn. 92).
>
> Daneben besteht die Möglichkeit, dass der Gemeinderat den Bürgern bestimmte Angelegenheiten der Gemeinde zur **Entscheidung überträgt** (§ 21 GemO) bzw. die Bürger durch **Bürgerbegehren** beantragen, dass ihnen eine bestimmte Frage zur Entscheidung übertragen wird (Rn. 93 ff.).

A. Gelegenheit zur Äußerung – § 20 Abs. 2 S. 2 GemO

75 Bei wichtigen Planungen und Vorhaben der Gemeinde sollen die Einwohner möglichst frühzeitig über die Grundlagen sowie die Ziele, Zwecke und Auswirkungen unterrichtet werden. Sofern dafür ein besonderes Bedürfnis besteht, soll den Einwohnern allgemein Gelegenheit zur Äußerung gegeben werden. Sinn dieser Vorschrift ist die **Einholung der Einwohnermeinung zu besonders bedeutsamen Angelegenheiten**. Wie dies verfahrenstechnisch geschieht, ist in der GemO nicht vorgegeben. Insoweit bleibt die Umsetzung des § 20 Abs. 2 S. 2 GemO dem Gemeinderat überlassen. Besondere Sanktionen für die Nichtbeachtung des § 20 Abs. 2 S. 2 GemO bestehen nicht; insbesondere führt eine unterlassene Anhörung nicht zur Rechtswidrigkeit eines Gemeinderatsbeschlusses. Auch gewährt § 20 Abs. 2 S. 2 GemO kein einklagbares Recht der Einwohner.

B. Bürgerversammlung – § 20a GemO

I. Allgemeines

Gem. § 20a Abs. 1 GemO sollen wichtige Gemeindeangelegenheiten mit den Einwohnern erörtert werden. Eine solche Erörterung kann im Rahmen einer Bürgerversammlung erfolgen. Die Bürgerversammlung hat damit den Zweck, den Gedankenaustausch zwischen Einwohnern und Gemeinderat bzw. Bürgermeister über besonders relevante gemeindliche Sachverhalte zu gewährleisten. Hingegen ist die **Bürgerversammlung kein Entscheidungsorgan**.

Beispiel Die Gemeinde plant eine Umgehungsstraße zu bauen. Sie erörtert im Vorfeld die geplante Trassenführung, den zeitlichen Ablauf der Baumaßnahmen etc. mit den Bürgern. Die Entscheidung, ob und ggf. wie die Umgehungsstraße gebaut wird, trifft sodann aber der Gemeinderat.

Die bei der Bürgerversammlung gemachten Vorschläge und Anregungen sind für die Gemeinde nicht bindend. Die Bürgerversammlung hat als **beratende Versammlung** keine Entscheidungskompetenz. § 20a Abs. 4 GemO verpflichtet die jeweiligen Gemeindeorgane lediglich, die Anregungen und Vorschlägen binnen drei Monaten nach Durchführung der Bürgerversammlung zu behandeln.

II. Anberaumung, Verhandlungsgang

Bürgerversammlungen sollen einmal pro Jahr, im Übrigen nach Bedarf anberaumt werden (§ 20a Abs. 1 GemO). Zuständig für die Anberaumung ist der Gemeinderat. Er legt die Zeit, den Ort sowie den Versammlungsgegenstand fest. Auch kann er bestimmen, dass nur Einwohner der Gemeinde ein Teilnahmerecht haben. Unabhängig davon haben nur Einwohner ein **Rederecht** innerhalb der Versammlung; anderen Personen kann jedoch das Wort erteilt werden (§ 20a Abs. 3 GemO).

Zuständig für die Einberufung ist der Bürgermeister. Er hat die Durchführung der Bürgerversammlung den Einwohnern unter rechtzeitiger ortsüblicher Bekanntgabe von Zeit, Ort und Tagesordnung mitzuteilen (§ 20a Abs. 1 GemO). Er (oder ein von ihm benannter Vertreter) hat den Vorsitz in der Versammlung und entscheidet über die Worterteilung. Besondere Verfahrensvorschriften über die Durchführung der Bürgerversammlung bestehen im Übrigen nicht.

III. Anberaumung auf Antrag der Bürger

Während § 20a Abs. 1 GemO dem Gemeinderat die Möglichkeit einräumt, eine Bürgerversammlung durchzuführen, wenn er dies für tunlich hält, statuiert § 20a Abs. 2 GemO die Möglichkeit, dass die Einwohner eine Durchführung beantragen.

Formelle Voraussetzungen des Antrags sind dessen Schriftform sowie die Bezeichnung der zu erörternden Angelegenheit. Eine Antragsstellung auf elektronischem Wege ist nicht möglich, wie sich aus dem Ausschluss der Anwendbarkeit des § 3a LVwVfG in § 20a Abs. 2 GemO ergibt. Inhaltlich muss sich der Antrag auf eine wichtige Gemeindeangelegenheit beziehen. Weiterhin darf der Antrag nur solche Angelegenheiten umfassen, die nicht bereits innerhalb des letzen Jahres Gegenstand einer Bürgerversammlung waren. Ferner muss es sich um Sachverhalte handeln, die innerhalb der **Befassungskompetenz** der Gemeinde liegen (hingegen ist eine Entscheidungskompetenz des Gemeinderats nicht zwingend erforderlich, da in der Bürgerversammlung selbst keine Entscheidungen getroffen werden).

82 Der Antrag muss von einer in § 20a Abs. 2 GemO genannten Anzahl von Bürgern unterzeichnet sein, wobei unterzeichnungsberechtigt nur wahlberechtigte Bürger sind (vgl. § 41 KomWG). Über die Zulässigkeit des Antrags entscheidet der Gemeinderat. Liegen die genannten Voraussetzungen vor, ist eine Bürgerversammlung binnen drei Monaten nach Eingang des Antrags abzuhalten. Diese Rechtsfolge ist zwingend, ein Ermessen steht dem Gemeinderat nicht zu.

> » Es empfiehlt sich – soweit zulässig – § 41 KomWG an geeigneter Stelle im Gesetz zu kommentieren. «

IV. Rechtsschutz

83 Gegen die ablehnende Entscheidung des Gemeinderats über den Antrag auf Durchführung einer Bürgerversammlung kann jeder Unterzeichner „Anfechtungs- oder Verpflichtungsklage" (§ 41 Abs. 2 KomWG) erheben. Wenngleich § 41 Abs. 2 KomWG die Möglichkeit der Erhebung einer Anfechtungsklage nennt, wird i.d.R. nur eine **Verpflichtungsklage** statthaft sein, da nur sie zu dem gewünschten Ziel – der Durchführung einer Bürgerversammlung – führen kann. Gerichtet ist die Verpflichtungsklage aber nicht etwa unmittelbar auf Anberaumung der Bürgerversammlung, sondern lediglich auf positive Entscheidung des Gemeinderats bezüglich des gestellten Antrags.[1]

C. Bürgerantrag – § 20b GemO

84 Der in § 20b GemO verankerte Bürgerantrag schafft für die Bürgerschaft die **Möglichkeit zu erzwingen**, dass bestimmte Angelegenheiten der Gemeinde vom Gemeinderat behandelt werden.

I. Voraussetzungen des Bürgerantrags

85 Formelle Voraussetzung eines Bürgerantrags ist die schriftliche Einreichung einer hinreichend bestimmten und begründeten Antragsschrift. Eine Antragstellung auf elektronischem Wege ist nicht möglich, da die Anwendbarkeit des § 3a LVwVfG ausgeschlossen ist (§ 20b Abs. 2 GemO). Zudem muss der Antrag von einer bestimmten Anzahl von Bürgern unterzeichnet sein (§ 20b Abs. 2 i.V.m. § 21 Abs. 3 GemO).

86 Fristgebunden ist der Bürgerantrag lediglich dann, wenn er sich gegen einen Beschluss des Gemeinderats oder eines beschließenden Ausschusses richtet.

> **Beispiel** Der Gemeinderat hat entschieden, das örtliche Freibad zu schließen. Die Einwohner wollen den Gemeinderat mittels Bürgerantrag zwingen, über die Angelegenheit nochmals zu beraten und erneut Beschluss zu fassen.

---

1 *VGH BW* VBlBW 1984, 149 = DVBl 1984, 216.

In diesen Fällen muss eine **zweiwöchige Ausschlussfrist** beachtet werden, die mit Bekanntgabe des Beschlusses zu laufen beginnt und innerhalb derer der Antrag gestellt werden muss. Die Frist dient dabei der Rechtssicherheit: durch sie soll gewährleistet werden, dass der Vollzug von Beschlüssen nicht unendlich lange verschoben werden muss.

Inhaltlich muss sich der Antrag auf solche Angelegenheiten beziehen, die den Wirkungskreis der Gemeinde betreffen und für die der Gemeinderat zuständig ist. Es muss also zumindest eine **Befassungskompetenz** des Gemeinderats gegeben sein. Unzulässig ist es hingegen, allgemeinpolitische Fragen ohne Anknüpfung an die Gemeinde zum Gegenstand eines Bürgerantrags zu machen. Gleiches gilt für Angelegenheiten aus dem Kompetenzbereich des Bürgermeisters. **87**

Unzulässig ist ein Bürgerantrag auch dann, wenn er eine Angelegenheit betrifft, die bereits innerhalb des letzten Jahres Gegenstand eines solchen Antrags war. Ebenfalls darf sich der Antrag nicht mit den Gegenständen des § 21 Abs. 2 GemO befassen, da diese für eine Bürgerbeteiligung grundsätzlich ungeeignet sind (Rn. 95).

Schließlich kann sich der Bürgerantrag auch nicht auf solche Gegenstände beziehen, über die der Gemeinderat oder ein beschließender Ausschuss nach Durchführung eines **gesetzlich bestimmten Beteiligungs- oder Anhörungsverfahrens** beschlossen hat. Grund hierfür ist, dass den Bürgern innerhalb dieser besonderen Verfahren bereits hinreichend Gelegenheit zur Einbringung gegeben wurde. **88**

Beispiel Entscheidungen im Zusammenhang mit gesetzlich bestimmten Beteiligungs- oder Anhörungsverfahren sind etwa der Beschluss über einen Bebauungsplan oder über die Haushaltssatzung. ■

Hingegen kann der Bürgerantrag **Gegenstände** aus dem **Kompetenzkatalog eines Ausschusses** zum Inhalt haben. Wenngleich der Wortlaut des § 20b GemO hierauf nicht ausdrücklich Bezug nimmt, folgt dies doch aus der Überlegung, dass Ausschüssen keine „eigenen" Kompetenzen kraft Gesetz zukommen sondern nur solche, die vom Gemeinderat übertragen wurden, mithin die Zuständigkeiten eines Ausschusses stets solche sind, die ursprünglich beim Rat lagen. Damit sind aber die Zuständigkeiten des Gemeinderats i.S.d. § 20b Abs. 1 GemO auch solche, die dieser auf Ausschüsse übertragen hat. **89**

II. Entscheidung über die Zulässigkeit

Über die Zulässigkeit des Bürgerantrags entscheidet der Gemeinderat (§ 20b Abs. 3 GemO). Er hat dem Antrag stattzugeben, wenn die Zulässigkeitsvoraussetzungen gegeben sind. Sodann muss er die Angelegenheit binnen drei Monaten nach Antragstellung behandeln, d.h. sachlich über sie entscheiden. Wenngleich hierbei die Vertreter des Bürgerantrags gehört werden sollen, ist der Gemeinderat in der Art und Weise, wie er über die Sache entscheidet, frei, d.h. er muss nicht etwa in dem Sinne der Antragsteller entscheiden.[2] **90**

---

[2] *HessVGH* NVwZ-RR 1989, 574.

III. Rechtsschutz

91   Der Rechtsschutz gegen die (ablehnende) Entscheidung des Gemeinderats richtet sich nach § 41 Abs. 2 KomWG; insoweit gilt das zur Bürgerversammlung ausgeführte entsprechend.

D. Fragestunde und Anhörung

92   Gemäß § 33 Abs. 4 GemO kann der Gemeinderat bei öffentlichen Sitzungen Einwohnern und ihnen gleichgestellten Personen (§ 10 Abs. 3 und 4 GemO) die Möglichkeit einräumen, Fragen zu Gemeindeangelegenheiten zu stellen oder Anregungen und Vorschläge zu unterbreiten (**Fragestunde**). Die Fragestunde schafft die Möglichkeit, Bürger in den Willensbildungsprozess des Gemeinderats einzubeziehen. Soll eine Fragestunde stattfinden, ist hierauf in der Ladung hinzuweisen. Daneben schafft § 33 Abs. 4 S. 2 GemO die Möglichkeit, den von Beratungsgegenständen betroffenen Bürgern Gelegenheit zu geben, ihre Auffassung im Gemeinderat vorzutragen (**Anhörung**). Im Gegensatz zur Fragestunde kann die Anhörung auch in einer nichtöffentlichen Sitzung durchgeführt werden. Die Ausgestaltung von Einzelheiten betreffend Fragestunde und Anhörung ist in der Geschäftsordnung des Gemeinderats zu regeln.

E. Bürgerentscheid

I. Allgemeines

93   Neben den vorstehend geschilderten Arten der Bürgerbeteiligung i.w.S. schafft § 21 GemO die Möglichkeit, den Bürgern **Sachfragen zur unmittelbaren Entscheidung** zu übertragen (sog. **Bürgerentscheid**). Die Bürgerschaft entscheidet sodann anstelle des Gemeinderats. Der Bürgerentscheid bildet somit ein Element der unmittelbaren Demokratie auf kommunaler Ebene.

II. Voraussetzungen

>> Beachten Sie: Die Stimme des Bürgermeisters ist bei der Bestimmung der Mehrheit mitzuzählen („… Stimmen aller Mitglieder…")! <<

94   Voraussetzung für die Durchführung eines Bürgerentscheids ist ein entsprechender Beschluss des Gemeinderats. Hierfür ist eine qualifizierte Mehrheit von 2/3 der Stimmen aller Mitglieder erforderlich.

95   Inhaltlich darf sich ein Bürgerentscheid nur auf solche Angelegenheiten beziehen, die einerseits zum Wirkungskreis der Gemeinde gehören und andererseits in den Zuständigkeitsbereich des Gemeinderats (§ 24 Abs. 1 GemO) fallen. Darüber hinaus enthält § 21 Abs. 2 GemO einen Negativkatalog von Angelegenheiten, die einem Bürgerentscheid nicht zugänglich sind. So können nicht den Bürgern zu Entscheidung übertragen werden

- Weisungsaufgaben und Angelegenheiten, die kraft Gesetz dem Bürgermeister obliegen,
- Fragen der inneren Organisation der Gemeindeverwaltung,
- die Rechtsverhältnisse der Gemeinderäte, des Bürgermeisters und der Gemeindebediensteten,

- die Haushaltssatzung einschließlich der Wirtschaftspläne der Eigenbetriebe sowie die Kommunalabgaben, Tarife und Entgelte,
- die Feststellung des Jahresabschlusses und des Gesamtabschlusses der Gemeinde und der Jahresabschlüsse der Eigenbetriebe,
- Bauleitpläne und örtliche Bauvorschriften sowie
- Entscheidungen in Rechtsmittelverfahren.

III. Verfahren

Bevor ein Bürgerentscheid durchgeführt werden kann, sind die Bürger über die Auffassungen der Gemeindeorgane zum Entscheidungsgegenstand zu unterrichten. Hierdurch soll es den zur Entscheidung berufenen Bürgern ermöglicht werden, sich ein möglichst umfassendes Bild über die entscheidungsrelevanten Umstände zu machen. Eine bestimmte Form für diese Information der Bürgerschaft ist gesetzlich nicht vorgesehen. 96

Die verfahrensrechtlichen Regelungen, die bei der Durchführung eines Bürgerentscheids zu beachten sind, legt die GemO nicht fest; sie sind vielmehr im KomWG (§ 41 Abs. 3) und der KomWO (§ 53) normiert.

> » Beide Normen sollten Sie – soweit zulässig – an geeigneter Stelle im Gesetz kommentieren! «

IV. Ergebnis des Bürgerentscheids

Bei einem Bürgerentscheid ist die gestellte Frage in dem Sinne entschieden, in dem sie von der Mehrheit der gültigen Stimmen beantwortet wurde, sofern diese Mehrheit mindestens 25% der Stimmberechtigten beträgt. Bei Stimmengleichheit gilt die Frage als mit Nein beantwortet (§ 21 Abs. 6 GemO). Wurde die erforderliche Mehrheit von 25% der Stimmberechtigten nicht erreicht, d.h. stimmten weder mindestens 25% der Wahlberechtigten für noch gegen die zur Entscheidung gestellte Frage, muss der Gemeinderat die Angelegenheit entscheiden. 97

V. Rechtswirkung des Bürgerentscheids

Der Bürgerentscheid hat die Wirkung eines **endgültigen Beschlusses des Gemeinderats** (§ 21 Abs. 7 GemO). Der im Bürgerentscheid zum Ausdruck kommende Wille ist folglich von der Verwaltung umzusetzen. Ferner entfaltet der Bürgerentscheid eine Sperrwirkung dergestalt, dass die von den Bürgern gefällte Entscheidung innerhalb von drei Jahren nur durch Bürgerentscheid abgeändert werden kann. Mit anderen Worten: dem Gemeinderat ist es binnen drei Jahren verwehrt, den Bürgerentscheid durch einen anders lautenden Gemeinderatsbeschluss zu konterkarieren. 98

F. Bürgerbegehren

I. Allgemeines

Das **Bürgerbegehren** schafft zugunsten der Bürger die Möglichkeit, den Antrag auf Durchführung eines Bürgerentscheids zu stellen. Ist ein Bürgerbegehren erfolgreich, d.h. liegen die gesetzlichen Voraussetzungen, wie sie in § 21 Abs. 3 GemO genannt sind, vor, mündet es in 99 einen Bürgerentscheid. Das Bürgerbegehren ist demnach das Mittel, mit dem der Gemeinderat gezwungen werden kann, Angelegenheiten aus seinem Wirkungskreis zur Entscheidung auf die Bürger zu übertragen.

II. Voraussetzungen

100 Damit ein Bürgerbegehren zulässig ist, muss der Gegenstand, der ihm zu Grunde liegt, aus dem Wirkungskreis der Gemeinde stammen und in der Zuständigkeit des Gemeinderats liegen. Weiter darf über ihn in den vergangenen drei Jahren nicht bereits ein Bürgerentscheid auf Grund eines Bürgerbegehrens durchgeführt worden sein. Richtet sich das Bürgerbegehren gegen einen Beschluss des Gemeinderats, so muss der Antrag binnen sechs Wochen nach Bekanntgabe des Beschlusses eingereicht worden sein.

Beispiel Hat der Gemeinderat beschlossen, sämtliche bislang im Eigentum der Kommune stehenden Wohnungen an einen Privaten zu verkaufen und möchten die Bürger dies verhindern, können sie binnen sechs Wochen nach Bekanntgabe des Beschlusses ein Bürgerbegehren mit dem Ziel beantragen, die Bürger über den Verkauf der Immobilien entscheiden zu lassen. ■

Als ein Bürgerbegehren gegen einen Gemeinderatsbeschluss wird man auch ein solches ansehen dürfen, das sich nicht generell gegen den Beschluss wendet, diesen aber **modifiziert**.[3]

Beispiel Der Gemeinderat beschließt, das baufällige örtliche Sportstadion zu sanieren und in diesem Zuge die Leichtathletikeinrichtungen (400 Meter-Bahn etc.) zu entfernen, so dass ein reines Fußballstadion verbleibt. Die Bürger sind mit dem Sanierungsvorhaben einverstanden, wollen aber per Bürgerbegehren einen Bürgerentscheid herbeiführen, der auf den Erhalt der Leichtathletikeinrichtungen gerichtet ist. ■

> **JURIQ-Klausurtipp**
>
> Im Hinblick auf die Fristgebundenheit von Bürgerbegehren, die sich gegen Gemeinderatsbeschlüsse wenden ist es also wichtig, dass Sie in der Klausur genau herausarbeiten, ob sich der Antrag gegen einen Gemeinderatsbeschluss wendet bzw. diesen modifiziert oder aber einen bislang nicht entschiedenen Sachverhalt zum Gegenstand hat.

» Lesen Sie § 21 Abs. 3 S. 5 GemO! «

101 Zwingend erforderlich ist ferner die Schriftform der Antragstellung. Zudem muss der Antrag von einer bestimmten Anzahl von Bürgern eigenhändig unterschrieben sein.

» Soweit zulässig sollten Sie § 41 KomWG an geeigneter Stelle im Gesetz kommentieren! «

102 Wie viele Unterschriften erforderlich sind, damit das Bürgerbegehren zulässig ist, hängt von der Gemeindegröße ab. Grundsätzlich verlangt § 21 Abs. 3 GemO die Unterzeichnung durch 10% der Bürger. Jedoch ist diese Anzahl nach oben hin gedeckelt, so dass z.B. in Gemeinden mit bis zu 50 000 Einwohnern 2500 Unterschriften genügen. Dabei zählen nur die Unterschriften von Bürgern, die im Zeitpunkt der Unterschrift wahlberechtigt und nicht vom Wahlrecht ausgeschlossen waren (§ 41 KomWG).

---

3 *VGH* EKBW GemO § 21 E 17.

Die Zulässigkeit des Bürgerbegehrens setzt weiter eine Begründung des Antrags voraus; auch muss die Antragsschrift die zur Entscheidung zu bringende Frage enthalten, die so formuliert sein muss, dass sie mit „Ja" oder „Nein" beantwortet werden kann. Schließlich verlangt § 21 Abs. 3 GemO als weiteres Zulässigkeitskriterium einen Vorschlag für die Deckung der mit der verlangten Maßnahme verbundenen Kosten. Hierdurch soll die Erhebung von überzogenen und nicht finanzierbaren Forderungen verhindert werden. **103**

> **Hinweis**
>
> Wenngleich an den Kostendeckungsvorschlag keine allzu hohen Anforderungen gestellt werden dürfen, muss dieser doch im Einklang mit geltendem Haushaltsrecht stehen.

Wird durch das Bürgerbegehren der Verzicht einer Maßnahme verlangt, entfällt sachlogisch der Vorschlag zur Kostendeckung.

III. Entscheidung über die Zulässigkeit

Die Entscheidung über die Zulässigkeit des Bürgerbegehrens trifft der Gemeinderat (§ 21 Abs. 4 GemO). Liegen die in § 21 Abs. 3 GemO genannten Voraussetzungen vor, ist ein Bürgerentscheid auszuführen. Ein Ermessensspielraum besteht hierbei nicht. Ein Bürgerentscheid ist aber trotz Vorliegens der gesetzlichen Voraussetzungen nicht durchzuführen, wenn der Gemeinderat von sich aus die mit dem Bürgerbegehren verlangte Maßnahme beschließt. **104**

IV. Durchführung

Was die Durchführung des Bürgerbegehrens anbelangt, kann in Anbetracht dessen, dass das zulässige Bürgerbegehren zwangsläufig in einen Bürgerentscheid mündet, auf die dortigen Ausführungen verwiesen werden. Als Besonderheit gilt es lediglich zu beachten, dass § 21 Abs. 6 S. 3 GemO auch dann gilt, wenn sich der erzwungene Bürgerentscheid gegen einen Gemeinderatsbeschluss wendet. Obwohl bereits ein Beschluss vorliegt, muss der Gemeinderat somit erneut über die Sache beschließen, wenn das für den Bürgerentscheid erforderliche Quorum nicht erreicht wird.[4] Hierdurch soll es dem Rat ermöglicht werden, die im Zusammenhang mit dem Bürgerbegehren vorgetragenen Argumente entsprechend berücksichtigen zu können. **105**

V. Rechtswirkung

Hinsichtlich der Rechtswirkungen kann auf die Ausführungen zum Bürgerentscheid verwiesen werden (Rn. 98). **106**

---

4 *KBK* § 21 Rn. 28.

VI. Exkurs: Besonderheiten beim Rechtsschutz im Zusammenhang mit Bürgerbegehren

107 Der Rechtsschutz gegen die Ablehnung eines Bürgerbegehrens durch den Gemeinderat richtet sich nach den Bestimmungen des § 41 Abs. 2 KomWG. Ein Rechtsschutzbedürfnis entfällt nicht schon dann, wenn die Gemeinde die verlangte Maßnahme beginnt, jedoch nicht nach den Inhalten des Begehrens ausführt. Beschließt der Gemeinderat, ein Bürgerbegehren zuzulassen, ist diese Entscheidung – etwa von Gegnern des Begehrens – nicht angreifbar, da eine Verletzung subjektiver Rechte nicht gegeben ist. Hingegen kann die Rechtsaufsichtsbehörde dem stattgebenden Beschluss mit den ihr zustehenden Aufsichtsmitteln entgegentreten, wenn durch ihn geltendes Recht verletzt wird.

Online-Wissens-Check

Nennen Sie den Unterschied von Bürgerentscheid und Bürgerbegehren!

Überprüfen Sie jetzt online Ihr Wissen zu den in diesem Abschnitt erarbeiteten Themen. Unter www.juracademy.de/skripte/login steht Ihnen ein Online-Wissens-Check speziell zu diesem Skript zur Verfügung, den Sie kostenlos nutzen können. Den Zugangscode hierzu finden Sie auf der Codeseite.

7. Teil
Öffentliche Einrichtungen

Zu den Aufgaben der Gemeinde gehören die Errichtung und die Unterhaltung öffentlicher Einrichtungen. § 10 Abs. 2 GemO statuiert:

„Die Gemeinde schafft in den Grenzen ihrer Leistungsfähigkeit die für das wirtschaftliche, soziale und kulturelle Wohl ihrer Einwohner erforderlichen öffentlichen Einrichtungen."

> **JURIQ-Klausurtipp**
>
> Das Thema „öffentliche Einrichtungen" ist sowohl in der Praxis wie auch in der Klausur von besonderer Relevanz. Die hiermit verbundenen typischen Fragestellungen, insbesondere die nach dem **Anspruch auf Zulassung**, müssen Ihnen unbedingt geläufig sein.

Beispiel Typische öffentliche Einrichtungen sind Gemeindehallen, Schwimmbäder, Theater, Museen, Obdachlosenunterkünfte, Schulräume, Asylbewerberheime, Festplätze, Schlachthäuser, öffentliche Waagen, Frauenhäuser, Anschlagtafeln, Friedhöfe, die öffentliche Wasserversorgung sowie die Abwasserentsorgung. ∎

A. Begriff der öffentlichen Einrichtung

Die Gemeindeordnung definiert den Begriff der öffentlichen Einrichtung nicht. Aus diesem Grunde hat es die Rechtsprechung[1] übernommen, die Merkmale, die eine öffentliche Einrichtung auszeichnen, wie folgt herauszuarbeiten:[2]

I. Einrichtung

Damit eine öffentliche Einrichtung i.S.d. § 10 GemO anzunehmen ist, muss es sich bereits rein begrifflich um eine Einrichtung handeln, also um die **Zusammenfassung von sachlichen und/oder personellen Mitteln**, die durch Gemeindeeinwohner allgemein nutzbar sind. In Abgrenzung hierzu sind keine öffentlichen Einrichtungen die **„Sachen im Gemeingebrauch"**, z.B. Straßen, die zulassungsfrei von jedermann und nicht nur von den Einwohnern genutzt werden können.

> **Hinweis**
>
> Bei der Abgrenzung zwischen den öffentlichen Einrichtungen und den Sachen im Gemeingebrauch anhand des Benutzerkreises ist Vorsicht geboten: Eine Einrichtung verliert ihren Status als öffentliche Einrichtung der Gemeinde nicht bereits dadurch, dass neben den Einwohnern auch Dritte (= Nichteinwohner = Ortsfremde) zugelassen werden können. Abzustellen ist daher in jedem Falle auf den Inhalt des Widmungsaktes (Rn. 111).

---
1 So etwa *VGH BW*, VBlBW 1981, 157; VBlBW 1984, 25.
2 Vgl. hierzu *KBK* § 10 Rn. 15 mit Darstellung der wesentlichen Rechtsprechung.

Ebenfalls keine öffentlichen Einrichtungen sind die **Verwaltungseinrichtungen**, die nur den Zwecken der Gemeindeverwaltung dienen. Gleiches gilt für die **fiskalischen Betriebe** der Gemeinde, die den Zweck haben, den gemeindlichen Eigenbedarf zu decken.

Beispiel Weder das Rathaus der Gemeinde noch der örtliche Bauhof sind öffentliche Einrichtungen.

II. Widmungsakt

111 Des Weiteren muss die Einrichtung für eine unmittelbare und gleiche Nutzung durch die Einwohner oder den diesen Gleichgestellten (§ 10 Abs. 3 GemO) gewidmet sein.

Die **Widmung** definiert die Zweckbestimmung der Einrichtung; sie kann durch Satzung oder Verwaltungsakt erfolgen und ist an eine bestimmte Form nicht gebunden. Eine häufig anzutreffende Form der Widmung ist die **faktische Indienststellung** durch Eröffnung der Einrichtung. Bei der Bestimmung des Widmungszwecks hat die Gemeinde einen Gestaltungsspielraum, der umso größer ist, je weniger Einwohner auf die öffentliche Einrichtung angewiesen sind. Beschränkt ist dieser Gestaltungsspielraum durch Art. 3 GG und das darin enthaltene Verbot, wesentlich Gleiches willkürlich ungleich und wesentlich Ungleiches willkürlich gleich zu behandeln. Der Gleichheitssatz ist dann verletzt, wenn eine vom Gesetz vorgenommene Differenzierung sich nicht auf einen vernünftigen oder sonst wie einleuchtenden Grund zurückführen lässt.[3]

112 Zuständig für die inhaltliche Festlegung der Widmung, d.h. für die Ausgestaltung des Nutzungszwecks ist regelmäßig der Gemeinderat. Anhaltspunkte für den Inhalt der Widmung können sich aus den Benutzungsordnungen etc. ergeben. Allerdings kann die vom Gemeinderat geschaffene Zweckbestimmung im Laufe der Zeit durch die **Vergabepraxis** der Kommunalverwaltung erweitert werden.

Beispiel Wurde die örtliche Sporthalle für Sportveranstaltungen gewidmet und lässt die Gemeindeverwaltung in ihrer Zulassungspraxis die Durchführung von kulturellen Veranstaltungen zu, so ist der Widmungszweck entsprechend erweitert.

Möchte die Gemeinde einen durch die Vergabepraxis erweiterten Widmungszweck wieder auf sein ursprüngliches Maß zurückführen, ist dies für die Zukunft möglich. Erforderlich hierzu ist aber regelmäßig ein **formeller Akt** (meist in Form eines Gemeinderatsbeschlusses), mittels dessen nach Außen die Einschränkung der bisherigen Vergabepraxis dokumentiert wird.[4]

III. Schaffung im gemeindlichen Wirkungskreis

113 Schließlich muss die Einrichtung innerhalb des gemeindlichen Wirkungskreises geschaffen worden sein und im öffentlichen Interesse bestehen.

Nicht erforderlich ist, dass die Einrichtung der Gemeinde gehört oder von ihr betrieben wird, solange sie die **Möglichkeit einer gesicherten Einflussnahme** auf den Betrieb der Einrichtung als öffentliche Einrichtung hat.

---

[3] *VGH BW* Beschluss vom 25.9.1997 – 1 S 1261/97, VBlBW 1998, 58.
[4] *VGH BW* Beschluss vom 29.10.1997 – 1 S 2629/97, VBlBW 1998, 145.

Beispiel Ist Träger des örtlichen Heimatmuseums ein Verein und lässt sich die Gemeinde durch Vertrag eine Benutzungsmöglichkeit durch ihre Einwohner vom Verein zusichern, liegt ein Fall der öffentlichen Einrichtung vor. ■

B. Voraussetzung für die Schaffung öffentlicher Einrichtungen

Bezüglich den Voraussetzungen für die Schaffung von öffentlichen Einrichtungen ist zu differenzieren: handelt es sich bei der Schaffung um eine freiwillige Aufgabe (was regelmäßig der Fall sein wird), entscheidet der Gemeinderat hierüber nach pflichtgemäßem Ermessen. Da öffentliche Einrichtungen ausweislich § 10 Abs. 2 S. 1 GemO nur in den Grenzen der finanziellen Leistungsfähigkeit der Gemeinde errichtet werden dürfen, muss der Rat die örtlichen Bedürfnisse und die finanziellen Möglichkeiten der Gemeinde beachten.

114

Daneben kann aber auch eine gesetzliche Pflicht zur Schaffung öffentlicher Einrichtungen bestehen. In diesen Fällen besteht demnach kein Ermessensspielraum.

Beispiel § 1 Bestattungsgesetz schreibt die Schaffung von Friedhöfen vor, wenn hierfür ein öffentliches Bedürfnis besteht ■

Ein einklagbarer Anspruch des einzelnen Bürgers gerichtet auf Schaffung einer öffentlichen Einrichtung besteht i.d.R. nicht.

C. Anspruch auf Zulassung

Die Einwohner sind gemäß § 10 Abs. 2 GemO im Rahmen des geltenden Rechts berechtigt, die öffentlichen Einrichtungen der Gemeinde nach gleichen Grundsätzen zu benutzen. § 10 Abs. 2 GemO enthält damit ein **subjektiv-öffentliches Recht auf Zulassung** der Einwohner zu öffentlichen Einrichtungen ihrer Gemeinde.

115

PRÜFUNGSSCHEMA

Zulassung zu einer öffentlichen Einrichtung

I. Öffentliche Einrichtung
  Abgrenzung von Sachen im Gemeingebrauch / Verwaltungseinrichtungen   Rn. 110

II. Anspruchsberechtigte
  Ortsfremde   Rn. 118

III. Keine Zulassungsbeschränkungen

IV. Sonderfall: Politische Parteien

I. Öffentliche Einrichtung

 116 Sachlogisch setzt der in § 10 Abs. 2 GemO normierte Zulassungsanspruch zunächst eine öffentliche Einrichtung voraus (zum Begriff und zur Abgrenzung Rn. 110).

II. Anspruchsberechtigte

117 Grundsätzlich haben nur die Einwohner der Gemeinde – und in den Grenzen des § 10 Abs. 3 bzw. Abs. 4 GemO die teilweise diesen gleichgestellten Grundbesitzer, Gewerbetreibende, juristische Personen und Personenvereinigungen – einen einklagbaren Anspruch auf Benutzung einer öffentlichen Einrichtung (zum Begriff des Einwohners Rn. 56).

 118 Personen, die nicht Einwohner der Gemeinde sind oder diesen gleichgestellt werden, haben grundsätzlich keinen Zulassungsanspruch. Eine Ausnahme gilt nur dort, wo dies spezialgesetzlich angeordnet ist.

Beispiel § 76 Abs. 2 SchulG regelt die Pflicht zum Schulbesuch (Schule = öffentliche Einrichtung) für den Schulbezirk, der regelmäßig größer ist als das Gemeindegebiet der Gemeinde, die die Schule unterhält. Damit haben auch Nichteinwohner einen Anspruch auf Zulassung. ■

119 Gebietsfremde haben – wenn die Widmung nichts Abweichendes regelt – lediglich einen **Anspruch auf fehlerfreie Ermessensentscheidung** bezüglich ihres Zulassungsantrags. Dieser kann sich im Einzelfall aufgrund des Grundsatzes der Selbstbindung der Verwaltung zu einem Zulassungsanspruch verdichten, wenn die ständige Zulassungspraxis für Ortsfremde eine Benutzung vorsieht.[5]

III. Beschränkungen des Zulassungsanspruchs

120 Der Benutzungsanspruch der Einwohner ist in mehrerlei Hinsicht begrenzt. So kann eine Nutzung der öffentlichen Einrichtung nur im Rahmen des geltenden Rechts erfolgen. Zu beachten sind demnach die Beschränkungen, die sich aus der Rechtsordnung, insbesondere dem Grundgesetz, der Bundes- und Landesgesetze ergeben.

Beispiel Kein Anspruch besteht, wenn die öffentliche Einrichtung in einer Form genutzt werden soll, die gegen Strafgesetze verstößt. So wurde etwa der Zulassungsanspruch einer Partei verneint, die eine öffentliche Einrichtung nutzen wollte, um dort zum Boykott gegen die Volkszählung aufzurufen (= Ordnungswidrigkeit!).[6] ■

121 Beschränkungen des Zulassungsanspruchs können sich überdies aus Ortsrecht in Form von Benutzungsordnungen oder kommunalen Satzungen ergeben, in denen der Widmungszweck definiert ist.

---

[5] *VGH BW* Beschluss vom 14.4.1989 – 1 S 952/89, NVwZ 1990, 93.
[6] *VGH BW* Beschluss vom 20.5.1987 – 1 S 1278/87, NJW 1987, 2698.

Sonderfall: Zulassung politischer Parteien 7 C IV

> **JURIQ-Klausurtipp**
>
> Ist im Klausursachverhalt der Zulassungsanspruch durch den Widmungszweck eingeschränkt, müssen Sie inzident prüfen, ob diese Einschränkung rechtmäßig ist oder z.B. gegen Art. 3 GG verstößt.

Einschränkungen können ferner aus der begrenzten Kapazität der Einrichtung resultieren. Ist diese erschöpft, ist ein Anspruch ausgeschlossen. Dabei ist jedoch zu beachten, dass die Einwohner eine öffentliche Einrichtung nach gleichen Grundsätzen benutzen dürfen (§ 10 Abs. 2 S. 2 GemO). Haben also mehr Bewerber die Benutzung beantragt als Kapazität vorhanden ist, muss die Gemeinde anhand rechtlich zulässiger Auswahlkriterien eine Entscheidung treffen.

122

> **Hinweis**
>
> Zulässige Auswahlkriterien im Zusammenhang mit der Zulassung zu öffentlichen Einrichtungen sind:
>
> - die Reihenfolge der Antragstellung (sog. Prioritätsprinzip)
>
> **Beispiel** Wenn das Schwimmbad an einem schönen Sommertag wegen Überfüllung für weitere Besucher geschlossen werden muss, wurden nur die Besucher zugelassen, die rechtzeitig vor Erreichen der Kapazitätsgrenze dort waren. ■
>
> - das Prinzip „bekannt und bewährt"
>
> **Beispiel** Sind auf dem örtlichen Festplatz nur eine begrenzte Anzahl von Stellflächen für Schausteller vorhanden, kann deren Zulassung danach erfolgen, welche sich in der Vergangenheit als zuverlässig bewährt haben. Aus Gründen der Chancengleichheit kann es allerdings geboten sein, ein rollierendes System einzuführen, welches auch Neubewerbern eine Teilnahmechance einräumt. ■
>
> - der Grundsatz der Wirtschaftlichkeit
>
>   Beispiel
>
>   Die begrenzten Standplätze auf einer Fachmesse können so vergeben werden, dass eine möglichst hohe Attraktivität für die Besucher erreicht wird, um die Veranstaltung möglichst wirtschaftlich zu gestalten. ■
>
> - der Losentscheid
>
> **Beispiel** Bewerben sich zehn Waffelbuden um die drei für Waffelbuden vorgesehenen Standplätze des örtlichen Volksfestes, ist – wenn sachliche Auswahlkriterien versagen – ein Losentscheid zulässig. ■

IV. Sonderfall: Zulassung politischer Parteien

Von besonderer Relevanz – in der Praxis wie in der Klausur – ist die Konstellation, in der eine (radikale) Partei den Zugang zu einer öffentlichen Einrichtung beantragt. Grundsätzlich gelten für die Zulassung von Parteien die vorgenannten Anspruchsvoraussetzungen. So steht dem Ortsverband einer Partei aufgrund der Regelung des § 10 Abs. 4 GemO ein Anspruch auf

123

Zulassung im Rahmen des Widmungszwecks zu. Hingegen wird den Landesverbänden nur dann ein Anspruch zustehen können, wenn der Widmungszweck der begehrten Einrichtung ausdrücklich oder konkludent (Vergabepraxis!) eine Nutzung durch sie vorsieht.

124 Versagt werden kann die Zulassung einer Partei nicht mit dem Hinweis, dass es sich bei ihr um eine radikale handele, solange sie vom Bundesverfassungsgericht nicht verboten wurde. Einer solchen Argumentation steht das **Parteienprivileg** entgegen, nach dem nur das Bundesverfassungsgericht eine Partei für verfassungswidrig erklären kann. Solange aber eine Verfassungswidrigkeit nicht festgestellt ist, kann alleine auf die Behauptung der Verfassungsfeindlichkeit eine Ablehnung der Zulassung nicht gestützt werden.

125 Droht durch die Parteiveranstaltungen eine Gefahr für die öffentliche Sicherheit und Ordnung, kann dies die Ablehnung rechtfertigen, wenn diese Gefahr nicht durch den Einsatz polizeilicher Mittel beseitigt werden kann. Doch ist dabei zu beachten, dass Maßnahmen gegen den **Nichtstörer** (§ 9 PolG) nur in besonderen Ausnahmefällen ergriffen werden dürfen. Geht die Gefahr also nicht von der (radikale) Partei selbst, sondern von Dritten aus, kann die Zulassung nur dann versagt werden, wenn andere Handlungsoptionen gegen die Dritten nicht zur Verfügung stehen.

Drohen durch eine Benutzung Schäden an der öffentlichen Einrichtung, kann die Gemeinde die Zulassung von der Stellung angemessener Bankbürgschaften o.ä. abhängig machen, um sich vor einem finanziellen Risiko abzusichern.

V. Exkurs: Rechtsweg bei Ablehnung des Zulassungsanspruchs

126 Entsteht Streit um die Zulassung zur öffentlichen Einrichtung oder deren Benutzung, stellt sich die Frage des Rechtsschutzes. Problematisch ist in diesem Zusammenhang meist, ob hierzu der Zivil- oder aber der Verwaltungsrechtsweg beschritten werden muss. Abzugrenzen ist nach der sog. **Zwei-Stufen-Theorie**:

1. Zulassungsanspruch

127 Die Frage, ob die Versagung der **Zulassung** zur öffentlichen Einrichtung selbst rechtswidrig war (= 1. Stufe), ist stets eine Angelegenheit des öffentlichen Rechts. Gemäß § 40 VwGO ist in diesen Fällen der Verwaltungsrechtsweg eröffnet. Dies gilt unabhängig davon, ob die öffentliche Einrichtung von der Gemeinde selbst oder aber von einem Privaten betrieben wird. Ist letzteres der Fall, richtet sich der Zulassungsanspruch nach § 10 Abs. 2 GemO dennoch gegen die Gemeinde. Er ist inhaltlich darauf gerichtet, dass die Gemeinde auf den Privaten ihren Einfluss geltend macht und so die Zulassung ermöglicht (dies geschieht meist auf Grundlage des zwischen der Kommune und dem Privaten geschlossenen Vertrags).

2. Benutzungsverhältnis

128 Anders ist der Fall zu beurteilen, wenn sich der Streit **um das „wie" der Benutzung** dreht (= 2. Stufe). Benutzt ein Einwohner eine öffentliche Einrichtung, kommt zwischen ihm und dem Betreiber eine Rechtsbeziehung betreffend die Nutzung zustande (sog. Benutzungsverhältnis). Das Benutzungsverhältnis kann sowohl öffentlich-rechtlicher wie auch privatrechtlicher Natur sein. Ist der Betreiber ein Privater, ist das Benutzungsverhältnis unzweifelhaft pri-

vatrechtlich ausgestaltet (z.B. mittels eines Mietvertrags). Betreibt die Gemeinde selbst die Einrichtung, steht ihr betreffend das Benutzungsverhältnis ein Wahlrecht zwischen öffentlich-rechtlicher oder zivilrechtlicher Ausgestaltung zu, sofern spezialgesetzlich keine Sonderregelung besteht (z.B. § 51 SchulG).

Ob die Gemeinde das Benutzungsverhältnis privatrechtlich oder öffentlich-rechtlich ausgestaltet hat, ist im Wege der Auslegung zu ermitteln. Mögliche Indizien für die Zuordnung sind, ob die „Benutzungsordnung" der Einrichtung als Satzung oder aber als allgemeine Geschäftsbedingungen bezeichnet oder ausgestaltet sind oder ob die Ausgestaltung mittels VA oder privatrechtlichem Mietvertrag erfolgt. Lässt sich eine eindeutige Zuordnung nicht treffen, ist im Zweifel eine öffentlich-rechtliche Ausgestaltung anzunehmen.

> **JURIQ-Klausurtipp**
>
> In der Klausur müssen Sie das „Problem" der rechtlichen Charakterisierung des Zulassungsanspruchs bei dem Prüfungspunkt „Eröffnung des Verwaltungsrechtswegs" diskutieren. Ein Hinweis auf die „Zwei-Stufen-Theorie" sollte unbedingt Erwähnung finden.

D. Anschluss- und Benutzungszwang

§ 11 GemO sieht für bestimmte öffentliche Einrichtungen einen Anschluss- und Benutzungszwang vor.

129

I. Begriff

Gemeinden können unter bestimmten Voraussetzungen Regelungen erlassen, wonach die in ihrem Gebiet liegenden Grundstücke an Wasserleitung, Abwasserbeseitigung, Straßenreinigung, die Versorgung mit Nah- und Fernwärme oder ähnliche der Volksgesundheit oder dem Schutz der natürlichen Grundlagen des Lebens einschließlich des Klima- und Ressourcenschutzes dienende Einrichtungen angeschlossen werden müssen (**Anschlusszwang**). Zudem kann sie die Benutzung dieser genannten Einrichtungen sowie der Schlachthöfe vorschreiben (**Benutzungszwang**, § 11 Abs. 1 GemO). Sinn des Anschluss- und Benutzungszwangs ist die Gewährleistung der Volksgesundheit und der öffentlichen Hygiene.[7]

130

Beispiel Zur Gewährleistung eines einheitlichen Abwasserentsorgungsstandards bestimmt die Gemeinde, dass alle Grundstücke an die öffentliche Abwasserentsorgung angeschlossen werden müssen; der Betrieb von dezentralen Abwasserentsorgungsanlagen („Hauskläranlagen") wird sodann für unzulässig erklärt. ∎

Anschluss- und Benutzungszwang sind inhaltlich nicht identisch.

---
7 KBK § 11 Rn. 1.

Beispiel Möglich ist, dass Grundstücke z.B. an die Wasserversorgung angeschlossen werden müssen, daneben aber die Benutzung privater Brunnen zugelassen wird. In diesem Fall wäre zwar ein Anschlusszwang gegeben, nicht aber ein Benutzungszwang. Sinnvoll kann dies in den Fällen sein, in denen die Gemeinde einerseits die jederzeitige qualitativ hochwertige Trinkwasserversorgung potentiell sicherstellen möchte, gleichsam aber den Bürgern die Möglichkeit belassen will, sich mit eigenem Trinkwasser zu versorgen.

131 Adressaten des Anschlusszwangs sind die Verfügungsberechtigten der betroffenen Grundstücke (Eigentümer, Erbbauberechtigte, Pächter, Mieter). Sie haben auf ihre Kosten die notwendigen Vorkehrungen zu treffen, um einen Anschluss zu ermöglichen. Vom Benutzungszwang sind alle natürlichen und juristischen Personen umfasst, die sich in der Gemeinde aufhalten und nach dem Willen der Gemeinde die Einrichtung in Anspruch nehmen sollen.

II. Voraussetzungen

1. Satzung

132 Voraussetzung für den Anschluss- wie auch den Benutzungszwang ist in formeller Hinsicht zunächst eine entsprechende Satzungsregelung. Sie muss den Kreis der zum Anschluss und/oder zur Benutzung Verpflichteten, die Art des Anschlusses bzw. der Benutzung und die Bereitstellung der Einrichtung zur öffentlichen Benutzung regeln. Daneben kann sie bestimmen, dass der Anschluss- und/oder Benutzungszwang auf einzelne Teilbereiche der Gemeinde beschränkt ist. Häufig enthalten die Satzungen auch Regelungen über den Anschlussbeitrag und die Benutzungsgebühren.

> **Hinweis**
>
> **Beiträge** werden zur teilweisen Deckung der Kosten für die Anschaffung, die Herstellung und den Ausbau öffentlicher Einrichtungen erhoben (§ 20 KAG). **Gebühren** werden hingegen für die Benutzung der öffentlichen Einrichtungen erhoben (§ 13 KAG).

Beispiel Die Gemeinde baut im Zusammenhang mit der Erschließung eines Neubaugebiets ein neues Kanalisationsnetz und erweitert die Kläranlage. Die hierfür entstehenden Investitionskosten werden über Abwasserbeiträge finanziert. Für die Benutzung der Anlage (= Einleitung von Schmutzwasser) werden zudem in Abhängigkeit der Menge des vom jeweiligen Grundstück eingeleiteten Abwassers Abwassergebühren erhoben, mit denen der laufende Betrieb der Abwasserentsorgung finanziert wird.

Bestimmungen zu Zwangsmaßnahmen für den Fall der Missachtung des Anschluss- und Benutzungszwangs sind in der Satzung nicht erforderlich, da insoweit die Regelungen des LVwVG gelten.

Voraussetzungen 7 D II

Bei der Gestaltung der Satzung durch die Gemeinde ist zu berücksichtigen, dass durch den Anschluss- und/oder Benutzungszwang in Grundrechte (Art. 14 GG) der Verpflichteten eingegriffen wird. Um dabei dem Grundsatz der Verhältnismäßigkeit Rechnung zu tragen, dürfen die Satzungsregelungen nur soweit in die Rechte der Betroffenen eingreifen, als dies zur Zweckerreichung unbedingt nötig ist. In der Satzung sind daher regelmäßig Ausnahmen vom Anschluss- und/oder Benutzungszwang vorzusehen (§ 11 Abs. 2 GemO). Die Einzelheiten zum Inhalt der Satzung statuiert § 8 DVO GemO. 133

2. Öffentliche Einrichtung

Der in § 11 GemO verwendete Einrichtungsbegriff ist nach h.M. mit dem Begriff der öffentlichen Einrichtung in § 10 Abs. 2 GemO identisch. Welche Einrichtungen typischerweise für den Anschluss- und/oder Benutzungszwang in Betracht kommen, zählt § 11 Abs. 1 GemO exemplarisch auf. Dort werden die Wasserversorgung, die Abwasserbeseitigung, die Straßenreinigung und die Versorgung mit Nah- und Fernwärme, die Schlachthöfe und die Bestattungseinrichtungen ausdrücklich genannt.[8] Zudem können „ähnliche der Volksgesundheit oder dem Schutz der natürlichen Grundlagen des Lebens einschließlich des Klima- und Ressourcenschutzes dienende Einrichtungen" dem Anschluss- und/oder Benutzungszwang unterworfen werden. Aus dieser Formulierung ergibt sich eine **sachliche Beschränkung**. Der Anschluss- und/oder Benutzungszwang darf nicht auf jede Art der öffentlichen Einrichtung ausgedehnt werden. Vielmehr muss es sich um eine Einrichtung handeln, die mit den in § 11 GemO genannten vergleichbar ist („ähnlich") und zudem einem der genannten Schutzzwecke dient („Volksgesundheit" etc.). 134

Da die Einrichtung i.S.d. § 11 GemO eine öffentliche Einrichtung gemäß § 10 Abs. 2 GemO ist, gelten für sie die Ausführungen zu den öffentlichen Einrichtungen entsprechend (Rn. 108 ff.).

3. Öffentliches Bedürfnis

Für die Begründung eines Anschluss- und/oder Benutzungszwangs muss ein öffentliches Bedürfnis bestehen. Hierbei handelt es sich um einen gerichtlich voll überprüfbaren Rechtsbegriff. Das öffentliche Bedürfnis wird aus Gründen des öffentlichen Wohls bejaht, wenn durch die Maßnahme die Wohlfahrt der Einwohner gefördert wird.[9] Wenngleich rein fiskalische Erwägungen den Anschluss- und/oder Benutzungszwang nicht rechtfertigen können, sind Rentabilitätserwägungen, die zu den Gründen des öffentlichen Wohls hinzutreten, unschädlich.[10] 135

> **Online-Wissens-Check**
>
> **Wie erfolgt die Zweckbestimmung einer öffentlichen Einrichtung?**
>
> Überprüfen Sie jetzt online Ihr Wissen zu den in diesem Abschnitt erarbeiteten Themen. Unter **www.juracademy.de/skripte/login** steht Ihnen ein Online-Wissens-Check speziell zu diesem Skript zur Verfügung, den Sie kostenlos nutzen können. Den Zugangscode hierzu finden Sie auf der Codeseite.

---

8 § 11 GemO hat für die Straßenreinigung jedoch keine Bedeutung, da § 41 StrG eine insoweit speziellere Regelung enthält, nach der die Gemeinden die Verpflichtung zur Straßenreinigung an die Bürger weiter geben können.
9 *VGH BW* VBlBW 1982, 54 und 235; *Gern* Rn. 335.
10 *VGH* DÖV 1980, 846.

E. Übungsfall Nr. 2[11]

136 „Parteitag"

Der in der Gemeinde G ansässige Kreisverband der dem rechten Parteienspektrum zuzuordnenden Partei „Die Braunen" beabsichtigt, seinen jährlichen Parteitag in der Stadthalle der Gemeinde durchzuführen. Zu diesem Zweck beantragte der Vorsitzende des Kreisverbands einige Wochen vor dem Parteitagstermin die Überlassung der Halle. Seitens der G wurde die Anmietung mit der Begründung abgelehnt, dass „Die Braunen" vom Verfassungsschutz als rechtsextrem eingestuft würden und die Gemeinde eine solche Gesinnung nicht tolerieren könne; man fürchte um den Ruf der Gemeinde. Daher werde man die Stadthalle für den Parteitag nicht zur Verfügung stellen. Darüber hinaus seien Protestaktionen gegen die Veranstaltung zu erwarten, so dass es zu Personen- und Sachschäden kommen könne, was nicht hinnehmbar sei. Aus diesem Grunde könne der Parteitag nicht wie geplant in der Stadthalle stattfinden. Ob die befürchteten Personen- und Sachschäden durch einen entsprechenden Polizeieinsatz verhindert werden könnten, hatte G nicht weiter geprüft.

Der Kreisverband ist hingegen der Ansicht, dass er einen Zulassungsanspruch für sich reklamieren kann. Schließlich habe vor kurzem die dem linken Parteienspektrum zuzuordnende Partei „Die Rote" in derselben Halle ihren Parteitag abgehalten.

Eine Woche vor dem geplanten Parteitag beantragen „Die Braunen" beim örtlich zuständigen Verwaltungsgericht, die G im Wege der einstweiligen Anordnung zu verpflichten, ihr die Festhalle zur Veranstaltung des Parteitages zu überlassen.

Wie wird das Gericht entscheiden?

137 **Lösung**

I. Zulässigkeit der Klage

1. Verwaltungsrechtsweg – § 40 VwGO

Damit der Verwaltungsrechtsweg eröffnet ist, müsste es sich bei dem Begehren auf Zulassung um eine öffentlich-rechtliche Streitigkeit nichtverfassungsrechtlicher Art handeln. Die Stadthalle der Gemeinde G ist eine öffentliche Einrichtung. Streiten eine Gemeinde und ein Dritter über die Zulassung hierzu, so wurzelt dieser Anspruch im Öffentlichen Recht, unabhängig davon, ob das eigentliche Benutzungsverhältnis öffentlich-rechtlich oder zivilrechtlich ausgestaltet ist (Zwei-Stufen-Theorie). Der Verwaltungsrechtsweg ist demnach eröffnet.

2. Statthaftigkeit des Antrags (§ 123 Abs. 1 VwGO)

In Abgrenzung zu den Anträgen nach §§ 80 Abs. 5, 80a Abs. 3 VwGO ist vorliegend der Antrag auf Erlass einer einstweiligen Anordnung gem. § 123 Abs. 1 VwGO statthaft, da in der Hauptsache eine Verpflichtungsklage – gerichtet auf die Erteilung der Zulassung zur öffentlichen Einrichtung in Form eines VA – statthaft wäre. Da das Antragsbegehren auf die vorläufige Regelung eines Rechtsverhältnisses gerichtet ist, ist die einstweilige Anordnung in Form einer Regelungsanordnung zu erheben.

---

[11] Der Fall ist einer Entscheidung des *VGH Mannheim* nachgebildet (Beschluss vom 11.5.1995 – 1 S 1283/95).

3. Antragsbefugnis (§ 42 Abs. 2 VwGO analog)

Der den Antrag stellende Kreisverband ist antragsbefugt, wenn die Möglichkeit eines Anordnungsanspruchs besteht. Der Anordnungsanspruch könnte sich vorliegend in Form eines Zulassungsanspruchs aus § 10 Abs. 2, 4 GemO i.V.m. § 5 PartG ergeben.

4. Rechtsschutzbedürfnis

Das Rechtsschutzbedürfnis fehlt in den Fällen, in denen der Antragssteller sein Ziel auf andere Weise schneller oder effektiver erreichen kann. Ein effektiver Rechtsschutz als die einstweilige Anordnung, um die Zulassung zur Stadthalle zu erreichen, ist aufgrund der ablehnenden Haltung der G nicht ersichtlich.

5. Beteiligtenfähigkeit

Der Kreisverband der Partei „Die Braunen" ist gem. § 61 Nr. 2 VwGO beteiligtenfähig.

6. Zwischenergebnis

Der Antrag ist zulässig.

II. Begründetheit des Antrags

Der Antrag auf Erlass einer einstweiligen Anordnung ist begründet, wenn ein Anordnungsanspruch und ein Anordnungsgrund vorliegen.

1. Anordnungsanspruch

Ein Anordnungsanspruch könnte sich aus § 10 Abs. 2, 4 i.V.m. § 5 PartG, Art. 21, 3 GG ergeben. Danach sind die Einwohner und ihnen gleichgestellte Personenvereinigungen im Rahmen des geltenden Rechts berechtigt, die öffentlichen Einrichtungen der Gemeinde nach gleichen Grundsätzen zu benutzen.

a) Bei der Stadthalle der Gemeinde G handelt es sich um eine öffentliche Einrichtung i.S.d. § 10 Abs. 2 GemO.

b) Ob die Benutzung der Halle für parteipolitische Veranstaltungen von der Widmung ausdrücklich umfasst ist, ist vorliegend ohne Belang. Denn jedenfalls aus der bisherigen Vergabepraxis folgt, dass bereits früher die Halle an „Die Roten" zur Durchführung ihres Parteitags überlassen wurde. Damit ist jedenfalls konkludent eine Widmung der Halle für parteipolitische Veranstaltungen zu bejahen.

c) Zu den Personenvereinigungen, die in entsprechender Weise wie die Einwohner die Benutzung öffentlicher Einrichtungen verlangen können (§ 10 Abs. 4 GemO), gehören die Parteigliederungen mit Sitz im Gemeindegebiet. Der Antrag auf Überlassung der Stadthalle wurde von dem in G ansässigen Kreisverband gestellt, so dass ein Anspruch grundsätzlich besteht.

d) Fraglich ist, ob der Partei die Zulassung mit dem Hinweis auf die rechtsextreme Gesinnung verweigert werden kann. Dies ist im Hinblick auf den Gleichheitsgrundsatz des § 5 PartG zu verneinen. Gemeinden sind grundsätzlich verpflichtet, den Anspruch auf Gleichbehandlung der Parteien zu respektieren. Als nicht verbotene Partei stehen „Die Braunen" unter dem Schutz des Art. 21 GG und haben damit das Recht, sich dem Bürger so darzustellen, wie es ihrem Selbstverständnis entspricht. Sie haben auch die Pflicht, mindestens alle zwei Jahre einen Parteitag durchzuführen (§ 9 Abs. 1 PartG). An der Wahrnehmung dieser Rechte und Pflichten darf eine Partei grundsätzlich nicht gehindert werden, so dass – wenn die gemeindliche Einrichtung grundsätzlich Parteien zur Verfügung gestellt wird – sie auch den „Braunen" zur Verfügung zu stellen ist. Alleine wegen des Umstands, dass die G die rechte Gesinnung der Partei nicht teilt und um den Ruf der Gemeinde fürchtet, kann die Zulassung nicht verweigert werden. Für die Entscheidung ohne Relevanz ist ferner die vom Verfassungsschutz vorgenommene Einstufung der Partei als rechtsextrem, da es aufgrund des sog. Parteienprivilegs einzig dem Bundesverfassungsgericht obliegt, die Verfassungswidrigkeit einer Partei festzustellen. Ist dies nicht erfolgt, kann eine Zulassungsversagung nicht auf den bloßen Verdacht der Verfassungswidrigkeit gestützt werden.

e) Fraglich ist weiter, ob die befürchteten Störungen der Veranstaltung durch Protestaktionen den grundsätzlich gegebenen Zulassungsanspruch wegen einer unmittelbar bevorstehenden Störung der öffentlichen Sicherheit oder

Ordnung ausnahmsweise ausschließen können. Eine solche Beschränkung könnte sich allenfalls aus § 9 Abs. 1 PolG ergeben, der ein Einschreiten gegen den für die befürchtete Störung selbst nicht Verantwortlichen nur unter strengen Voraussetzungen zulässt. Diese Voraussetzungen sind im vorliegenden Falle nicht gegeben. Selbst wenn nämlich davon auszugehen wäre, dass die angekündigten Protestaktionen mit an Sicherheit grenzender Wahrscheinlichkeit zu dem Eintritt eines Schadens führen würden, fehlt es an hinreichenden Erkenntnissen für die Annahme, dass befürchtete externe Störungen der Veranstaltungen bei Wahrung des Verhältnismäßigkeitsgrundsatzes nicht auf andere Weise (= Maßnahmen gegen die Störer) verhindert werden könnten. Daher können die befürchteten Protestaktionen dem Zulassungsanspruch nicht entgegenstehen.

2. **Anordnungsgrund**

Ein Anordnungsanspruch besteht, da durch die ablehnende Haltung der G die Vereitelung der Verwirklichung des Zulassungsanspruchs droht. Ein Abwarten der Entscheidung über den Widerspruch oder eines erst noch einzuleitenden Hauptsacheverfahrens ist der Partei nicht zumutbar, da diese Entscheidungen erst nach dem geplanten Veranstaltungstermin getroffen werden könnten. Unschädlich ist dabei, dass die Hauptsache durch die einstweilige Anordnung ausnahmsweise vorweggenommen wird, weil ein wirkungsvoller Rechtsschutz auf andere Weise nicht erreicht werden kann.

3. **Ergebnis**

Der Antrag ist demnach begründet.

8. Teil
Die Organe der Gemeinde

Wie jede juristische Person benötigt auch die Gemeinde zur Willensbildung und zum Handeln nach außen Organe. Dem trägt § 23 GemO Rechnung, wenn er bestimmt:

„Verwaltungsorgane der Gemeinde sind der Gemeinderat und der Bürgermeister".

138

> **Organe** sind die mit eigenen gesetzlichen Zuständigkeiten ausgestatteten, zum Handeln für die Gemeinde berufenen Institutionen. Ihr Bestand ist obligatorisch, d.h. es liegt nicht im Ermessen der Gemeinde, sie „abzuschaffen" oder ihre Kompetenzen zu beschneiden.

Beispiele
(1) Unzulässig wäre es, wenn der Gemeinderat einer Gemeinde beschließen würde, das Organ „Bürgermeister" abzuschaffen oder ihm die gesetzlich zugewiesenen Kompetenzen zu entziehen.
(2) Kein Organ der Gemeinde ist ein beschließender Ausschuss des Gemeinderats, da es der Gemeinde nach § 39 GemO frei steht, einen solchen Ausschuss zu bilden. Er ist demnach nicht obligatorisch, sondern fakultativ. ■

> **Organvertreter** sind im Bezug auf die Gemeinde die Personen, die allgemein oder beschränkt auf einzelne Aufgaben ein Organ vertreten. In der Gemeinde sind dies die aus der Mitte des Gemeinderats gewählten Stellvertreter des Bürgermeisters bzw. die Beigeordneten.
>
> **Organteile** sind Mitglieder eines Kollektivorgans, also in den Gemeinden die einzelnen Gemeinderäte aber auch die Ausschüsse und sonstige Gremien.

A. Der Gemeinderat

I. Rechtsstellung des Gemeinderats – § 24 GemO

Der Gemeinderat ist das **Hauptorgan** der Gemeinde (§ 24 GemO). Als solches obliegt es ihm, die Grundsätze der Verwaltung festzulegen (sog. Lenkungsorgan). Daneben bildet er die in Art. 28 Abs. 1 S. 2 GG für jede Gemeinde zwingend vorgeschriebene gewählte Vertretung der Bürger (§ 24 Abs. 1 GemO). Als Verwaltungsorgan (§ 23 GemO) ist der Gemeinderat **Teil der Exekutive**, auch wenn er grundsätzlich parlamentsähnliche Züge aufweist, weil etwa seine Mitglieder vom Volk gewählt werden oder er die Befugnis hat, in Form von Satzungen Recht zu setzen. Der Gemeinderat besteht als Gesamtheit aus den einzelnen Gemeinderäten und dem Bürgermeister als Vorsitzendem des Gemeinderats.

139

II. Rechtsstellung der Gemeinderäte – § 32 GemO

140 Die Bürger der Gemeinde, welche dem Gemeinderat angehören – sprich: die Gemeinderäte – sind gemäß § 32 GemO ehrenamtlich tätig. Bei der Ausübung ihres Amtes sind sie nicht als Parlamentarier anzusehen (wie etwa Bundes- oder Landtagsabgeordnete), sondern handeln als Teil des „Verwaltungsorgans Gemeinderat". Aus diesem Grunde sind die für Parlamentarier geltenden Grundsätze auf sie nicht anwendbar. Sie genießen daher weder Immunität noch Indemnität. Da die Tätigkeit des einzelnen Gemeinderats ein Ehrenamt ist, gelten bezüglich die ihn betreffenden Rechte und Pflichten die allgemeinen Bestimmungen über die ehrenamtliche Tätigkeit nach §§ 16–19 GemO (Rn. 62 ff.).

III. Aufgaben des Gemeinderats

141 Als Hauptorgan obliegt dem Gemeinderat die **kommunalpolitische Führung** der Gemeinde. Seine einzelnen, vom Gemeindevolk gewählten Mitglieder haben die Aufgabe, im politischen Diskurs einen Gemeindewillen zu bilden, der sich in **Beschlüssen und Wahlen** ausdrückt.

142 Die jeweiligen Kompetenzen des Gemeinderats ergeben sich aus der Zuweisung des § 24 Abs. 1 S. 2 GemO. Demnach entscheidet der Rat über alle Angelegenheiten der Gemeinde, soweit nicht der Bürgermeister kraft Gesetz zuständig ist oder ihm der Gemeinderat bestimmte Angelegenheiten übertragen hat. Aufgrund dieser Negativabgrenzung der Kompetenzen ergibt sich folglich eine Zuständigkeitsvermutung zu Gunsten des Gemeinderats.

143 Soweit der Gemeinderat seine Organkompetenz überschritten hat, führt dies zur Rechtswidrigkeit der darauf fußenden Verwaltungsakte. Bei Beschlüssen ohne Außenwirkung kann die Kompetenzüberschreitung im Wege des Kommunalverfassungsstreitverfahrens geltend gemacht werden (Rn. 377 ff.).

144 Räumlich ist die Zuständigkeit des Gemeinderats aufgrund des eingeschränkten Wirkungskreises einer Gemeinde grundsätzlich auf das Gemeindegebiet beschränkt (§ 2 Abs. 1 GemO). Nur innerhalb dieser geographischen Grenzen kann der Gemeinderat seine Kompetenzen ausüben (sog. **Verbandszuständigkeit**).

145 **Kontrollrechte** kommen dem Gemeinderat insoweit zu, als er gem. § 24 Abs. 1 S. 3 GemO die Ausführung seiner Beschlüsse überwacht. Er kann dabei die jeweils tunlichen Kontrollmaßnahmen nach pflichtgemäßem Ermessen festlegen. Zu beachten ist allerdings, dass er lediglich die Ausführung der Beschlüsse überwachen darf, was mithin einer **Ergebniskontrolle** entspricht. Das „wie" der Ausführung der Gemeinderatsbeschlüsse liegt hingegen gem. § 43 Abs. 1 GemO beim Bürgermeister, so dass dieser weitgehend frei ist, auf welche Art er mithilfe der Gemeindeverwaltung die Beschlüsse des Gemeinderats umsetzt.

Neben dem Kontrollrecht ist der Gemeinderat ferner ausdrücklich dazu berufen, durch den Bürgermeister für die **Beseitigung von etwaigen Missständen** innerhalb der Verwaltung zu sorgen (§ 24 Abs. 1 S. 3 GemO).

Wahl des Gemeinderats 8 A V

IV. Zusammensetzung des Gemeinderats – § 25 GemO

146 Die Zusammensetzung des Gemeinderats ist in § 25 GemO geregelt. Er besteht aus dem Bürgermeister als Vorsitzendem und den Gemeinderäten als ehrenamtlichen Mitgliedern.

> **Hinweis**
>
> Achten Sie auf die Differenzierung im Gesetzeswortlaut der GemO: Spricht der Gesetzgeber von „dem Gemeinderat", so ist damit das Gesamtgremium bestehend aus den einzelnen Gemeinderäten und dem Bürgermeister gemeint. Kommt es demnach bei einer Abstimmung auf die „Stimmen aller Mitglieder des Gemeinderats" an, wie etwa in § 4 Abs. 2 GemO, zählt die Stimme des Bürgermeisters mit. Ist hingegen von „den Gemeinderäten" die Rede (z.B. in § 35 Abs. 2 GemO betreffend die Verschwiegenheit), ist der Bürgermeister von der Norm nicht umfasst.

147 Die Anzahl der Gemeinderäte ist abhängig von der Gemeindegröße (§ 25 Abs. 2 GemO). Abweichungen von der gesetzlich festgelegten Mitgliederzahl sind durch Hauptsatzung möglich (im Einzelnen: § 25 Abs. 2 GemO).

>> Lesen Sie § 25 Abs. 2 GemO, damit Sie ein Gefühl dafür bekommen, in welchen Größenordnungen sich die Anzahl der Ratsmitglieder bewegen kann. <<

> **JURIQ-Klausurtipp**
>
> Wenn Sie in einem Klausursachverhalt also Angaben zur Gemeindegröße und zusätzliche Ausführungen erhalten, wonach eine bestimmte Anzahl an Gemeinderäten *für* eine Angelegenheit gestimmt hat, (aber keinen Hinweis, wie viele *gegen* die Sache stimmten), können Sie anhand der Regelung des § 25 Abs. 2 GemO rasch überprüfen, ob ein Beschluss die erforderliche Mehrheit gefunden hat.

V. Wahl des Gemeinderats

1. Wahlgrundsätze, aktives und passives Wahlrecht

148 Die Gemeinderäte werden gemäß § 26 GemO in allgemeiner, unmittelbarer, freier, gleicher und geheimer Wahl von den Bürgern gewählt. Das aktive Wahlrecht kommt dabei den Gemeindebürgern zu, also Deutschen i.S.d. Art. 116 GG, die das 16. Lebensjahr vollendet haben und seit mindestens drei Monaten in der Gemeinde wohnen (§§ 12, 14 GemO); wählbar ist nach § 28 GemO jeder Bürger, der das 18. Lebensjahr vollendet hat (= passives Wahlrecht). Aufgrund der Regelung in Art. 28 Abs. 1 S. 3 GG sind neben Deutschen auch Unionsbürger aktiv und passiv wahlberechtigt.

149 Als Wahlsystem sieht die Gemeindeordnung in § 26 Abs. 2 GemO eine **Verhältniswahl** unter Zugrundelegung von **Wahlvorschlägen** vor. Von Parteien, Wählervereinigungen und Wählergruppen können Wahlvorschläge in Form von Wahllisten eingereicht werden. Auf diesen Vorschlagslisten dürfen höchstens so viele Kandidaten genannt werden, wie Gemeinderäte zu wählen sind. Der Wähler kann seine Stimmen – er hat so viele, wie Gemeinderäte zu wählen sind – auf die einzelnen Wahlvorschläge verteilen; dabei muss er sich nicht auf eine Wahlliste festlegen, sondern kann Bewerbern von anderen Wahlvorschlägen ebenfalls Stimmen geben (sog. **„panaschieren"**). Ebenfalls kann er bis zu drei Stimmen auf einen einzelnen Bewerber vereinigen (sog. **„kumulieren"**).

>> Lesen Sie hierzu § 26 Abs. 2 GemO. Ebenfalls empfehlenswert ist es, sich wenigstens überblickartig mit dem KomWG und der KomWO auseinanderzusetzen. <<

150 Die Auszählung der Stimmen erfolgt regelmäßig nach dem **d'Hondt'schen Verfahren** (§ 25 KomWG).[1] Lediglich wenn nur ein gültiger oder kein Wahlvorschlag eingereicht wurde findet eine Mehrheitswahl statt.

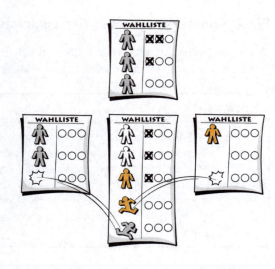

151 **Unechte Teilortswahl** (eine Legaldefinition finden Sie in § 27 Abs. 2 GemO) ist in Gemeinden mit räumlich getrennten Ortsteilen möglich. Sie zeichnet sich dadurch aus, dass die Sitze im Gemeinderat nach einem bestimmten Verhältnis mit Vertretern der verschiedenen Teilorte zu besetzen sind.

> **Hinweis**
>
> Merken Sie sich zur unechten Teilortswahl keine Details. Wichtig ist nur, dass Sie verstehen, was Sinn und Zweck dieser Besonderheit bei der Kommunalwahl ist: durch die unechte Teilortswahl wird sichergestellt, dass in Gemeinden mit mehreren Teilorten diese jeweils mit „eigenen" Repräsentanten im Gemeinderat vertreten sind.

152 Die Amtszeit der Gemeinderäte beträgt fünf Jahre (§ 30 Abs. 1 GemO). Eine Wiederwahl ist grundsätzlich möglich.

2. Hinderungsgründe

>> Verschaffen Sie sich einen Überblick über die Hinderungsgründe, in dem Sie § 29 Abs. 1 bis 4 GemO lesen! <<

153 § 29 GemO grenzt ab, wer aufgrund besonderer Eigenschaften nicht Gemeinderat sein kann. Gehindert an der Ausübung des Amtes eines Gemeinderats sind kraft Gesetz Beamte und Arbeitnehmer der jeweiligen Gemeinde sowie der kommunalen Zusammenschlüsse (z.B. eines kommunalen Zweckverbands – Rn. 413 ff.), an denen die Gemeinde beteiligt ist; gleiches gilt für leitende Beamte der Rechtsaufsichtsbehörde und Gemeindeprüfungsanstalt sowie des Landratsamts und Landkreises (§ 29 Abs. 1 GemO). Daneben können Verwandtschaftsverhältnisse zu anderen Gemeinderäten, dem Bürgermeister oder den Beigeordneten einen Hinderungsgrund darstellen (§ 29 Abs. 2–4 GemO).

VI. Ausscheiden aus dem Gemeinderat

154 Treten Hinderungsgründe (§ 29 GemO) während der Amtszeit ein, scheidet die betreffende Person aus dem Gemeinderat aus. Folge hiervon ist ein Nachrücken der als nächste Ersatzperson festgestellten Person (§ 31 GemO). Gleiches gilt für den Fall, dass ein Gemeinderat während der Amtszeit verstirbt, ein wichtiger Grund sein Ausscheiden rechtfertigt (§ 16 GemO – Rn. 63) oder er seine Wählbarkeit (§ 28 GemO) verliert.

---

1 Zum d'Hondt'schen Verfahren finden Sie ein leicht eingängiges Beispiel bei *Gern* Rn. 171.

VII. Haftung

Wenngleich der einzelne Gemeinderat weder status- noch besoldungsrechtlich Beamter ist, haftet die Gemeinde nach Art. 34 GG, § 839 BGB für die von ihm begangenen Amtspflichtverletzungen; er ist also **Beamter im haftungsrechtlichen Sinne** (eine persönliche Haftung des Gemeinderats entfällt hingegen, da § 48 BeamtStG insoweit keine Anwendung findet). Für fiskalisches Handeln des Rates kommt zudem eine Haftung nach §§ 89, 31 BGB in Betracht.

VIII. Fraktionen im Gemeinderat

Obschon sich in der Praxis die Mitglieder der einzelnen Parteien oder Wählervereinigungen innerhalb eines Gemeinderats zu Fraktionen zusammenschließen und sie damit wesentlicher Bestandteil der Kommunalpolitik sind, erwähnt die GemO die Fraktionen nicht ausdrücklich. Die Zulässigkeit ihrer Bildung ist indes unumstritten.[2]

> **Fraktionen** sind Zusammenschlüsse von Mitgliedern eines Parlaments, die regelmäßig – aber nicht zwingend – derselben Partei angehören.[3]

Einzelne Regelungen zur Fraktionsbildung und zu deren Rechte können in der Hauptsatzung der Gemeinde niedergelegt werden.

Beispiel Die Reihenfolge des Rederechts innerhalb des Gemeinderats kann nach der Fraktionsstärke festgelegt werden. Zulässig ist auch eine Regelung, nach welcher der Ältestenrat durch die Fraktionsvorsitzenden besetzt wird. ∎

Da Fraktionen durch Zusammenschluss einzelner Gemeinderäte und damit aus **Organteilen** des „Organs Gemeinderat" gebildet werden, sind sie selbst als Organteile anzusehen. Daraus folgt, dass die Fraktionen die Verletzung der ihnen durch Satzung eingeräumten Rechte gerichtlich im Wege des Kommunalverfassungsstreits (Rn. 377 ff.) reklamieren können.

IX. Geschäftsordnung des Gemeinderats – § 36 Abs. 2 GemO

Gemäß § 36 Abs. 2 GemO regelt der Gemeinderat seine inneren Angelegenheiten, insbesondere den Gang seiner Verhandlungen in einer **Geschäftsordnung**. Ausweislich des Wortlauts des § 36 Abs. 2 GemO ist der Beschluss einer Geschäftsordnung unabhängig von der Gemeindegröße zwingend vorgeschrieben.

Zweck der Geschäftsordnung ist, verbindliche „Spielregeln" für den Ablauf der Gemeinderatssitzung festzulegen. So soll verhindert werden, dass Fragen zum Verfahrensgang in jeder Sitzung neu diskutiert werden müssen. Geschaffen wird die Geschäftsordnung durch einfachen Gemeinderatsbeschluss. Eine schriftliche Abfassung ist nicht zwingend erforderlich, jedoch üblich. Ihrem Rechtscharakter nach ist die Geschäftsordnung **keine Satzung**, da ihr keinerlei Außenwirkung zukommt. Sie ist vielmehr als Verwaltungsvorschrift dem Innenrecht zuzuordnen. Welche einzelnen Regelungsgegenstände die Geschäftsordnung umfasst, ist gesetzlich nicht vorgeschrieben.

---

2 *Gern* Rn. 219.
3 *Creifelds* Rechtswörterbuch.

Beispiel Typische Regelungsgegenstände der Geschäftsordnung sind: Ladungsfristen, Feststellung der Beschlussfähigkeit, Abwicklung der Tagesordnung, Wortmeldungen, Redezeiten etc.[4] ■

161 Beim Beschluss der Geschäftsordnung ist drauf zu achten, dass sich diese inhaltlich im Rahmen der gesetzlichen Vorschriften bewegt (§ 36 Abs. 2 GemO) und nicht mit den übrigen zwingenden Regelungen der GemO oder anderer Rechtsnormen kollidiert.

Beispiel Unzulässig wäre es etwa, in der Geschäftsordnung das Rederecht nur auf die Fraktionsvorsitzenden zu beschränken, da hierdurch die übrigen Gemeinderäte in ihren mitgliedschaftlichen Befugnissen beschnitten würden. ■

B. Der Bürgermeister

I. Rechtsstellung

162 Die Rechtsstellung des Bürgermeisters in der Gemeinde statuiert § 42 GemO:

„Der Bürgermeister ist Vorsitzender des Gemeinderats und Leiter der Gemeindeverwaltung. Er vertritt die Gemeinde".

Gemäß § 23 GemO ist der Bürgermeister neben dem Gemeinderat das zweite **Organ der Gemeinde**. Er hat in der Regel den Status eines hauptamtlichen Beamten auf Zeit.[5] Lediglich in Gemeinden mit weniger als 2000 Einwohnern ist er nicht hauptamtlich tätig, sondern lediglich Ehrenbeamter auf Zeit (§ 42 Abs. 2 GemO). In Gemeinden mit mehr als 500 Einwohnern kann jedoch durch die Hauptsatzung bestimmt werden, dass er hauptamtlicher Beamter auf Zeit ist.

II. Aufgaben

163 Aufgrund der vom Gesetzgeber gewählten Kompetenzverteilung zwischen Gemeinderat und Bürgermeister (Rn. 142) ist der Bürgermeister nur für diejenigen Angelegenheiten zuständig, für die eine **positive Zuweisung** besteht. Der Bürgermeister ist gemäß seiner Doppelstellung als Vorsitzender des Gemeinderats einerseits und Leiter der Gemeindeverwaltung andererseits demnach generell auf zwei verschiedenen Aufgabenfeldern tätig.

1. Aufgaben als Vorsitzender des Gemeinderats

a) Vorbereitung und Einberufung der Sitzung, Verhandlungsleitung, Vollzug der Beschlüsse

164 Als Vorsitzender des Gemeinderats bereitet der Bürgermeister die Sitzungen vor (§ 43 Abs. 1 GemO). Er ruft den Gemeinderat schriftlich mit angemessener Frist ein und teilt die Verhandlungsgegenstände mit (§ 34 Abs. 1 GemO). Ihm obliegt darüber hinaus die Eröffnung, Leitung und Schließung der Sitzungen; zudem handhabt er die Ordnung und übt das Hausrecht aus (§ 36 GemO). Schließlich ist der Bürgermeister für den Vollzug der vom Gemeinderat gefassten Beschlüsse zuständig (§ 43 Abs. 1 GemO).

---

4 Vgl. die umfangreichen Beispiele bei *KBK* § 36 Rn. 11.
5 Beamtenrechtlich gelten für ihn die in den §§ 134 ff. LBG geregelten Besonderheiten.

Aufgaben

> **Hinweis**
>
> Die vorgenannten Rechte und Pflichten werden im sachlichen Zusammenhang mit der Gemeinderatssitzung in Teil 11 erläutert.

b) Widerspruchsrecht

Abweichend von der grundsätzlich bestehenden Pflicht, die Beschlüsse des Gemeinderats zu vollziehen, muss der Bürgermeister Beschlüssen **widersprechen**, wenn er der Auffassung ist, dass diese rechtswidrig sind. Ist er der Ansicht, dass Beschlüsse nachteilig für die Gemeinde sind, kann er ihnen widersprechen (§ 43 Abs. 2 GemO). Die Widerspruchspflicht des Bürgermeisters ist Ausdruck der **Gesetzmäßigkeit der Verwaltung** und soll verhindern, dass sehenden Auges rechtswidrige Beschlüsse gefasst und durch die Verwaltung umgesetzt werden.

165

Der Widerspruch des Bürgermeisters muss unverzüglich (also ohne schuldhaftes Zögern), spätestens aber binnen einer Woche nach Beschlussfassung erfolgen. Erklärungsempfänger ist der Gemeinderat. § 43 Abs. 2 S. 3 GemO ordnet ausdrücklich die **aufschiebende Wirkung** des Widerspruchs an, so dass die Beschlüsse zunächst nicht vollzogen werden dürfen. Mit dem Widerspruch ist gleichzeitig eine neue Sitzung unter Nennung der Widerspruchsgründe anzuberaumen, in der erneut über die Angelegenheit zu beschließen ist; diese Sitzung muss spätestens drei Wochen nach der ersten Sitzung stattfinden (§ 43 Abs. 2 S. 4 GemO). Ist der auf den Widerspruch hin ergangene Beschluss des Gemeinderats aus Sicht des Bürgermeisters erneut rechtswidrig, muss er nochmals widersprechen und unverzüglich die Entscheidung der Rechtsaufsichtsbehörde herbeiführen. Bestätigt diese den Beschluss, muss ihn der Bürgermeister vollziehen. Rechtsschutz gegen eine solche Bestätigung besteht nicht, da die Gemeinde nicht in ihren Rechten verletzt wird. Stellt die Aufsicht hingegen eine Rechtswidrigkeit fest, kann sie von ihren Aufsichtsmitteln Gebrauch machen (hierzu Rn. 318 ff.). Gegen eine aufsichtsrechtliche Verfügung ist sodann Rechtsschutz gem. § 125 GemO möglich; ob die Gemeinde ein entsprechendes Rechtsmittel einlegt, entscheidet der Gemeinderat.

166

Lässt der Bürgermeister die Widerspruchsfrist verstreichen oder findet die Sitzung nicht binnen der 3-Wochen-Frist statt, ist der Widerspruch gegenstandslos. Hält er den Beschluss dennoch für rechtswidrig, darf er ihn nicht vollziehen, da er an den Grundsatz der Gesetzmäßigkeit der Verwaltung gebunden ist. Er muss seine Ansicht dem Gemeinderat mitteilen und notfalls die Rechtsaufsicht einschalten, wenn der Gemeinderat auf seinem Beschluss beharrt.

167

Eine Abweichung von dem geschilderten Verfahren besteht dann, wenn der Bürgermeister von seinem Widerspruchsrecht Gebrauch macht, weil er den Beschluss für **nachteilig** für die Gemeinde hält. In diesem Fall muss der Bürgermeister den Beschluss vollziehen, wenn der Gemeinderat ihn in der zweiten Sitzung bestätigt. Die Möglichkeit zur Anrufung der Rechtsaufsichtsbehörde besteht in diesem Fall nicht, da die Frage nach der Nachteilhaftigkeit eine solche der Zweckmäßigkeit ist, die von der Rechtsaufsichtsbehörde gerade nicht überprüft werden kann, da ihr nur die Kontrolle der Rechtmäßigkeit obliegt (zur Aufsicht Rn. 309 ff.).

168

Das Widerspruchsrecht des Bürgermeisters gilt ebenfalls für Beschlüsse von beschließenden Ausschüssen mit der Besonderheit, dass über den Widerspruch der Gemeinderat entscheidet (§ 43 Abs. 3 GemO).

2. Aufgaben als Leiter der Gemeindeverwaltung – § 44 GemO

a) Überblick

169 Der Bürgermeister leitet die Gemeindeverwaltung und regelt deren innere Organisation. Er ist für die **sachgemäße Erledigung der Aufgaben** und den **ordnungsgemäßen Gang der Verwaltung** verantwortlich.

Zuständig ist der Bürgermeister für die **Geschäfte der laufenden Verwaltung** sowie für die sonstigen Aufgaben, die ihm aufgrund Gesetzes obliegen oder **vom Gemeinderat übertragen** wurden (§ 44 Abs. 2 GemO). Weiter besteht eine eigene Zuständigkeit des Bürgermeisters für **Weisungsaufgaben** (§ 44 Abs. 3 GemO). Von besonderer Bedeutung ist die in § 43 Abs. 4 GemO verankerte **Eilentscheidungskompetenz** des Bürgermeisters. § 44 Abs. 4 GemO bestimmt schließlich eine beamtenrechtliche Zuständigkeit.

b) Geschäfte der laufenden Verwaltung

170 Geschäfte der laufenden Verwaltung sind solche, die für die Gemeinde **weder von grundsätzlicher Bedeutung** sind **noch erhebliche finanzielle Auswirkungen** auf den Gemeindehaushalt haben und die mehr oder weniger **regelmäßig wiederkehren**.[6] Rechtstechnisch handelt es sich bei dem Begriff des „Geschäfts der laufenden Verwaltung" um einen unbestimmten Rechtsbegriff, der gerichtlich voll überprüfbar ist.

171 Was zu den Geschäften der laufenden Verwaltung gehört, ist nicht immer unproblematisch festzustellen und muss individuell für jede Gemeinde in Abhängigkeit ihrer Größe und Finanzkraft bestimmt werden. Was für eine Stadt mit mehreren 100 000 Einwohnern und einem entsprechenden Haushaltsvolumen Geschäft der laufenden Verwaltung ist, kann in einer kleinen, ländlich geprägten Gemeinde ohne weiteres in die Zuständigkeit des Gemeinderats fallen. Eine Kompetenz, den Begriff des „Geschäfts der laufenden Verwaltung" zu definieren (etwa durch Wertgrenzen in der Hauptsatzung), hat weder der Gemeinderat noch der Bürgermeister. Bestehen Zweifel, ob eine Angelegenheit Geschäft der laufenden Verwaltung ist, hat die zugunsten des Gemeinderats bestehende Zuständigkeitsvermutung Vorrang.

Beispiele
(1) Wenngleich die Geschäfte der laufenden Verwaltung gemeindebezogen individuell bestimmt werden müssen und daher abstrakt kaum positiv zu definieren sind, wird etwa der Abschluss von Kaufverträgen für die Beschaffung von Büroartikeln von geringem Wert unabhängig von der Gemeindegröße regelmäßig als ein Geschäft der laufenden Verwaltung anzusehen sein.
(2) Abhängig von der Gemeindegröße und dem finanziellen Volumen des Geschäfts können Geschäfte der laufenden Verwaltung sein: der Kauf von Grundstücken, Dienstfahrzeugen etc.
(3) Keine Geschäfte der laufenden Verwaltung sind aus gesetzeslogischen Gründen diejenigen, die in § 39 Abs. 2 GemO genannt sind, da diese kraft Gesetz ausschließlich im Zuständigkeitsbereich des Gemeinderats liegen.

---

[6] *BGH* Urteil vom 16.11.1978 – III ZR 81/77; *VGH BW* Urteil vom 5.11.1984, NVwZ 1986, 226.

Aufgaben 8 B II

> **JURIQ-Klausurtipp**
>
> Die Frage, ob ein Geschäft der laufenden Verwaltung vorliegt, kann z.B. dann klausurrelevant werden, wenn es um die Frage der Rechtmäßigkeit eines VAs geht. Sodann ist bei der Prüfung der formellen Rechtmäßigkeit beim Prüfungspunkt „Zuständigkeit" zu thematisieren, ob der Bürgermeister oder aber der Gemeinderat zuständig war. Hier muss Ihnen dann der Sachverhalt Anhaltspunkte liefern, mit Hilfe derer Sie beurteilen können, ob ein Geschäft der laufenden Verwaltung vorlag (= Zuständigkeit Bürgermeister) oder nicht (= Zuständigkeit Gemeinderat oder ggf. Ausschuss).
>
> Möglich ist auch eine Konstellation, in der sich Gemeinderat und Bürgermeister über die Einhaltung der jeweiligen Kompetenzen streiten. Sodann ist bei der Prüfung der Erfolgsaussichten eines Kommunalverfassungsstreitverfahrens (Rn. 377 ff.) zu prüfen, ob ein Geschäft der laufenden Verwaltung vorlag oder nicht.

c) Übertragene Aufgaben

Neben den Geschäften der laufenden Verwaltung kann der Gemeinderat dem Bürgermeister Angelegenheiten zur Erledigung in eigener Verantwortung übertragen. Eine solche Übertragung kann – einzelfallbezogen – durch Beschluss des Gemeinderats erfolgen. Sollen dem Bürgermeister Aufgaben zur dauerhaften Erledigung übertragen werden, bedarf es hierfür einer Regelung in der Hauptsatzung (§ 44 Abs. 2 S. 2 GemO). In der Praxis erfolgt eine entsprechende Übertragung von Zuständigkeiten über in der Hauptsatzung festgelegte Wertgrenzen.

Beispiele Eine Formulierung in der Hauptsatzung könnte lauten: „Der Bürgermeister ist zuständig für die Anschaffung von beweglichem Vermögen bis zum Wert von XY €. Über die Anschaffung von Gegenständen, die diesen Wert übersteigen entscheidet der Gemeinderat."

172 »Bitte beachten Sie, dass durch die Festlegung der Wertgrenzen lediglich Zuständigkeiten des Gemeinderats auf den Bürgermeister übertragen werden können und nicht etwa der unbestimmte Rechtsbegriff des „Geschäfts der laufenden Verwaltung" definiert werden kann. Dies wäre – wie oben (Rn. 170) genannt – nicht möglich. «

Dabei dürfen nicht alle Angelegenheiten, für die der Gemeinderat zuständig ist, auf den Bürgermeister übertragen werden. Ausgeschlossen hiervon sind die in dem Katalog des § 39 Abs. 2 GemO genannten Aufgaben (§ 44 Abs. 2 S. 3 GemO), wie etwa der Beschluss von Satzungen, die Übernahme freiwilliger Aufgaben oder die Übertragung von Aufgaben auf den Bürgermeister.

d) Weisungsaufgaben

Weisungsaufgaben (Rn. 46 ff.) erledigt der Bürgermeister in eigener Zuständigkeit, soweit spezialgesetzlich nichts anderes bestimmt ist; lediglich der Erlass von Satzungen und Rechtsverordnungen ist im Zusammenhang mit den Weisungsaufgaben regelmäßig dem Gemeinderat vorbehalten, sofern gesetzlich nichts anderes bestimmt ist (§ 44 Abs. 3 GemO).

Beispiel § 13 PolG normiert, dass Polizeiverordnungen (gem. § 62 Abs. 4 PolG Pflichtaufgabe nach Weisung) vom Bürgermeister erlassen werden. Gemäß § 15 Abs. 2 PolG stehen diese jedoch unter dem Zustimmungsvorbehalt des Gemeinderats, wenn sie länger als einen Monat gelten sollen.

173 »Zur Erinnerung: Erledigt der Bürgermeister Weisungsaufgaben für das Land, ist die Körperschaft, der dieses Handeln zugeordnet wird (= Beklagter i.S.d. § 78 VwGO) dennoch die Gemeinde und nicht etwa das Land. «

e) Eilentscheidungskompetenz – § 43 Abs. 4 GemO

174 Eine besondere Zuständigkeit des Bürgermeisters resultiert aus § 43 Abs. 4 GemO. Dort wird dem Bürgermeister eine sog. **Eilentscheidungskompetenz** für dringende Angelegenheiten des Gemeinderats, deren Erledigung nicht bis zu einer form- und fristlos einberufenen Gemeinderatssitzung Aufschub dulden, eingeräumt. Unter welchen Voraussetzungen eine Dringlichkeit gegeben ist, definiert der Gesetzgeber nicht. Jedoch wird man dies dann annehmen dürfen, wenn durch die Aufschiebung bis zur nächsten außerordentlichen Sitzung **erhebliche Nachteile** für die Gemeinde entstehen würden. Hingegen lässt sich die Dringlichkeit nicht alleine dadurch rechtfertigen, dass während der sitzungsfreien Zeit des Gemeinderats („Sommerpause") Entscheidungen zu treffen sind.

In Fällen besonderer Dringlichkeit entscheidet der Bürgermeister an Stelle des Gemeinderats (§ 43 Abs. 4 GemO). Die Gemeinde ist folglich an die Entscheidung gerade so gebunden, wie wenn sie vom Gemeinderat selbst getroffen worden wäre. Eine Beschränkung der Aufgaben, die von der Eilentscheidungskompetenz umfasst sind, gibt es ausweislich des klaren Wortlauts des § 43 Abs. 4 GemO nicht. Insoweit kann der Bürgermeister bei Vorliegen einer Dringlichkeit auch über Angelegenheiten entscheiden, die ihm im Normalfall aufgrund §§ 44 Abs. 2, 39 Abs. 2 GemO nicht übertragen werden dürfen. Hierzu gehört nach zustimmungswürdiger Ansicht auch der Erlass von Satzungen, wenngleich dies nicht unumstritten ist.[7] Zumeist wird aber ein Satzungserlass durch den Bürgermeister am Merkmal der Dringlichkeit scheitern.

f) Beamtenrechtliche Zuständigkeit

175 § 44 Abs. 4 GemO statuiert:

„Der Bürgermeister ist Vorgesetzter, Dienstvorgesetzter und oberste Dienstbehörde der Gemeindebediensteten."

Hieraus resultiert das generelle **Weisungsrecht** gegenüber den gemeindlichen Bediensteten. Darüber hinaus hat der Bürgermeister in seiner Rolle als Dienstvorgesetzter die beamtenrechtlichen Entscheidungen bezüglich der Gemeindebeamten zu treffen.

g) Vertretung der Gemeinde

176 Gemäß § 42 Abs. 1 S. 2 GemO vertritt der Bürgermeister die Gemeinde nach Außen. Er ist ihr gesetzlicher Vertreter. Die **Vertretungsmacht** des Bürgermeisters ist **allumfassend** und **unbeschränkbar**. Die von ihm abgegeben Willenserklärungen berechtigen und verpflichten die Gemeinde folglich selbst dann, wenn im Innenverhältnis der Gemeinderat zuständig ist und dieser keinen entsprechenden Beschluss gefasst hat. Etwas anderes gilt nur dann, wenn der Bürgermeister die Vertretungsbefugnis erkennbar missbraucht.

> **Hinweis**
>
> Bitte unterscheiden Sie die Vertretungsmacht (= das rechtliche Können) von der Vertretungsbefugnis (= rechtliches Dürfen). Die Vertretungsmacht wird in § 42 Abs. 1 S. 1 GemO normiert. Die Vertretungsbefugnis ergibt sich indes aus den oben geschilderten Zuständigkeitsregelungen.

---

[7] Für die Möglichkeit, Satzungen erlassen zu können: *Gern* Rn. 205; *Ehlers* NWVBl 1990, 49. Eine andere Ansicht vertritt z.B. *Waibel* Rn. 87 m.w.N.

Beispiel Unterzeichnet der Bürgermeister der kleinen, finanzschwachen Gemeinde G einen Kaufvertrag für seinen neuen Dienst-Ferrari, ohne dass hierzu ein Beschluss des Gemeinderats vorliegt, so ist dieses Geschäft nach außen hin wirksam, wenngleich im Innenverhältnis aufgrund des wirtschaftlichen Werts des Geschäfts der Gemeinderat zuständig gewesen wäre. ■

Formelle Voraussetzung einer wirksamen Verpflichtung der Gemeinde ist gem. § 54 GemO die Abgabe einer schriftlichen, durch den Bürgermeister unterzeichneten Erklärung. Erklärungen in elektronischer Form müssen mit einer dauerhaft überprüfbaren Signatur versehen sein. Das Formerfordernis gilt gem. § 54 Abs. 4 GemO nicht für Geschäfte der laufenden Verwaltung oder für solche, die – im Vertretungsfall – aufgrund einer dem Formerfordernis gerecht werdenden Vollmacht durch einen Dritten (= Vertreter des Bürgermeisters) eingegangen wurden. **177**

Wird die Form des § 54 GemO verletzt, so sind die Rechtsfolgen unterschiedlich, je nach dem, ob ein öffentlich-rechtlicher oder ein zivilrechtlicher Vertrag vorliegt. In Bezug auf **öffentlich-rechtliche Verträge** führt ein Verstoß gegen § 54 GemO ohne weiteres zu deren **Unwirksamkeit** (vgl. § 59 LVwVfG i.V.m. § 125 BGB). Bei **zivilrechtlichen Verträgen** gilt indes etwas anderes: da dem Landesgesetzgeber die Regelungskompetenz für zivilrechtliche Formvorschriften fehlt, kann § 125 BGB nicht unmittelbar zur Anwendung kommen. Ein Verstoß gegen § 54 Abs. 1 GemO führt daher nicht zur Formnichtigkeit des Geschäfts. Jedoch soll § 54 Abs. 1 GemO insoweit als **Zuständigkeitsregelung** zu verstehen sein. Nur wenn das kommunalrechtliche Formerfordernis beachtet wurde, ist eine wirksame Vertretung der Gemeinde zu bejahen. Fehlt es an der Schriftform, ist die Vertreterhandlung gemäß § 177 BGB schwebend unwirksam, da eine wirksame Stellvertretung nicht vorliegt.[8] **178**

3. Wahl des Bürgermeisters

a) Wahlverfahren

Der Bürgermeister wird von den Bürgern in allgemeiner, freier, gleicher und geheimer Wahl nach dem Prinzip der **Mehrheitswahl** gewählt. Gewählt ist, wer mehr als die Hälfte der gültigen Stimmen auf sich vereinen kann (§ 45 Abs. 1 GemO). Kann keiner der Bewerber mehr als die Hälfte der gültigen Stimmen auf sich vereinen, findet frühestens am zweiten und spätestens am vierten Sonntag nach der Wahl eine **Neuwahl** statt, bei der neue Bewerber zugelassen sind (§ 45 Abs. 2 GemO). Wird diese gesetzliche und daher nicht disponible Frist nicht eingehalten, muss das gesamte Wahlprocedere wiederholt werden, da Wahl und Neuwahl einen einheitlichen Vorgang bilden.[9] **179**

> **Hinweis**
>
> Merken Sie sich, dass es sich im Falle des § 45 Abs. 2 GemO um eine Neuwahl und nicht etwa um eine Stichwahl unter den bereits bei der ersten Wahl angetretenen Bewerbern handelt.

Aus der Neuwahl geht der Bewerber als Gewinner hervor, der die meisten Stimmen auf sich vereint. Im (unwahrscheinlichen) Fall der Stimmgleichheit entscheidet das Los (§ 45 Abs. 2 GemO).

---

8 Dies ist, wenngleich dogmatisch fraglich, doch die h.M., vgl. etwa *KBK* § 54 Rn. 14.
9 *Ade* § 45 Rn. 2.

b) Wählbarkeit

180 Als Bürgermeister wählbar ist jeder Deutsche i.S.d. Art. 116 GG, der vor der Zulassung seiner Bewerbung um das Amt des Bürgermeisters in der Bundesrepublik wohnt. Die Bewerber müssen am Wahltag das 25., dürfen aber noch nicht das 65. Lebensjahr vollendet haben. Anders als bei der Wahl zum Gemeinderat müssen die Bewerber um das Amt des Bürgermeisters **nicht Bürger der Gemeinde** sein (vgl. den Unterschied von § 45 Abs. 1 zu §§ 14, 12 GemO). Nicht wählbar ist, wer von der Wählbarkeit zum Gemeinderat nach § 28 Abs. 2 GemO ausgeschlossen ist. Ebenfalls nicht wählbar ist, wer als Beamter aufgrund eines Urteils aus dem Dienst entfernt oder wegen besonderer Straftaten verurteilt worden ist (siehe im Einzelnen § 46 Abs. 2 GemO). Wenngleich nicht wählbare Bewerber nicht auf dem Stimmzettel erscheinen, sind die für sie abgegebenen Stimmen gültig, d.h. sie werden bei der Ergebnisermittlung mit berücksichtigt, was im Hinblick auf die Bestimmung der Mehrheit entscheidend sein kann.[10]

Beispiel Werden bei einer Wahl 10 000 Stimmen abgegeben, wovon 100 auf nicht wählbare Bewerber entfallen, werden für das Erreichen der Mehrheit dennoch 5001 und nicht lediglich 4951 Stimmen benötigt.

181 Hinderungsgründe bestehen nach § 46 Abs. 3 und 4 GemO für Bedienstete der Rechtsaufsicht, des Landkreises oder des Landratsamts sowie für planmäßige Beamte oder sonstige Bedienstete der Gemeinde. Liegt ein Hinderungsgrund vor, hat dies nicht etwa zur Folge, dass der Bewerber nicht wählbar ist. Er ist im Falle eines Wahlsiegs bis zur Ausräumung des Hindernisses lediglich nicht in der Lage, sein Amt anzutreten.

> **Hinweis**
>
> Bitte differenzieren Sie: liegt bei einem Bewerber um das Amt des Bürgermeisters ein Hinderungsgrund vor, so führt dies nicht dazu, dass er nicht wählbar ist. Erreicht er die erforderliche Mehrheit, so gilt er als gewählt. Sodann ist zu prüfen, ob der Hinderungsgrund ausräumbar ist (z.B. durch die Auflösung des den Hinderungsgrund begründenden Beschäftigungsverhältnisses). Ist hingegen ein Bewerber nicht wählbar, kann er unter keinen Umständen zum Bürgermeister gewählt werden und demnach das Amt niemals antreten, selbst wenn er eine entsprechende Mehrheit erreicht hätte.

Online-Wissens-Check

Kann der Gemeinderat bestimmen, was im Einzelfall ein „Geschäft der laufenden Verwaltung" ist?

Überprüfen Sie jetzt online Ihr Wissen zu den in diesem Abschnitt erarbeiteten Themen. Unter **www.juracademy.de/skripte/login** steht Ihnen ein Online-Wissens-Check speziell zu diesem Skript zur Verfügung, den Sie kostenlos nutzen können. Den Zugangscode hierzu finden Sie auf der Codeseite.

---

10 Die Regelungen über die Ungültigkeit von Stimmen in den §§ 23, 24 KomWG sind abschließend und enthalten die fehlende Wählbarkeit nicht als Ungültigkeitsgrund.

9. Teil
Ausschüsse, Ältestenrat, Jugendgemeinderat

A. Ausschüsse

182 Die Gemeindeordnung sieht in den §§ 39 ff. die Möglichkeit vor, dass der Gemeinderat aus seiner Mitte heraus **Ausschüsse** bildet, denen er (weniger gewichtige) Angelegenheiten überträgt. Ihrem Wesen nach sind die Ausschüsse **keine Organe** der Gemeinde, da ihr Bestand gesetzlich nicht gesichert ist und ihnen kein gesetzlich festgelegter Aufgabenbestand zukommt (zu dem Begriff des Organs Rn. 138); man bezeichnet sie vielmehr als Teilgremien[1] oder als Teilkollegien.[2] Rechtlich voneinander zu unterscheiden sind die beschließenden und die beratenden Ausschüsse.

I. Beschließende Ausschüsse

183 § 39 Abs. 1 GemO erlaubt dem Gemeinderat, beschließende Ausschüsse zu bilden und Teile seiner Zuständigkeiten auf diese zu übertragen. Soll die Übertragung dauerhaft erfolgen, ist hierfür eine Regelung in der Hauptsatzung erforderlich. Soll der Ausschuss hingegen nur für einzelne Aufgaben gebildet werden oder sollen einem bestehenden Ausschuss einzelne Aufgaben im Einzelfall übertragen werden, genügt ein einfacher Beschluss.

1. Verhältnis zum Gemeinderat

184 Der beschließende Ausschuss entscheidet innerhalb seiner Zuständigkeit **an Stelle des Gemeinderats** (§ 39 Abs. 3 GemO). Die ihm übertragenen Aufgaben sind der Einflussnahme des Gemeinderats somit entzogen. Jedoch bleibt es dem Rat unbenommen, durch jederzeitige Beschlussfassung und ggf. Änderung der Hauptsatzung die Zuständigkeit des Ausschusses zu beenden und damit die Sache wieder an sich zu ziehen.

185 Solange die Zuständigkeit in einer Angelegenheit auf den beschließenden Ausschuss übertragen ist, kann der Gemeinderat diesbezüglich weder Weisungen erteilen noch die Beschlüsse des beschließenden Ausschusses ändern oder aufheben. Möchte er sich solche Rechte vorbehalten, bedarf dies einer ausdrücklichen Regelung in der Hauptsatzung (§ 39 Abs. 3 S. 5 GemO). Hingegen hat der Ausschuss kraft Gesetz die Möglichkeit, eine Angelegenheit von besonderer Bedeutung zur Entscheidung an den Gemeinderat „zurück" zu geben. Hierfür erforderlich ist ein entsprechender Ausschussbeschluss, für den eine einfache Mehrheit genügt. Darüber hinaus kann in der Hauptsatzung festgelegt werden, dass ein Viertel der Mitglieder des Ausschusses eine Angelegenheit an den Gemeinderat verweisen kann, wenn die Sache für die Gemeinde von besonderer Bedeutung ist.

---
1 *KBK* § 39 Rn. 3.
2 *Ade* § 39 Rn. 1.

> **JURIQ-Klausurtipp**
>
> Beachten Sie in der Klausur, dass bei der Bestimmung des Viertels der Mitglieder der Bürgermeister mitgerechnet wird; er ist als Vorsitzender (§ 40 Abs. 3 GemO) Mitglied des Ausschusses und wird somit bei der Bestimmung des Viertels „…aller Mitglieder…" mitgezählt.

Hält der Gemeinderat die Voraussetzungen für eine Verweisung für nicht gegeben, verweist er die Sache an den Ausschuss zurück; sodann muss dieser entscheiden.

» Bitte lesen Sie § 39 Abs. 2 GemO aufmerksam durch. Die darin enthaltenen Regelungsgegenstände tauchen immer wieder in Klausuren auf! «

186 § 39 Abs. 2 GemO statuiert einen Katalog an Aufgaben, die dem Gemeindrat zur Beschlussfassung vorbehalten sind und folglich nicht auf beschließende Ausschüsse übertragen werden dürfen. Hierzu gehört z.B. die Beschlussfassung über Satzungen oder über die Übernahme freiwilliger Aufgaben. Allerdings sollen die in § 39 Abs. 2 GemO genannten Aufgaben den beschließenden Ausschüssen zur Vorberatung übertragen werden (§ 39 Abs. 4 S. 1 GemO).

Der Geschäftsgang in den beschließenden Ausschüssen entspricht im Wesentlichen dem im Gemeinderat (§ 39 Abs. 5 GemO).

2. Zusammensetzung

187 Die Zusammensetzung der beschließenden Ausschüsse regelt § 40 GemO. Demnach ist für einen beschließenden Ausschuss lediglich eine **Mindestgröße** vorgesehen, nach der dieser aus dem Vorsitzenden (= der Bürgermeister, § 40 Abs. 3 GemO) und wenigstens vier Mitgliedern bestehen muss; ob der Gemeinderat eine größere Anzahl an Ausschussmitgliedern bestimmt, liegt in seinem Ermessen und ist in der Hauptsatzung festzulegen.

Die Mitglieder der beschließenden Ausschüsse bestellt der Gemeinderat aus seiner Mitte. Wird keine Einigkeit erzielt, werden die Mitglieder aufgrund von Wahlvorschlägen nach den Grundsätzen der Verhältniswahl gewählt, wobei das d'Hondt'sche Verfahren zur Anwendung kommt. Die beschließenden Ausschüsse sind sachlogisch nach jeder Wahl des Gemeinderats neu zu bilden. Ein Anspruch auf einen Sitz im Ausschuss besteht zugunsten des einzelnen Gemeinderats nicht. Eine Besonderheit in der Besetzung der beschließenden Ausschüsse sieht § 40 Abs. 1 S. 4 GemO vor: nach dieser Norm kann der Gemeinderat widerruflich **sachkundige Einwohner** als beratende Mitglieder der jeweiligen Ausschüsse zulassen, wobei deren Anzahl die der Gemeinderäte in den einzelnen Ausschüssen nicht erreichen darf.

II. Beratende Ausschüsse – § 41 GemO

188 Neben beschließenden Ausschüssen kann der Gemeinderat ebenfalls beratende Ausschüsse einrichten, die den Zweck haben, die ihnen übertragenen Angelegenheiten vorzuberaten. Gesetzlich geregelt sind die beratenden Ausschüsse in § 41 GemO.

Regelungen, nach welchem Verfahren die beratenden Ausschüsse zu besetzen sind, gibt es nicht; ebenso bestimmt die Gemeindeordnung **keine Mindestmitgliederzahl**.

Bezüglich dem Geschäftsgang gilt aufgrund der Regelung des § 41 Abs. 3 GemO das zu den beschließenden Ausschüssen ausgeführte mit einer wesentlichen Einschränkung: § 35 GemO kommt bezüglich der beratenden Ausschüsse nicht zur Anwendung, die Sitzungen sind demnach anders als bei den beschließenden Ausschüssen **nichtöffentlich**.

B. Ältestenrat

§ 33a GemO schafft die Möglichkeit, einen Ältestenrat in der Gemeinde einzurichten. Aufgabe des Ältestenrats ist es, den Bürgermeister in **Fragen der Tagesordnung** und des **Gangs der Verhandlungen** im Gemeinderat zu beraten. Beide Punkte sind für die praktische Arbeit im Gemeinderat von großer Bedeutung (welcher Punkt zu welcher Zeit auf die Tagesordnung kommt, kann mitunter entscheidend sein!). Aus diesem Grunde ist hier eine sensible Abstimmung notwendig. Um dies möglichst zu gewährleisten, kommt dem Ältestenrat eine Art Mittlerfunktion zwischen Bürgermeister und Rat zu. Da der Bürgermeister aber auch bei Bestehen eines Ältestenrats für die Bestimmung der Tagesordnung alleine zuständig bleibt (§ 34 Abs. 1 GemO), ist er an die Äußerungen des Ältestenrats nicht gebunden.

189

Der Ältestenrat ist **weder Organ** der Gemeinde (er ist nur fakultativ und hat zudem keine abschließenden Kompetenzen) **noch beschließender Ausschuss**.[3] Dementsprechend kann er andere Aufgaben als die in § 33a GemO genannten nicht übernehmen. Gebildet wird der Ältestenrat durch eine entsprechende Regelung in der Hauptsatzung. Zusammensetzung, Geschäftsgang (so z.B. die Frage, ob die Sitzungen des Ältestenrats öffentlich sind) und Aufgaben sind sodann in der Geschäftsordnung des Gemeinderats zu regeln (§ 33a Abs. 2 GemO). Seine Mitglieder können nur aus der Mitte des Gemeinderats bestellt werden. Den Vorsitz im Ältestenrat hat der Bürgermeister.

190

C. Beteiligung Jugendlicher

Die Möglichkeit, Jugendliche am kommunalpolitischen Geschehen zu beteiligen, wurde mittels § 41a GemO geschaffen. Diese Norm erlaubt es, Jugendliche in Planungen und Vorhaben, welche die Interessen der Jugendlichen berühren, in angemessener Weise zu integrieren. Hierzu kann ein sog. **Jugendgemeinderat** oder eine andere Jugendvertretung eingerichtet werden. In diesem Rahmen kann den Mitgliedern der Jugendvertretung ein Beteiligungsrecht in den Gemeinderatssitzungen sowie ein Vorschlags- und Anhörungsrecht eingeräumt werden. Erforderlich ist hierfür lediglich ein Beschluss des Gemeinderats. Einer Regelung in der Hauptsatzung bedarf es nicht. Gleiches gilt für die Zusammensetzung, den Geschäftsgang etc. innerhalb der Jugendvertretung.

191

> **Hinweis**
>
> Üblich – aber nicht zwingend – ist die Wahl der Mitglieder eines Jugendgemeinderats durch Jugendliche. Zulässig ist aber auch, diese von Interessenverbänden i.w.S. (etwa Schulen, Vereinen etc.) bestimmen zu lassen.

Mangels einer gesetzlichen Regelung können weder Gemeinderat noch Bürgermeister Entscheidungskompetenzen auf die Jugendvertretung verlagern.

Beispiel Unzulässig wäre es etwa, den Beschluss über den Neubau eines Jugendhauses auf den Jugendgemeinderat zu übertragen, da hierfür aufgrund der gesetzlichen Kompetenzregelungen der Gemeinderat zuständig ist. ■

Gerade wie die Gemeinderäte sind auch die im Kontext von § 41a GemO beteiligten Jugendlichen ehrenamtlich tätig.

---

3 VwV GemO zu § 33a.

10. Teil
Stellvertreter des Bürgermeisters, Beigeordnete, Beauftragung, Bevollmächtigung

A. Stellvertreter des Bürgermeisters aus der Mitte des Gemeinderats

192 In Gemeinden ohne Beigeordneten (hierzu sogleich Rn. 194), bestellt der Gemeinderat **aus seiner Mitte** einen oder mehrere Stellvertreter des Bürgermeisters (§ 48 Abs. 1 GemO). Die Zahl und die Reihenfolge der Stellvertreter werden in der Hauptsatzung der Gemeinde festgelegt. Sie werden nach jeder Wahl der Gemeinderäte neu bestellt; ihre Amtszeit ist daher mit derjenigen der Gemeinderäte identisch. Bis zur Wahl der ehrenamtlichen Stellvertreter ist das älteste Mitglied des Gemeinderats Vertreter kraft Gesetz (§ 48 Abs. 1 S. 7 GemO). Ein besonderes Wahlsystem ist nicht vorgeschrieben, so dass eine **reine Mehrheitswahl** stattfindet. Wie viele Stellvertreter bestellt werden und die Reihenfolge der Vertretung wird ebenfalls in der Hauptsatzung festgelegt. Ein Abweichen hiervon außerhalb der Hauptsatzung ist nicht möglich.

193 Sachlich ist die Stellvertretung auf die Fälle beschränkt, in denen der Bürgermeister **verhindert** ist. Ein Verhinderungsfall kann sich dabei sowohl aus tatsächlichen Gründen wie auch aufgrund rechtlicher Belange ergeben.

Beispiel Tatsächliche Verhinderungsgründe sind etwa Urlaub oder Krankheit. Eine rechtliche Verhinderung liegt im Falle der Befangenheit des Bürgermeisters vor.

Liegt ein Verhinderungsfall vor, entsteht die jeweilige Vertretungsbefugnis von selbst, ohne dass es einer gesonderten Feststellung bedarf. Differenziert werden muss im Hinblick auf die Stellvertretung, ob der Verhinderungsfall **auf einzelne Amtshandlungen beschränkt** ist oder aber **vollumfänglich** besteht. Je nachdem, welcher Fall vorliegt, spricht man von einer Sondervertretung oder aber von einer allgemeinen Stellvertretung.

Die Vertretungsmacht des Stellvertreters im Verhinderungsfall ist nicht beschränkbar. Er vertritt den Bürgermeister während dessen Verhinderung vollumfänglich. Ist die Vertretung als Sondervertretung auf einzelne Angelegenheiten beschränkt, unterliegt der Vertreter insoweit den Weisungen des Bürgermeisters; dies gilt jedoch nicht, soweit die Verhinderung aus einem Befangenheitsgrund resultiert, da andernfalls die Vorschriften zur Befangenheit über ein Weisungsrecht umgangen werden könnten.

Beispiele Sondervertretung:
(1) Eine Sondervertretung liegt vor, wenn der Bürgermeister in der Gemeinderatssitzung bezüglich eines Tagesordnungspunkts befangen ist. Während der Behandlung dieses Punkts wird er durch seinen Stellvertreter vertreten. Dieser ist gegenüber dem Bürgermeister nicht weisungsgebunden.
(2) Der Bürgermeister kann aufgrund einer Terminkollision nicht an einer Ausschusssitzung teilnehmen. Er entsendet seinen Stellvertreter in die Sitzung. In diesem Falle wäre es zulässig, dass der Bürgermeister seinem Stellvertreter eine Weisung erteilt.
(3) Allgemeine Stellvertretung: Während eines einwöchigen stationären Krankenhausaufenthalts wird der Bürgermeister vollumfänglich durch seinen Stellvertreter vertreten.

Vertritt der ehrenamtliche Vertreter den Bürgermeister in seiner Funktion als Vorsitzender des Gemeinderats, hat er **grundsätzlich Stimmrecht**.

B. Beigeordnete

I. Rechtsstellung der Beigeordneten, Amtszeit, Wahl

In Gemeinden mit mehr als 10 000 Einwohnern können, in Stadtkreisen müssen als Stellvertreter des Bürgermeisters Beigeordnete bestellt werden. Beigeordnete sind hauptamtliche Beamte auf Zeit und werden – gerade wie der Bürgermeister selbst – auf acht Jahre bestellt (§ 50 Abs. 1 GemO). Gewählt werden die Beigeordneten vom Gemeinderat; eine Übertragung der Wahl auf einen beschließenden Ausschuss oder den Bürgermeister ist gem. § 39 Abs. 2 Nr. 1 GemO nicht möglich.

194

> **Hinweis**
>
> Anders als bei der Bestellung von Gemeindebediensteten, über die der Gemeinderat im Einvernehmen mit dem Bürgermeister entscheidet, ist für die Bestellung der Beigeordneten das Einvernehmen des Bürgermeisters nicht nötig. § 50 Abs. 2 GemO ist insoweit spezieller als § 24 Abs. 2 GemO.

Wie viele Beigeordnete in der Gemeinde bestellt werden, ist durch Hauptsatzung entsprechend den Erfordernissen der Gemeindeverwaltung zu regeln.

II. Aufgaben

Beigeordnete haben die Aufgabe, in größeren Gemeindeverwaltungen den Bürgermeister dauerhaft zu entlasten. Ihnen werden **Geschäftskreise** zugeordnet, in denen sie tätig sind. Eine Festlegung der Geschäftskreise erfolgt durch den Bürgermeister im Einvernehmen mit dem Gemeinderat (§ 44 Abs. 1 GemO); eine Hauptsatzungsregelung ist nicht zwingend erforderlich, wenngleich nicht unüblich.[1]

195

In Großen Kreisstädten und Stadtkreisen führt der Erste Beigeordnete die Amtsbezeichnung „Bürgermeister"; den weiteren Beigeordneten kann der Gemeinderat die Bezeichnung „Bürgermeister" verleihen (§ 49 Abs. 3 S. 4 GemO). Diese Regelung korrespondiert insoweit mit § 42 Abs. 4 GemO, wonach der Bürgermeister in den Großen Kreisstädten und Stadtkreisen die Bezeichnung „Oberbürgermeister" führt.

196

> **Beispiel** Gemäß der vorstehenden Aufteilung gibt es in Großen Kreisstädten oder Stadtkreisen neben dem Oberbürgermeister regelmäßig einen Baubürgermeister, Finanzbürgermeister etc.

Gemäß § 49 Abs. 2 GemO vertreten die Beigeordneten den Bürgermeister ständig in ihrem Geschäftskreis unabhängig davon, ob der Bürgermeister anwesend ist. Im Innenverhältnis kommt dem jeweiligen Beigeordneten **Vertretungsbefugnis** („rechtliches Dürfen") inner-

197

---

1 *KBK* § 49 Rn. 2.

halb seines Geschäftskreises zu mit der Folge, dass insoweit er statt dem Bürgermeister entscheidet. Der Bürgermeister kann ihm jedoch **allgemein** oder im **Einzelfall Weisungen** erteilen. Allgemeine Weisungen sind etwa Richtlinien in Form von Dienstanweisungen, mit denen bestimmte Entscheidungsgrundsätze festgelegt werden. Im Rahmen der Einzelfallweisung hat der Bürgermeister die Möglichkeit, den Beigeordneten anzuweisen, wie zu entscheiden ist. Beachtet werden muss dabei jedoch zweierlei: zum einen ist der Bürgermeister nicht befugt, Angelegenheiten zur eigenen Entscheidung an sich zu ziehen und dadurch den Wirkungskreis des Beigeordneten zu beschneiden. Zum anderen hat das Weisungsrecht nur verwaltungsinterne Wirkung, d.h. ein Handeln des Beigeordneten entgegen der Weisung des Bürgermeisters bleibt nach außen wirksam. Dies folgt aus dem Umstand, dass die **Vertretungsmacht** (das „rechtliche Können") des Beigeordneten nach außen nicht beschränkbar ist.[2] Die Ausübung des Weisungsrechts durch den Bürgermeister darf im Übrigen nicht so weit gehen, dass der Geschäftskreis des Beigeordneten über Gebühr eingeschränkt wird und ihm nur geringe oder keine Kompetenzen verbleiben. Ist dies der Fall, hat der Gemeinderat für die Beseitigung dieser Missstände in der Gemeindeverwaltung zu sorgen (§ 24 Abs. 1 S. 3 GemO).

> **Hinweis**
>
> Machen Sie sich an dieser Stelle nochmals den Unterschied zur Stellvertretung durch einen Vertreter aus der Mitte des Gemeinderats klar: Während dieser nur im Verhinderungsfall tätig werden kann, ist der Beigeordnete in seinem Geschäftskreis immer als Vertreter des Bürgermeisters tätig!

198 Neben der ständigen Stellvertretung in den Geschäftskreisen vertritt der Erste Beigeordnete den Bürgermeister im Verhinderungsfall vollumfänglich. Die weiteren Beigeordneten vertreten den Bürgermeister als allgemeine Stellvertreter nur dann, wenn dieser wie auch der Erste Beigeordnete verhindert ist (§ 49 Abs. 3 GemO).

> **Hinweis**
>
> Die allgemeine Stellvertretung bezieht sich nur im Verhinderungsfall des Bürgermeisters auf dessen organschaftlichen Rechte, die aus seiner Stellung als Vorsitzender des Gemeinderats resultieren, also z.B. das Widerspruchsrecht nach § 43 Abs. 2 GemO oder die Eilentscheidungskompetenz nach § 43 Abs. 4 GemO.

199 Im Gemeinderat haben die Beigeordneten **kein Stimmrecht**, sondern nehmen nur mit beratender Stimme teil (§ 33 GemO); dies gilt auch dann, wenn sie den Bürgermeister im Falle seiner Verhinderung vertreten.[3] Grund hierfür ist, dass im Gemeinderat nur derjenige stimmberechtigt sein soll, der aufgrund einer unmittelbaren Wahl vom Volk legitimiert wurde. Gleiches gilt für die beschließenden Ausschüsse. Lediglich in den beratenden Ausschüssen kann den Beigeordneten ein Stimmrecht zukommen, wenn diese dort den Vorsitz innehaben (§ 41 Abs. 2 GemO).

---

2 *KBK* § 49 Rn. 11.
3 *KBK* § 37 Rn. 37.

Die Hinderungsgründe betreffend die Tätigkeit als Beigeordnete ergeben sich aus § 51 GemO, wonach die Beigeordneten zur Vermeidung von Interessenkollisionen weder gleichzeitig eine andere Planstelle der Gemeinde innehaben dürfen noch deren Bedienstete oder Bedienstete der Rechtsaufsichtsbehörde, des Landratsamts oder des Landkreises sein können. 200

§ 52 GemO („Besondere Dienstpflichten") erweitert die für ehrenamtlich tätige Bürger geltenden Pflichten (§ 17 Abs. 1 bis 3 GemO – Rn. 66 ff.) sowie die Befangenheitsregelungen (§ 18 GemO – Rn. 254 ff.) auf die Beigeordneten. 201

C. Amtsverweser

In Gemeinden ohne Beigeordnete kann im Fall der längerfristigen Vakanz der Stelle des Bürgermeisters ein Amtsverweser eingesetzt werden (§ 48 Abs. 2 und 3 GemO). Der Amtsverweser nach § 48 Abs. 2 GemO nimmt alle Geschäfte aus dem Zuständigkeitsbereich des Bürgermeisters wahr; ein Stimmrecht im Gemeinderat kommt ihm nicht zu. Da er in seiner Funktion als Amtsverweser hoheitliche Tätigkeiten ausführt, muss er zum Beamten bestellt werden (i.d.R. Beamter auf Zeit, vgl. § 48 Abs. 2 S. 3 GemO). Wurde in einer Gemeinde eine Person zum Bürgermeister gewählt und kann diese das Amt aufgrund einer Wahlanfechtung nicht antreten, kann diese bereits vor Abschluss der Wahlprüfung zum Amtsverweser bestellt werden (§ 48 Abs. 3 GemO), um so die Handlungsfähigkeit der Gemeinde zu gewährleisten. 202

D. Beauftragung und rechtsgeschäftliche Vollmacht

§ 53 Abs. 1 GemO eröffnet dem Bürgermeister die Möglichkeit, Gemeindebedienstete mit seiner Vertretung in bestimmten Aufgabengebieten oder Angelegenheiten zu beauftragen. Man spricht diesbezüglich von der **(öffentlich-rechtlichen) Beauftragung**. 203

Zweck der Beauftragung ist, die innere Organisation der Gemeindeverwaltung möglichst effektiv regeln zu können. Sachlich ist Beauftragung auf einzelne Aufgabengebiete oder Aufgaben zu beschränken. Der Bürgermeister hat bei der Beauftragung von Gemeindebediensteten darauf zu achten, dass hierdurch die Kompetenzen der Beigeordneten nicht ausgehöhlt werden. Die Beauftragung erfolgt aufgrund einer **innerdienstlichen Weisung**, zu deren Erteilung zunächst nur der Bürgermeister selbst befugt ist, da er für die Organisation der Verwaltung Verantwortung trägt (§ 44 GemO). Allerdings kann der Bürgermeister die Befugnis zur Beauftragung an die Beigeordneten für deren Geschäftskreis übertragen (§ 53 Abs. 1 S. 2 GemO). 204

Formgebunden ist die Beauftragung nicht. Sie ist frei widerruflich, so dass der Bürgermeister die Angelegenheiten jederzeit wieder an sich ziehen kann. 205

§ 53 Abs. 2 S. 1 GemO räumt dem Bürgermeister die Möglichkeit ein, in einzelnen Angelegenheiten **rechtsgeschäftliche Vollmacht** zu erteilen. Diese Bestimmung hat lediglich deklaratorischen Charakter, da die Gemeinde bereits aufgrund ihrer Rechtsfähigkeit in der Lage ist, eine solche Vollmacht auf Grundlage des BGB zu erteilen. Es gelten hierbei die allgemeinen Vorschriften zur Stellvertretung nach §§ 164 ff. BGB. In Abgrenzung zu der Bevollmächtigung nach § 53 Abs. 1 GemO kann eine rechtsgeschäftliche Vollmacht auch an Personen erteilt werden, die außerhalb der Verwaltung stehen. 206

Beispiel Bürgermeister B erteilt dem Rechtsanwalt R rechtsgeschäftliche Vollmacht, die Gemeinde in einem baurechtlichen Verfahren gerichtlich wie auch außergerichtlich zu vertreten.

207 Eine Vollmachtserteilung an Beamte oder Angestellte ist nur für Rechtsgeschäfte möglich, für die nicht ohnehin bereits eine Beauftragung nach § 53 Abs. 1 GemO besteht, also für rechtsgeschäftliche Handlungen außerhalb der Verwaltungstätigkeit.

208 Die Vollmacht kann gem. § 53 Abs. 2 GemO grundsätzlich nur vom Bürgermeister erteilt werden, wobei eine Übertragung dieser Befugnis auf die Beigeordneten möglich ist. Wird die rechtsgeschäftliche Vollmacht erteilt, ist der Bevollmächtigte **im Außenverhältnis zur Stellvertretung berechtigt** („rechtliches Können"). Welchen Umfang die Vollmacht hat, bestimmt sich indes nach dem **Innenverhältnis** zwischen Gemeinde und Vollmachtsnehmer, für dessen Ausgestaltung je nach Regelungsgegenstand aufgrund der internen Zuständigkeitsverteilung entweder der Bürgermeister oder Gemeinderat zuständig ist. Wenngleich also der Bürgermeister zwingend die Vollmacht erteilt, kann die Ausgestaltung des Innenverhältnisses Aufgabe des Gemeinderats sein.

Beispiel Im Zusammenhang mit dem Abschluss eines Architektenvertrags soll der Architekt bevollmächtigt werden, für die Gemeinde Verträge mit einem Bauträger zu schließen. Die Erteilung der hierzu erforderlichen rechtsgeschäftlichen Vollmacht erfolgt zwingend durch den Bürgermeister. Über das der Vollmacht zugrunde liegende Vertragsverhältnis – den Architektenvertrag – entscheidet aber der Gemeinderat, wenn dieser Vertrag von wirtschaftlich großer Bedeutung ist und damit über die Kompetenz des Bürgermeisters hinausgeht. Merken Sie sich also: Die aus § 53 Abs. 2 GemO resultierende Befugnis, rechtsgeschäftliche Vollmacht zu erteilen beinhaltet keine Kompetenzzuweisung für die Ausgestaltung des Innenverhältnisses.

11. Teil
Die Gemeinderatssitzung

> **Hinweis**
>
> Häufig wird in Klausuren ein Sachverhalt auftauchen, der die Geschehnisse im Zusammenhang mit einer Gemeinderatssitzung schildert. Ihre Aufgabe wird es dann sein, zu prüfen, ob ein in der Sitzung gefasster Beschluss rechtmäßig erging. Es bietet sich aus didaktischen Gründen folglich an, „die Gemeinderatssitzung" als einheitliches Kapitel darzustellen.

209

A. Beschlussfassung im Gemeinderat

I. Allgemeines

Die Beschlussfassung im Gemeinderat erfolgt durch **Mehrheitsentscheid**. Der Beschluss ist Ausdruck der kollektiven Willensbildung.

210

> **Hinweis**
>
> Liegen bei einzelnen Gemeinderäten Willensmängel in Bezug auf die Stimmabgabe vor, ist dies aus Gründen der Rechtssicherheit unbeachtlich. Eine Anfechtung kommt nicht in Betracht.

Rechtlich betrachtet ist ein Beschluss im Regelfall kein Verwaltungsakt, da ihm als gremiumsinterne Maßnahme die Außenwirkung fehlt. Beschlüsse erlangen aber dann Außenwirkung, wenn sie durch den Bürgermeister umgesetzt werden.

211

Eine Ausnahme vom eben genannten Regelfall besteht dort, wo der Beschluss selbst keiner weiteren Umsetzung durch die Verwaltung bedarf.

Beispiel Keine weitere Umsetzung soll nötig sein, wenn der Gemeinderat die Änderung eines Straßennamens beschließt.[1]

Darüber hinaus gibt es Beschlussgegenstände, die stets nur rein verwaltungsinternen Charakter haben und ihrer Natur nach keine Außenwirkung erlangen können.

Beispiel Die Übertragung von Kompetenzen vom Gemeinderat auf den Ausschuss hat lediglich gemeindeinternen Charakter.

Beschlüsse sind der Auslegung zugänglich, bei der auf den objektiven Erklärungswert abzustellen ist. Die Zuständigkeit für die Auslegung liegt beim Gemeinderat.

Als gesetzliche Formen der Beschlussfassung sieht die GemO **Wahlen** und **Abstimmungen** vor (§ 37 Abs. 5 GemO).

---

[1] *VGH* NJW 1979, 1670; *KBK* § 37 Rn. 2.

II. Wahlen

212 Wahlen beziehen sich stets auf die **Auswahl von Personen**. Sie sind durchzuführen, wenn das Gesetz dies bestimmt.

> **Beispiel** Einstellung von Gemeindebediensteten (§ 37 Abs. 7 GemO), Bestellung des Stellvertreters des Bürgermeisters (§ 48 Abs. 1 GemO), Wahl der Beigeordneten (§ 50 Abs. 2 GemO). ■

Das Verfahren, wie gewählt wird, ist in § 37 Abs. 7 GemO abschließend geregelt. Eine Abweichung hiervon ist weder durch Hauptsatzung noch durch Geschäftsordnung oder Beschluss möglich. Gemäß § 37 Abs. 7 GemO finden Wahlen grundsätzlich **geheim** statt. Eine offene Wahl ist nur dann zulässig, wenn kein Gemeinderat widerspricht. Ist eine geheime Wahl durchzuführen und wird die Geheimhaltung nicht gewährleistet, ist die Wahl rechtswidrig.[2] Eine Pflicht zur Stimmabgabe besteht grundsätzlich nicht. Um gewählt zu werden bedarf der Bewerber die **Mehrheit der anwesenden Stimmberechtigten**, unabhängig davon, ob sich alle Gemeinderäte an der Wahl beteiligen. Erreicht keiner der Bewerber diese absolute Mehrheit, findet zwischen den beiden Bewerbern mit den meisten Stimmen eine Stichwahl statt, bei der die einfache Mehrheit entscheidet. Sind unter den Bewerbern mit den meisten Stimmen zwei mit gleicher Stimmenzahl, entscheidet das Los, welcher der beiden an der Stichwahl teilnimmt. Ist Folge der Stichwahl Stimmengleichheit zwischen den beiden Kandidaten, entscheidet ebenfalls das Los.

213 Eine Wahl ist auch dann durchzuführen, wenn nur ein Bewerber vorhanden ist. Erhält er die erforderliche absolute Mehrheit nicht, ist er nicht gewählt. Sodann hat frühestens eine Woche später ein zweiter Wahlgang zu erfolgen. Auch in dem zweiten Wahlgang muss der Bewerber die absolute Mehrheit erreichen um gewählt zu werden. Gelingt ihm dies nicht, ist die entsprechende Stelle neu auszuschreiben.

III. Abstimmungen

214 Eine Abstimmung findet über **Sachfragen** statt. Die entsprechenden Anträge sind so zu fassen, dass über sie mit „Ja" oder „Nein" entschieden werden kann. Im Gegensatz zu Wahlen finden Abstimmungen im Grundsatz offen statt; dies gilt auch in nichtöffentlichen Sitzungen. Durch die offene Abstimmung soll – in der öffentlichen Sitzung – der Zuhörer sehen können, welche Gemeinderäte wie abstimmen. In der nichtöffentlichen Sitzung soll dies jedenfalls den Gemeinderäten untereinander ermöglicht werden. Eine Ausnahme von der öffentlichen Abstimmung ist nur dann zulässig, wenn das öffentliche Wohl oder das berechtigte Interesse eines Einzelnen dies erfordert, etwa wenn anzunehmen ist, dass ein Gemeinderat aufgrund äußerer Zwänge nicht nach seinem freien Willen abstimmen kann. Keinesfalls reicht es als Begründung für eine geheime Abstimmung aus, wenn es sich um einen in der Bevölkerung unbeliebten Beschlussgegenstand handelt. Werden Beschlüsse ohne hinreichenden Grund geheim gefasst, führt dies zu deren Rechtswidrigkeit.

215 Ein Antrag ist angenommen, wenn auf ihn die **einfache Stimmenmehrheit** entfällt (es sei denn, eine qualifizierte Mehrheit ist angeordnet). Stimmenthaltungen zählen nicht mit.[3] Der Bürgermeister hat grundsätzlich Stimmrecht. Seine Stimme zählt wie die eines Gemeinderats.

---

2 *OVG Lüneburg* DÖV 1985, 152; *Gern* Rn. 270.
3 Ausführlich *KBK* § 37 Rn. 36.

Zuständigkeit des Gemeinderats

§ 37 Abs. 6 GemO regelt das Verfahren der Beschlussfassung abschließend, so dass hier das zu § 37 Abs. 7 GemO Ausgeführte gilt: weder durch Hauptsatzung noch durch Geschäftsordnung noch durch Beschluss kann ein anderes Beschlussverfahren wirksam etabliert werden.

B. Voraussetzung für eine ordnungsgemäße Beschlussfassung

Da Beschlüsse regelmäßig in Gemeinderatssitzungen (zu den Ausnahmen Rn. 279) gefasst werden, ist Voraussetzung für eine ordnungsgemäße Beschlussfassung eine Zuständigkeit des Gemeinderats, eine ordnungsgemäß einberufene Sitzung, die Beachtung des Grundsatzes der Öffentlichkeit sowie eine ordnungsgemäße Verhandlungsleitung. Ferner darf keine an der Beschlussfassung mitwirkende Person befangen sein. Schließlich muss die Beschlussfähigkeit des Gemeinderats bestanden haben.

Prüfung der formellen Rechtmäßigkeit von Gemeinderatsbeschlüssen

   I. Zuständigkeit des Gemeinderats
  II. Ordnungsgemäße Einberufung
 III. Öffentlichkeit der Sitzung
  IV. Ordnungsgemäße Verhandlungsleitung
   V. Befangenheit
  VI. Beschlussfähigkeit

PRÜFUNGSSCHEMA

I. Zuständigkeit des Gemeinderats

1. Verbandskompetenz

Damit der Gemeinderat über eine bestimmte Angelegenheit einen rechtmäßigen Beschluss fassen kann, muss es sich bei dieser um eine solche der örtlichen Gemeinschaft handeln (Rn. 19 ff.; Art. 28 Abs. 2 GG „Angelegenheit der örtlichen Gemeinschaft"). Ist eine Aufgabe kraft staatlichem Hoheitsakt einem anderen Verwaltungsträger zugeordnet (etwa dem Land oder Bund), hat die Gemeinde insoweit keine Entscheidungskompetenz. Der Gemeinderat kann folglich hierüber nicht beschließen.

Zum Spezialfall der Befassungskompetenz siehe Rn. 21.

2. Organkompetenz

Ein rechtmäßiges Handeln des Gemeinderats setzt neben der Verbandskompetenz der Gemeinde eine Zuständigkeit des Organs Gemeinderat betreffend die jeweilige Maßnahme voraus. Nimmt er sich einer Sache an, für die kraft Gesetz der Bürgermeister zuständig ist, ist ein hierzu ergangener Beschluss rechtswidrig (zur Abgrenzung der Zuständigkeiten Rn. 142, 163).

II. Ordnungsgemäße Einberufung

219 Damit in einer Gemeinderatssitzung rechtmäßige Beschlüsse gefasst werden können, muss die Sitzung ordnungsgemäß einberufen worden sein. Die wesentlichen Verfahrensvorschriften für die Einberufung beinhaltet § 34 GemO. Werden diese Vorschriften missachtet, kann eine ordnungsgemäße Beschlussfassung nicht erfolgen, es sei denn, der Verfahrensfehler ist heilbar.

Zu den Voraussetzungen einer ordnungsgemäßen Einberufung im Einzelnen:

1. Zuständigkeit

220 Zuständig für die Einberufung der Gemeinderatssitzung ist der Bürgermeister, im Verhinderungsfall sein Stellvertreter. Der Bürgermeister bestimmt, wie häufig der Gemeinderat zusammentritt. Dabei hat er die Regelung des § 34 Abs. 1 S. 2 GemO zu beachten, nach der der Gemeinderat grundsätzlich immer dann einzuberufen ist, wenn es die Geschäftslage erfordert. Er soll jedoch einmal im Monat tagen (§ 34 Abs. 1 S. 2 Hs. 2 GemO).

221 Ein Selbsteinberufungsrecht des Gemeinderats besteht nicht, d.h. der Rat kann nicht selbst beschließen, wann er zusammentritt. Verlangt jedoch ein Viertel der Mitglieder des Gemeinderats, dass dieser einberufen wird und über einen von ihm zu nennenden Punkt berät, hat der Bürgermeister diesem Verlangen unverzüglich Folge zu leisten (§ 34 Abs. 1 S. 3 GemO), es sei denn, der Rat hat diesen Punkt bereits innerhalb der letzten sechs Monate behandelt (§ 34 Abs. 1 S. 6 GemO).

2. Form, Adressatenkreis, Frist

a) Form

222 Die Einladung an die Gemeinderäte ist formgebunden. Vorgesehen ist die **Schriftform** und seit dem 1.3.2006 nun auch die **elektronische Form**. Die Schriftform setzt eine förmliche Zustellung nicht voraus; ausreichend – aber auch erforderlich – ist lediglich, dass die Einladung in den Machtbereich des einzelnen Gemeinderats gelangt. Welche Anforderungen an eine Einladung auf elektronischem Wege zu stellen sind, statuiert die Gemeindeordnung nicht. Es wird aber wohl davon auszugehen sein, dass eine förmliche elektronische Signatur nicht erforderlich ist.[4] Die Einzelheiten können in der Geschäftsordnung (Rn. 159 ff.) geregelt werden. Erfolgte die Einladung nicht in der bestimmten Form, stellt dies einen wesentlichen Verfahrensfehler dar. Eine Heilung ist sodann beispielsweise in den Fällen möglich, in denen nur mündlich geladen wurde und alle Gemeinderäte erscheinen.[5]

b) Adressaten

223 Adressaten der Einladung sind grundsätzlich alle Gemeinderäte. Es verbietet sich dem Bürgermeister daher, bestimmte Gemeinderäte, die mit hoher Wahrscheinlichkeit nicht zur Sitzung kommen können (z.B. wegen einer bekannten Erkrankung) nicht zu laden. Gleiches gilt, wenn Gemeinderäte (offensichtlich) befangen sind. Eine Ausnahme hiervon kann lediglich bezüglich Gemeinderäten, die von der Sitzungsteilnahme gem. § 36 Abs. 3 S. 2 GemO ausgeschlossen sind, gemacht werden.

---

[4] *KBK* § 34 Rn. 2.
[5] *VGH* EKBW DVO GemO § 1 E 14; *Gern* Rn. 243.

Ordnungsgemäße Einberufung 11 B II

Wurde ein Gemeinderat nicht geladen, ist dies ein wesentlicher Verfahrensmangel, der nur geheilt werden kann, wenn trotzdem alle Gemeinderäte erscheinen.

Beispiel Der Bürgermeister glaubt, ein Gemeinderat befände sich längere Zeit im Krankenhaus, weshalb er ihn nicht lädt. Tatsächlich ist der Gemeinderat zwischenzeitlich genesen und erfährt durch seinen Fraktionskollegen von der Sitzung, zu der er sodann auch erscheint. In diesem Fall wäre der Fehler der unterlassenen Ladung geheilt.

c) Frist

Die Ladung der Gemeinderäte hat mit **angemessener Frist** zu erfolgen (§ 34 Abs. 1 S. 1 GemO). Dabei sind **Zeitpunkt** und **Ort der Sitzung** mitzuteilen.

224

> **JURIQ-Klausurtipp**
>
> Der Ort der Verhandlung muss nicht zwingend der Sitzungssaal im Rathaus sein. Gerade in Gemeinden mit Teilorten ist es üblich, auch in diesem Sitzungen abzuhalten. Gängig ist auch, bei Verhandlungsgegenständen mit hoher Öffentlichkeitsbeteiligung in geeignete Räumlichkeiten – etwa die Gemeindehalle etc. – auszuweichen. Lassen Sie sich also nicht verwirren, wenn im Klausursachverhalt als Sitzungsort nicht der Sitzungssaal des Rathauses angegeben ist.

Wann eine Frist als angemessen zu betrachten ist, lässt sich abstrakt nicht beantworten. Allgemein gilt: Die Ladungsfrist ist so zu bemessen, dass sie den einzelnen Gemeinderatsmitgliedern hinreichend Zeit lässt, sich auf den Termin einzustellen, d.h. die Sitzungsunterlagen zu studieren und sich durch andere Maßnahmen (z.B. Bürgergespräche) in erforderlichem Umfang vorzubereiten. Wesentliche Kriterien für die Bestimmung der Angemessenheit sind die Gemeindegröße, der Umfang der Tagesordnung sowie die darauf befindlichen einzelnen Verhandlungspunkte. Nach h.M. dient die Angemessenheit der Ladungsfrist ausschließlich dem Schutz der Gemeinderäte, nicht hingegen dem der Bürger.[6]

225

》 Hiervon müssen Sie die Frage, ob die ortsübliche Bekanntgabe „rechtzeitig" i.S.d. § 34 Abs. 1 S. 7 GemO erfolgte, trennen. 《

Die Nichteinhaltung einer angemessenen Frist ist wesentlicher Verfahrensmangel. Dieser kann nach Ansicht der Rechtsprechung jedoch geheilt werden, wenn die Gemeinderäte durch Erscheinen und rügelose Verhandlung konkludent auf eine längere Vorbereitungszeit verzichten. Hierfür ist ein vollzähliges Erscheinen aller Gemeinderäte nicht erforderlich, solange keine Anhaltspunkte dafür bestehen, dass die nicht anwesenden Mitglieder aufgrund der kurzen Ladungsfrist nicht erschienen sind.[7]

226

3. Tagesordnung

Mit der Ladung müssen den Gemeinderäten die Verhandlungsgegenstände (sog. Tagesordnung) mitgeteilt werden. Tagesordnungspunkte können nur Angelegenheiten der Gemeinde sein. Was nicht in den Aufgabenkreis der Gemeinde fällt, darf folglich nicht auf die Tagesordnung gesetzt werden. Durch die Mitteilung der Tagesordnung soll einerseits den Gemeinderäten eine Vorbereitung auf die Sitzung ermöglicht werden (Beratung in Fraktionen etc.).

227

---

6 *KBK* § 34 Rn. 4.
7 *VGH* Urteil vom 16.4.1999 – 8 S 5/99; a.A. jedenfalls früher: *KBK* § 34 Rn. 4. Dem Urteil lag ein Fall zugrunde, in dem drei Mitglieder entschuldigt waren, die übrigen rügelos tagten.

Andererseits soll sie den interessierten Bürger informieren, worüber der Gemeinderat tagt. Er soll auf Grundlage der Tagesordnung entscheiden können, ob er an der Sitzung teilnehmen möchte oder nicht. Dementsprechend müssen die Gegenstände der Beratung und der Beschlussfassung zutreffend und hinreichend genug bezeichnet sein, damit sich die angesprochenen Personen ein Bild machen können, worüber verhandelt wird. Eine Ausnahme gilt nur insoweit, als das öffentliche Wohl oder Interessen Einzelner entgegenstehen (vgl. hierzu Rn. 239 Nichtöffentlichkeit).

228 Die Zuständigkeit für die Aufstellung der Tagesordnung liegt generell beim Bürgermeister. Grundsätzlich entscheidet er, was auf die Tagesordnung zu setzen ist. Eine Ausnahme hiervon ist in § 34 Abs. 1 S. 4 GemO geregelt. Verlangt ein Viertel der Gemeinderäte die Verhandlung über einen bestimmten Punkt, muss der Bürgermeister diesen in spätestens der übernächsten Sitzung auf die Tagesordnung setzen. Hierbei ist aber zweierlei zu beachten: zum einen muss es sich bei dem Verhandlungsgegenstand um einen solchen handeln, der zum Aufgabengebiet des Gemeinderats gehört (**Organkompetenz**). Unzulässig ist somit, dass der Rat über das Recht des § 34 Abs. 1 S. 4 GemO Angelegenheiten an sich zieht, die in der originären Kompetenz des Bürgermeisters stehen. Gleiches gilt für Gegenstände, die keine Angelegenheiten der Gemeinde sind und damit nicht zu ihrer **Verbandskompetenz** gehören. Zum anderen darf eine Behandlung der Angelegenheit nicht innerhalb der letzten sechs Monate erfolgt sein (§ 34 Abs. 1 S. 6 GemO).

Sofern in der Gemeinde ein Ältestenrat besteht (§ 33a GemO, Rn. 189), berät dieser den Bürgermeister in Fragen der Tagesordnung.

229 Bis zur Eröffnung der Sitzung ist der Bürgermeister Herr über die Tagesordnung. Er kann folglich Verhandlungsgegenstände wieder absetzen oder deren Reihenfolge ändern. Will er neue Punkte aufnehmen, ist dies nur dann möglich, wenn eine entsprechende Information der Gemeinderäte bzw. eine Bekanntgabe noch „rechtzeitig" i.S.d. § 34 Abs. 1 GemO möglich ist. Nach Eröffnung der Sitzung geht die Herrschaft über die Tagesordnung auf den Gemeinderat über. Er bestimmt sodann, ob z.B. die Reihenfolge der einzelnen Punkte geändert oder ob sie an einen Ausschuss überwiesen werden sollen. Eine Aufnahme zusätzlicher Gegenstände auf die Tagesordnung ist regelmäßig nicht möglich. Ein solches Vorgehen würde § 34 Abs. 1 S. 7 GemO zuwider laufen, da die Öffentlichkeit hierüber nicht mehr rechtzeitig informiert werden könnte. Eine Ausnahme gilt insoweit nur für Punkte, die ohnehin in nichtöffentlicher Sitzung verhandelt werden. Erforderlich ist allerdings, dass alle Mitglieder des Gemeinderats mit einem solchen Vorgehen einverstanden sind.

4. Beifügung der erforderlichen Unterlagen

230 Die für die Verhandlung erforderlichen Unterlagen (sog. **Sitzungsvorlagen**) sind der Einberufung beizufügen. Sie sollen es den Gemeinderäten erlauben, sich in geeigneter Weise auf die Sitzung vorzubereiten. Welche Unterlagen erforderlich sind, ist im Einzelfall zu bestimmen.

> **Hinweis**
>
> Der Begriff der „erforderlichen Unterlagen" ist ein unbestimmter Rechtsbegriff. Er kann im Kommunalverfassungsstreitverfahren (Rn. 377 ff.) überprüft werden.

Bei Tagesordnungspunkten einfacher Art ist eine Übersendung von Unterlagen nicht nötig. Sofern in diesen Fällen überhaupt Unterlagen an die Gemeinderäte ausgegeben werden, kann dies im Wege der **"Tischvorlage"** erfolgen, d.h. die Unterlagen werden erst in der Sitzung selbst verteilt.

5. Exkurs: Informationsrecht des Gemeinderats/Informationspflicht des Bürgermeisters

Neben den Informationen, die der Gemeinderat über die Sitzungsvorlagen erhält, hat er aus § 24 Abs. 3 und 4 GemO ein **Informationsrecht**. Nach diesem kann ein Viertel der Gemeinderäte in allen Angelegenheiten der Gemeinde und ihrer Verwaltung verlangen, dass sie der Bürgermeister unterrichtet und Akteneinsicht gewährt. Darüber hinaus kann ein einzelner Gemeinderat Fragen bezüglich einzelner Angelegenheiten an den Bürgermeister richten, die binnen angemessener Frist zu beantworten sind. Einzelheiten zum Procedere hierzu können in der Geschäftsordnung geregelt werden (§ 24 Abs. 4 GemO).

231

Korrespondierend zu dem Informationsrecht der Gemeinderäte besteht eine **Informationspflicht** des Bürgermeisters. Er muss den Gemeinderat auch ohne dass dieser es verlangt über wichtige, die Gemeinde und ihre Verwaltung betreffende Angelegenheiten unterrichten.

Eine Ausnahme von dem Auskunftsrecht und der Unterrichtspflicht besteht in den Fällen, in denen der Bürgermeister mit Weisungsangelegenheiten betraut ist, die nach Anordnung der zuständigen Behörde geheim zu halten sind. Wird die Gemeinde zu geheim zu haltenden Angelegenheiten (§ 44 Abs. 3 S. 2 GemO) gehört, darf der Gemeinderat ebenfalls nicht informiert werden, sondern lediglich der fakultativ zu bildende Beirat für geheim zu haltende Angelegenheiten (§ 55 GemO).

6. Ortsübliche Bekanntgabe

Zeit, Ort und Tagesordnung der öffentlichen Sitzung sind rechtzeitig ortsüblich bekannt zu geben (§ 34 Abs. 1 S. 7 GemO). Für die ortsübliche Bekanntgabe sind nicht die strengen Vorschriften der Bekanntmachungssatzung bzw. des § 1 DVO GemO anzuwenden. Dies folgt aus dem Umstand, dass der Gesetzgeber in § 34 Abs. 1 S. 7 GemO gerade keine öffentliche Bekanntmachung verlangt.

232

Bezüglich der Frist gelten die Ausführungen zur Einladung der Gemeinderäte: auch hier wird man die Rechtzeitigkeit bejahen können, wenn den Bürgern ausreichend Zeit bleibt, sich auf die Sitzung vorzubereiten.

War die Bekanntgabe zu kurzfristig, ist eine nachträgliche Heilung nicht möglich, da andernfalls die Öffentlichkeit der Sitzung nicht gewährleistet wäre.

7. Ausnahme: Einberufung im Notfall

Eine Ausnahme von den Verfahrensvorschriften des § 34 Abs. 1 GemO enthält § 34 Abs. 2 GemO, der die Einberufung im Notfall ohne Form und Frist nur unter Nennung der Verhandlungsgegenstände und ohne ortsübliche Bekanntgabe der Tagesordnung erlaubt. Ein solcher Notfall ist dann gegeben, wenn ohne Verzicht auf die Verfahrensvorschriften eine Entscheidung durch den Bürgermeister im Wege seiner Eilentscheidungskompetenz (dazu Rn. 174)

233

erfolgen müsste oder wenn die Einhaltung des Verfahrens, insbesondere die Beachtung der Ladungsfrist, zu einem Schaden für die Gemeinde führen würde.

8. Rechtsfolge: Teilnahmepflicht

234 Wurde die Gemeinderatssitzung unter Beachtung der Regelungen des § 34 Abs. 1 oder 2 GemO einberufen, folgt aus der ordnungsgemäßen Ladung eine Teilnahmepflicht der Gemeinderäte (§ 34 Abs. 3 GemO). Ein Fernbleiben ist nur aus einem **wichtigen persönlichen Grund** möglich, der dem Vorsitzenden rechtzeitig mitzuteilen ist. Bleibt ein Gemeinderat der Sitzung trotz der bestehenden Teilnahmepflicht fern, kann dies gem. § 17 Abs. 4 i.V.m. § 16 Abs. 3 GemO mit Ordnungsgeld geahndet werden. Eine Ahndung nach § 36 Abs. 3 GemO (Ausschluss von weiteren Sitzungen) ist hingegen nicht möglich, da von der Norm nur Verstöße gegen die Sitzungsordnung umfasst sind.

III. Öffentlichkeit der Sitzung

235 § 35 Abs. 1 S. 1 GemO bestimmt:

"Die Sitzungen des Gemeinderats sind öffentlich."

Dieses in § 35 GemO statuierte **Prinzip der Öffentlichkeit** resultiert aus dem Demokratieprinzip und ist einer der wichtigsten Grundsätze der Gemeindeverfassung.[8] Durch die Öffentlichkeit der Sitzungen soll ein Engagement der Bürger in Bezug auf die kommunale Selbstverwaltung geweckt werden und fortwährend erhalten bleiben.

236 Ein Verstoß gegen den Grundsatz der Öffentlichkeit ist ein wesentlicher Verfahrensfehler beim Zustandekommen eines Gemeinderatsbeschlusses, der zur Rechtswidrigkeit des jeweiligen Beschlusses führt.[9] Gleiches gilt für den umgekehrten Fall, dass ein nichtöffentlich zu behandelnder Punkt öffentlich verhandelt wurde. Dieser Fall kann darüber hinaus Schadensersatzverpflichtungen auslösen.

1. Grundsatz der Öffentlichkeit

237 Der Grundsatz der Öffentlichkeit ist dann gewahrt, wenn die Sitzung **für jedermann zugänglich** ist. Eine Beschränkung nur auf Einwohner der Gemeinde ist nicht zulässig. Dementsprechend darf die Gemeinderatssitzung nur in solchen Räumen stattfinden, in denen der freie Zugang gewährleistet ist. Jedoch ist das Zutrittsrecht nicht unbegrenzt. Liegen sachliche Gründe vor, die einen Teil der interessierten Öffentlichkeit de facto ausschließen, z.B. weil der Sitzungsraum für die Menge der Zuschauer zu klein ist, stellt dies per se keinen Verstoß gegen § 35 Abs. 1 S. 1 GemO dar. So kann etwa der überfüllte Sitzungssaal geschlossen werden. Ebenfalls zulässig ist die Ausgabe von Platzkarten, wenn ersichtlich ist, dass mehr Interessierte erscheinen als in den Räumlichkeiten Platz haben. Bei der Vergabe von Platzkarten ist sodann der Gleichheitsgrundsatz zu beachten. Der faktische Ausschluss von interessierten Personen stellt abweichend von den vorgenannten Grundsätzen allerdings dann einen Verstoß gegen den Grundsatz der Öffentlichkeit dar, wenn kein Platzmangel bestand und der Gemeinderat oder der Vorsitzende die Beschränkung kannte oder hätte erkennen können.

---

8 *VGH* Urteil vom 18.6.1980 – III 503/79; *Gern* Rn. 253.
9 *VGH BW* ESVGH 22, 18; *KBK* § 35 Rn. 13.

Öffentlichkeit der Sitzung

> **JURIQ-Klausurtipp**
>
> Klassischer Klausurfall ist der, in dem die Rathaustüre von einem Bediensteten der Gemeinde zugeschlossen wurde, ohne dass der Bürgermeister dies wusste. Können interessierte Bürger nicht in den Sitzungssaal gelangen, ist der Öffentlichkeitsgrundsatz aufgrund der Unkenntnis des Bürgermeisters nicht verletzt.[10]

Der Öffentlichkeitsgrundsatz umfasst nur das **Recht auf Anwesenheit** des interessierten Publikums in den Sitzungen. Ein Rede-, Frage- oder Antragsrecht kommt den Zuschauern nicht zu. Ton-, Film- oder Bildaufnahmen sind generell unzulässig, können aber durch den Vorsitzenden zugelassen werden.[11] Hingegen ist die Fertigung von Notizen zulässig.

238

Ausgeschlossen werden von der öffentlichen Sitzung können nur solche Personen, gegen die ein Hausverbot verhängt wurde (zum Hausrecht des Bürgermeisters Rn. 249 ff.).

2. Ausnahme: Nichtöffentlichkeit

Eine Ausnahme vom Grundsatz der Öffentlichkeit enthält § 35 Abs. 1 S. 2 GemO. Zwingend nichtöffentlich zu verhandeln ist in den Fällen, in denen Gründe des öffentlichen Wohls oder berechtigte Interessen einzelner dies erfordern.

239

a) Gründe des öffentlichen Wohls

Gründe des öffentlichen Wohls, d.h. solche der örtlichen Gemeinschaft, der Landkreise, des Landes oder des Bundes, verlangen eine nichtöffentliche Verhandlung, wenn andernfalls die damit verbundenen Interessen **nicht unwesentlich verletzt** werden könnten oder wenn eine Geheimhaltung gesetzlich angeordnet ist.

240

Beispiele
(1) Es besteht bezüglich eines Tagesordnungspunkts ein Geheimhaltungsinteresse aus Gründen der Staatssicherheit.
(2) Der zu beratende Sachverhalt unterliegt dem Steuergeheimnis.

Ebenfalls zu den Gründen des öffentlichen Wohls können **Interessen der Allgemeinheit** zählen.

Beispiel Die Erschließung eines Neubaugebiets kann eine nichtöffentliche Beratung erfordern, wenn andernfalls mit Spekulationen über die Bodenpreise zu rechnen wäre.[12]

b) Berechtigte Interessen Einzelner

Berechtigte Interessen Einzelner sind **rechtlich geschützte** oder **anerkannte Belange**, an deren Bekanntwerden kein berechtigtes Interesse der Öffentlichkeit bestehen kann und deren öffentliche Kenntnis nachteilige Auswirkungen für den Betroffenen haben könnte.[13]

241

---

10 *VGH* VBlBW 1983, 106.
11 *BVerwG* DÖV 1991, 72.
12 *Gern* Rn. 257.
13 *VGH* VBlBW 1980, 34, 1992, 140; *Gern* Rn. 257.

Liegen solche berechtigte Interessen vor, ist nichtöffentlich zu verhandeln. Nicht ausreichend für die Begründung der Nichtöffentlichkeit ist der Wunsch des Einzelnen, dass bestimmte Belange nicht bekannt werden.

Als schützenswert anerkannt sind persönliche oder wirtschaftliche Verhältnisse, deren Offenbarung nachteilige Auswirkungen auf das Fortkommen desjenigen hätte, den sie betreffen.

Beispiel Personalangelegenheiten oder Entscheidungen über Steuersachen verlangen zumeist eine nichtöffentliche Verhandlung. Hingegen sind i.d.R. öffentlich zu behandeln Grundstückskäufe (es sei denn, es drohen sachwidrige Spekulationsgeschäfte), die Vergabe öffentlicher Aufträge (sofern nicht das Merkmal der „Zuverlässigkeit" des Bieters eine Rolle spielt), die Erteilung des Einvernehmens nach § 36 BauGB[14] usw.

242 Die Rechte des Einzelnen, die durch den Ausschluss der Öffentlichkeit geschützt werden sollen, sind **disponibel**, d.h. die Einwilligung des Betroffenen in eine öffentliche Verhandlung ist damit grundsätzlich möglich.

> **JURIQ-Klausurtipp**
>
> Die Bejahung der Nichtöffentlichkeit wegen berechtigter Interessen Einzelner ist nur in seltenen Fällen anzunehmen. Denken Sie daran, dass die Öffentlichkeit der Sitzung ein hohes Gut ist. Seien Sie also in der Klausur zurückhaltend und werten Sie den Sachverhalt sorgsam danach aus, ob sich Gründe, die eine nichtöffentliche Verhandlung rechtfertigen, tatsächlich aufdrängen. Enthält der Sachverhalt Angaben, nach denen der Betroffene auf eine nichtöffentliche Behandlung „seiner" Angelegenheit verzichtet, sollten Sie sehr genau prüfen, ob darüber hinaus nicht noch Rechte anderer betroffen sind, über die der Einwilligende nicht verfügen kann.

3. Zuständigkeit

243 Die Entscheidung, ob ein Tagesordnungspunkt nichtöffentlich behandelt werden soll, liegt zunächst beim Bürgermeister. Er muss im Vorfeld der Sitzung bei Aufstellung der Tagesordnung darüber befinden, ob Gründe, die eine Nichtöffentlichkeit rechtfertigen, vorliegen. Die eigentliche Entscheidung darüber, ob sodann tatsächlich nichtöffentlich verhandelt wird, trifft im Rahmen der Sitzung der Gemeinderat. Wird aus seiner Mitte heraus beantragt, dass der Tagesordnungspunkt entgegen der Einschätzung des Bürgermeisters öffentlich zu behandeln ist, hat er hierüber in nichtöffentlicher Sitzung zu beraten und zu entscheiden (§ 35 Abs. 1 S. 3 GemO). Muss aus Sicht des Gemeinderats öffentlich verhandelt werden, kann dies frühestens in der nächsten Sitzung erfolgen, da zuvor eine ortsübliche Bekanntgabe (§ 34 Abs. 1 S. 7 GemO) darüber zu erfolgen hat, dass der Tagesordnungspunkt nunmehr öffentlich behandelt wird.

Bei der Entscheidung über die Nichtöffentlichkeit besteht weder für der Bürgermeister im Vorfeld noch für der Gemeinderat in der Sitzung ein Ermessensspielraum. Die Begriffe des „öffentlichen Wohls" wie auch der „berechtigten Interessen Einzelner" sind unbestimmte Rechtsbegriffe und damit voll justitiabel.

---

14 Vgl. die Beispiele bei *Gern* Rn. 257 m.w.N.

4. Rechtsfolgen der Nichtöffentlichkeit

Liegen die Voraussetzungen für die Nichtöffentlichkeit vor, ist der gesamte Tagesordnungspunkt unter Ausschluss der Öffentlichkeit zu verhandeln. Unzulässig ist es, lediglich Teile eines Verhandlungsgegenstands nichtöffentlich zu behandeln (dies folgt bereits aus dem Wortlaut des § 35 Abs. 2 Hs. 2 GemO). Zuhörer sind bei nichtöffentlicher Verhandlung gerade so auszuschließen wie die Presse. Anwesend sein dürfen neben Gemeinderäten und Bürgermeister die Beigeordneten, Ortsvorsteher, Sachverständige, sachkundige Einwohner, zugezogene Gemeindebedienstete, der Protokollant sowie Vertreter der Aufsicht.

244

§ 35 Abs. 2 Hs. 1 GemO verpflichtet die Gemeinderäte bezüglich der in nichtöffentlicher Sitzung behandelten Angelegenheiten zur **Verschwiegenheit**, bis eine öffentliche Bekanntgabe der Beschlüsse erfolgt. Hierzu ist der Bürgermeister nach Wiederherstellung der Öffentlichkeit oder, wenn dies ungeeignet ist, in der nächsten öffentlichen Sitzung verpflichtet, es sei denn, das öffentliche Wohl oder die berechtigten Interessen Einzelner stehen dem entgegen (§ 35 Abs. 1 S. 4 GemO). Die Bekanntgabe des nichtöffentlich gefassten Beschlusses ist keine Gültigkeitsvoraussetzung für den Beschluss selbst; § 35 Abs. 1 S. 4 GemO hat insoweit nur Ordnungsfunktion.

245

5. Rechtsschutz

Der Beschluss über die Nichtöffentlichkeit der Sitzung ist ein **Verwaltungsakt** der Gemeinde, der gegenüber den Zuhörern ergeht und im verwaltungsgerichtlichen Verfahren angreifbar ist. Dagegen hat der einzelne Gemeinderat nach nicht unumstrittener Meinung keinen mitgliedschaftsrechtlichen Anspruch auf die Durchführung einer öffentlichen Sitzung, da § 35 GemO nur die interessierten Zuhörer schützt, nicht aber den einzelnen Gemeinderat.[15]

246

Ferner steht den Gemeinderäten kein Selbsthilferecht dergestalt zu, dass sie – ohne von der Verschwiegenheit entbunden zu sein – mit den nichtöffentlich behandelten Punkten an die Öffentlichkeit gehen.[16]

IV. Ordnungsgemäße Verhandlungsleitung

Der Vorsitzende eröffnet, leitet und schließt die Verhandlungen des Gemeinderats. Er handhabt die Ordnung und übt das Hausrecht aus (§ 36 Abs. 1 GemO). Gemäß § 37 GemO ist die ordnungsgemäße Leitung der Sitzung Voraussetzung für eine Beschlussfassung des Gemeinderats.

247

1. Verhandlungsleitung

Die Verhandlungsleitung ist das originäre Recht des Bürgermeisters. Es ist weder durch Gemeinderatsbeschluss noch durch die Geschäftsordnung beschränkbar. Ist der Bürgermeister verhindert, nimmt den Vorsitz sein Stellvertreter wahr. Eine Übertragung auf andere Personen ist unzulässig. Die Sitzungsleitung umfasst die Eröffnung der Sitzung, den Aufruf der Tagesordnungspunkte, die Erstattung des Sachberichts bzw. deren Delegation auf die

248

---

15 *VGH BW* BWVPr 1992, 135; *OVG Münster* NVwZ 1990, 186; *Gern* Rn. 258.
16 Zutreffend *Gern* Rn. 258; a.A. *OVG Koblenz* NVwZ-RR 1996, 685.

Berichterstatter, die Erteilung und – ggf. – die Entziehung des Wortes, das Schließen der Beratung, die Leitung der Abstimmung und die Feststellung des Ergebnisses. Der Bürgermeister schließt ferner die Sitzung.

2. Sitzungsordnung, Hausrecht

249 Der Bürgermeister handhabt kraft Amtes die Ordnung während der Sitzung (**Sitzungsordnung**); im steht ferner das **Hausrecht** zu. Inhaltlich unterscheiden sich beide Instrumentarien dadurch, dass die Sitzungsordnung zu Maßnahmen gegenüber den an der Verhandlung teilnehmenden Personen (Gemeinderäte, Beigeordnete, zugezogene Sachkundige etc.) berechtigt, hingegen das Hausrecht gegen Zuhörer gerichtet ist.

Im Rahmen der Sitzungsordnung hat der Bürgermeister während der Gemeinderatssitzung die Bedingungen für einen reibungslosen Sitzungsverlauf zu schaffen und für die Dauer der Sitzung zu gewährleisten. Stören Gemeinderäte oder sonstige zur Verhandlung berufene Personen den reibungslosen Sitzungsverlauf, muss sie der Vorsitzende zur Ordnung rufen, indem er sie z.B. zu einem ordnungsgemäßen Verhalten ermahnt[17] oder ihnen das Wort entzieht.

Beispiel Ordnungswidrige Maßnahmen sind das Rauchen in der Sitzung, Zwischenrufe, demonstratives Zeitunglesen etc. ■

250 Bei grober Ungebühr oder wiederholten Verstößen gegen die Ordnung kann ein Gemeinderat vom Vorsitzenden aus dem Beratungsraum verwiesen werden. Er muss sodann den Sitzungssaal verlassen und darf auch nicht als Zuhörer anwesend bleiben.[18] Bei wiederholten Ordnungswidrigkeiten können Gemeinderäte oder sachkundige Bürger für maximal sechs Sitzungen ausgeschlossen werden (§ 36 Abs. 3 S. 2 GemO). Mit dem Verweis aus der Sitzung verliert der Rat seinen Anspruch auf das Sitzungsgeld. Widersetzt sich ein Gemeinderat der Anordnung des Vorsitzenden, macht er sich eines Hausfriedensbruchs (§ 123 StGB) strafbar.

251 Das durch § 36 Abs. 1 GemO normierte **öffentlich-rechtliche Hausrecht** erlaubt dem Vorsitzenden, Zuhörer aus der Sitzung entfernen zu lassen, wenn diese den Sitzungsverlauf stören. Bevor ein solches Hausverbot erteilt wird, ist zunächst zur Ordnung zu ermahnen; auch ist der Rauswurf anzudrohen. Wird ein Hausverbot verhängt und widersetzt sich der Zuhörer diesem, kann er durch die Polizei entfernt werden. Eine Weigerung, die Sitzung zu verlassen, begründet eine Verwirklichung des § 123 StGB.

Weder die Sitzungsordnung noch das Hausrecht können durch die Geschäftsordnung des Gemeinderats beschränkt werden.

3. Rechtsschutz

252 Der Verweis eines Zuhörers aufgrund § 36 Abs. 1 GemO ist ein **Verwaltungsakt** und demnach im verwaltungsgerichtlichen Verfahren angreifbar. Wird dagegen ein Gemeinderat aus dem Sitzungssaal verwiesen, stellt dies keinen Verwaltungsakt dar. Der betroffene Rat wird durch einen solchen Verweis möglicherweise in seinen organschaftlichen Rechten als Mitglied des Gemeinderats verletzt. Es handelt sich damit um eine rein innenorganisatorische Maßnahme ohne Außenwirkung, die im Wege des Kommunalverfassungsstreitverfahrens anzugreifen ist (hierzu Rn. 377 ff.).

---

17 *VGH BW* VBlBW 1996, 99; *Gern* Rn. 262.
18 *OLG Karlsruhe* DÖV 1980, 100; *Gern* Rn. 263.

4. Exkurs: Allgemeines öffentlich-rechtliches und zivilrechtliches Hausrecht

Bezüglich des Hausrechts ist zu unterscheiden: dem Bürgermeister steht einerseits das **öffentlich-rechtliche Hausrecht** nach § 36 Abs. 1 GemO zu. Dieses erstreckt sich nur auf die Gemeinderatssitzung. Daneben hat der Bürgermeister aufgrund seiner Stellung als Leiter der Gemeindeverwaltung ein nicht ausdrücklich normiertes **allgemeines öffentlich-rechtliches Hausrecht**. Das allgemeine öffentlich-rechtliche Hausrecht erlaubt, Personen aus den Verwaltungsgebäuden zu entfernen, wenn sie diese zum Zweck der Erledigung von Verwaltungsangelegenheiten aufsuchen und sich ungebührlich verhalten. Schließlich hat der Bürgermeister ein **privatrechtliches Hausrecht**, welches aus den Eigentümerrechten der Gemeinde hergeleitet wird. Auf dessen Grundlage können Personen, welche die Verwaltung in „privatrechtlicher Absicht" betreten im Falle ihres unmanierlichen Verhaltens den Räumen verwiesen werden. Wichtig ist diese Unterscheidung für die Bestimmung des Rechtswegs, wenn sich der Betroffene gegen das Hausverbot wehren will.

Beispiel Verweist der Bürgermeister in seiner Funktion als Vorsitzender des Gemeinderats einen randalierenden Zuhörer aus der Gemeinderatssitzung, übt er sein spezialgesetzlich geregeltes Hausrecht nach § 36 Abs. 1 GemO aus. Hierbei handelt es sich um einen VA. Verweist der Bürgermeister als Leiter der Gemeindeverwaltung einen Bürger, der im Rathaus randaliert, weil er die beantragte Baugenehmigung nicht erhält, ist Rechtsgrundlage hierfür das allgemeine öffentlich-rechtliche Hausrecht. Rechtstechnisch ist dies ebenfalls ein VA. Verhängt der Bürgermeister ein Hausverbot gegen einen Handelsvertreter, der nach dem erfolglosen Versuch, der Gemeinde neue PCs zu verkaufen, ausfällig wird, ist Grundlage hierfür das zivilrechtliche Hausrecht.

V. Befangenheit

Bei der Frage, ob der Gemeinderat beschlussfähig ist, muss regelmäßig geprüft werden, ob Ratsmitglieder befangen sind.

> **JURIQ-Klausurtipp**
>
> Die Frage der Befangenheit spielt in der kommunalrechtlich geprägten Klausur oftmals eine große Rolle. Ist die Rechtmäßigkeit eines Gemeinderatsbeschlusses zu prüfen und sind im Sachverhalt Angaben zum Ablauf der Sitzung, sollten Sie besonders wachsam im Hinblick auf Befangenheitsfragen sein.

1. Allgemeines

Unter welchen Voraussetzungen ein ehrenamtlich tätiger Bürger befangen ist, statuiert § 18 GemO. Die Norm verbietet die Teilnahme an Beratung und Beschlussfassung, wenn die Beschlussfassung ihm selbst oder den in § 18 GemO abschließend genannten Personen einen **unmittelbaren Vor- oder Nachteil** bringen kann. Sinn und Zweck der Norm ist die **Vermeidung von Interessenkollisionen** beim ehrenamtlich tätigen Bürger.

In den Fällen, in denen eine Kollision zwischen persönlichen Einzelinteressen und den Interessen der Gemeinde droht, schließt § 18 GemO den Betroffenen von vornherein von Beratung und Beschlussfassung aus. Ein tatsächlicher Interessenkonflikt ist für den Ausschluss nach dem Wortlaut von § 18 GemO nicht erforderlich („…einen … Vor- oder Nachteil bringen **kann**."). Ausreichend ist vielmehr, dass die Möglichkeit hierzu besteht. Zweck der Befangenheitsvorschrift ist es also nicht, eine tatsächliche Interessenkollision zu vermeiden, sondern bereits den Anschein einer solchen zu verhindern.[19] § 18 GemO kann weder durch (Haupt-)Satzung, noch durch Geschäftsordnung oder Beschluss geändert oder mit Ausnahmen versehen werden. Die Norm hat zwingenden Charakter.

2. Persönlicher Anwendungsbereich des § 18 GemO

257 § 18 GemO gilt für ehrenamtlich tätige Bürger (vgl. § 15 GemO). Wichtigster Fall der ehrenamtlichen Tätigkeit ist – in der Klausur wie in der Praxis – die Tätigkeit als Gemeinderat. Weitere Fälle ehrenamtlicher Tätigkeit sind die des Ortschaftsrats sowie der sachkundigen Einwohner (§ 33 Abs. 3 GemO). Durch den Verweis in § 52 GemO ist § 18 GemO zudem auf den Bürgermeister und die Beigeordneten entsprechend anwendbar.

3. Befangenheitsgrund

258 Ein Befangenheitsgrund liegt vor, wenn die Entscheidung dem Betroffenen einen unmittelbaren Vor- oder Nachteil bringen kann. Unter welchen Voraussetzungen dies anzunehmen ist, muss einzelfallbezogen entschieden werden.

Als **Vorteil** gilt jede Verbesserung der tatsächlichen, sozialen, rechtlichen oder wirtschaftlichen Lage. Ein **Nachteil** ist hingegen eine entsprechende Schlechterstellung, wobei hierfür auch schon ein Ansehensverlust ausreichen kann.[20] Der Vor- oder Nachteil muss **unmittelbar** eintreten. Die Unmittelbarkeit ist – entgegen dem Wortsinn – nicht erst dann zu bejahen, wenn der betreffende Beschluss des Gemeinderats selbst den Vor- oder Nachteil vermittelt. Würde man dies bejahen, wäre § 18 GemO praktisch ohne nennenswerte Bedeutung, da Beschlüsse des Gemeinderats selten unmittelbar wirken sondern zumeist einer Umsetzung durch den Bürgermeister bedürfen. Aus diesem Grunde reicht es für die Bejahung der Unmittelbarkeit aus, wenn durch den Beschluss ein **individuelles Sonderinteresse** vermittelt wird, das zu einer Interessenkollision führen kann und dies die Besorgnis rechtfertigt, dass der Betreffende nicht mehr uneigennützig und nur zum Wohl der Gemeinde handelt, sofern der individuelle Sondervor- oder -nachteil **mit hinreichender Wahrscheinlichkeit** eintreten wird.[21]

Beispiel Ist ein Gemeinderat G Inhaber eines Baumarkts, so ist er befangen, wenn der Gemeinderat über die Aufstellung eines Bebauungsplans berät, der ein „Fachmarktzentrum" ausweist, nach dem unmittelbar zum Baumarkt Konkurrenzbetriebe angesiedelt werden können. ■

---

19 *VGH* VBlBW 1987, 25; *Gern* Rn. 276.
20 *KBK* § 18 Rn. 9; *Ade* § 18 Rn. 3.
21 *VG Karlsruhe* Urteil vom 16.3.2006 – 9 K 1012/05.

Befangenheit | 11 B V

4. Persönliche Betroffenheit

Der Tatbestand der Befangenheit ist erfüllt, wenn die anstehende Entscheidung dem ehrenamtlich tätigen Bürger oder einer im Katalog des § 18 Abs. 1 oder 2 GemO genannten Person einen unmittelbaren Vor- oder Nachteil bringen kann. Demnach ist ein unmittelbarer Vor- oder Nachteil beim Gemeinderat selbst wie bei den nachfolgend genannten Personen schädlich:

- Ehegatten (§ 18 Abs. 1 Nr. 1 GemO);
- einem in gerader Linie oder in einer Seitenlinie bis zum dritten Grad Verwandten; dies sind: Kinder, Enkel, Urenkel, Eltern, Großeltern, Urgroßeltern, Geschwister, Onkel/Tante, Neffe/Nichte, vgl. § 1589 BGB (§ 18 Abs. 1 Nr. 2 GemO);
- einem in gerader Linie oder in der Seitenlinie bis zum zweiten Grad Verschwägerten, solange die die Schwägerschaft begründende Ehe besteht; dies sind: Eltern, Großeltern, Geschwister, Kinder, Enkel des Ehegatten, Ehegatten der Geschwister, der Kinder und Enkel, vgl. § 1590 Abs. 1 BGB (§ 18 Abs. 1 Nr. 3 GemO);
- einer von ihm kraft Gesetzes oder Vollmacht vertretenen Person; wichtig sind hier insbesondere die gesetzlichen Vertretungsverhältnisse von juristischen Personen oder Personenvereinigungen, z.B. der Geschäftsführer einer GmbH (§ 18 Abs. 1 Nr. 4 GemO).

259 » Lesen Sie sich unbedingt § 18 GemO sorgfältig durch! «

Gleiches gilt nach § 18 Abs. 2 Nr. 1 bis 4 GemO, wenn der ehrenamtlich tätige Bürger

- gegen Entgelt bei jemand beschäftigt ist, dem die Entscheidung der Angelegenheit einen unmittelbaren Vor- oder Nachteil bringen kann (§ 18 Abs. 2 Nr. 1 GemO). Eine Ausnahme hiervon gilt nur dann, wenn nach den tatsächlichen Umständen der Beschäftigung anzunehmen ist, dass sich der Bürger deswegen nicht in einem Interessenkonflikt befindet. Eine solche Ausnahme kann z.B. anzunehmen sein, wenn die Beschäftigung demnächst endet, nur von untergeordneter Bedeutung ist (Aushilfsjob) oder aufgrund der großen sachlichen Entfernung eine Interessenkollision nicht anzunehmen ist;

Beispiel Gemeinderat R ist Polizist und damit Landesbeamter. Will die Gemeinde dem Land (= Dienstherrn des R) Räumlichkeiten zum Betrieb eines Museums verpachten, ist R aufgrund der großen sachlichen Entfernung nicht persönlich betroffen. ■

- Gesellschafter einer Handelsgesellschaft oder Mitglied des Vorstands, des Aufsichtsrats oder eines gleichartigen Organs eines rechtlich selbstständigen Unternehmens ist, denen die Entscheidung der Angelegenheit einen unmittelbaren Vorteil oder Nachteil bringen kann, sofern er diesem Organ nicht als Vertreter oder auf Vorschlag der Gemeinde angehört (§ 18 Abs. 2 Nr. 2 GemO); dieser Tatbestand ist auch dann erfüllt, wenn Ehegatten oder Verwandte ersten Grades den Tatbestand des § 18 Abs. 2 Nr. 2 GemO erfüllen;
- Mitglied eines Organs einer juristischen Person des öffentlichen Rechts ist, der die Entscheidung der Angelegenheit einen unmittelbaren Vor- oder Nachteil bringen kann und die nicht Gebietskörperschaft ist, sofern er diesem Organ nicht als Vertreter oder auf Vorschlag der Gemeinde angehört (§ 18 Abs. 2 Nr. 3 GemO);
- in der Angelegenheit in anderer als öffentlicher Eigenschaft ein Gutachten abgegeben hat oder sonst tätig geworden ist (§ 18 Abs. 2 Nr. 4 GemO).

5. Ausnahmen von der Befangenheit

260 § 18 Abs. 3 GemO enthält eine wichtige Ausnahmeregelung, nach der Befangenheit dann nicht vorliegt, wenn die Entscheidung nur die **gemeinsamen Interessen einer Berufs- oder Bevölkerungsgruppe** berührt. Dabei gilt als Bevölkerungsgruppe eine unbestimmte Anzahl von Personen, die von der Gemeinschaft z.B. durch örtliche oder soziale Gesichtspunkte abgrenzbar ist.

> **Beispiel** Der im Ortsteil O der Gemeinde lebende Gemeinderat ist nicht befangen, wenn über die Festlegung der Abwassergebühr für den Ortsteil O beschlossen wird. ■

261 Eine Bevölkerungsgruppe i.S.d. § 18 Abs. 3 GemO ist dann nicht anzunehmen, wenn die der Gruppe angehörigen Personen abschließend individualisiert werden können.

> **Beispiel** Vereinsmitglieder, Wohnungseigentümergemeinschaften. ■

262 Damit § 18 Abs. 3 GemO greifen kann, müssen **gemeinsame Interessen** der Bevölkerungs- oder Berufsgruppe tangiert sein. Verfolgt dieser Personenkreis keine kollektiven Interessen, d.h. nimmt jeder seine individuellen Belange wahr, kommt § 18 Abs. 3 GemO nicht zur Anwendung.

> **Beispiel** Die Wahrnehmung von Einzelinteressen innerhalb einer Bevölkerungsgruppe nimmt die Rechtsprechung etwa für Grundstückseigentümer in einem Bebauungsplangebiet an, da hier die individuelle bauliche Nutzbarkeit der einzelnen Grundstücke im Vordergrund steht.[22] Damit liegt aber kein Kollektivinteresse vor. ■

263 Eine weitere Ausnahme vom Mitwirkungsverbot aufgrund Befangenheit statuiert § 18 Abs. 3 S. 2 GemO, soweit es um **Wahlen zu einer ehrenamtlichen Tätigkeit** geht. Zu beachten ist dabei allerdings, dass § 18 Abs. 3 S. 2 GemO nur von der Wahl zu einer ehrenamtlichen Tätigkeit spricht. Die Abwahl (Abberufung) ist demnach nicht von der Ausnahme umfasst.

6. Verfahren zur Feststellung der Befangenheit

264 Der ehrenamtlich tätige Bürger, bei dem ein Befangenheitstatbestand vorliegt, hat dies innerhalb der Gemeinderatssitzung **vor Beginn der Beratung** über den betreffenden Gegenstand dem Vorsitzenden mitzuteilen. Bei einer Tätigkeit außerhalb des Gemeinderats muss die Anzeige gegenüber dem Bürgermeister erfolgen.

265 Bestehen Zweifel, ob tatsächlich ein Fall der Befangenheit vorliegt, entscheidet hierüber der Gemeinderat (bzw. das jeweilige Gremium – Ausschuss, Ortschaftsrat) in Abwesenheit des Betroffenen (§ 18 Abs. 4 GemO). Liegt kein Zweifelsfall vor, d.h. wird der Befangenheitsgrund von allen Beteiligten akzeptiert, bedarf es keiner gesonderten Entscheidung hierüber. Hat der ehrenamtlich tätige Bürger Bedenken, ob er befangen ist, kann er beantragen, dass der Gemeinderat hierüber förmlich entscheidet.

---

[22] *VGH BW* Urteil vom 21.11.1996 – 3 S 2956/95, NVwZ-RR 1998, 63; *Gern* Rn. 280.

7. Rechtsfolgen der Befangenheit

Liegt ein Befangenheitsgrund vor, ist der ehrenamtlich Tätige von der Beratung und Beschlussfassung ausgeschlossen. Dabei beginnt die Beratung regelmäßig mit der mündlichen Erörterung des Tagesordnungspunkts durch den Gemeinderat. Hingegen ist der Sachvortrag, mit dem z.B. ein Gemeindebediensteter in den Tagesordnungspunkt einführt, nicht Teil der Beratung.[23]

Beginnt die Beratung, muss der Befangene den **Sitzungsraum verlassen** (§ 18 Abs. 5 GemO). Hierzu reicht nicht aus, dass er vom Beratungstisch abrückt. Um den Befangenheitsvorschriften gerecht zu werden, hat er sich in einer öffentlichen Sitzung in den Zuschauerraum zu begeben. Bleibt er in dem Teil des Raumes, der den Gemeinderäten vorbehalten ist, liegt eine unzulässige Mitwirkung vor.[24] In nichtöffentlichen Sitzungen hat der befangene Gemeinderat den Sitzungssaal zu verlassen.

8. Fehlerfolgen

Fasst der Gemeinderat einen Beschluss, an dem ein befangener Gemeinderat mitgewirkt hat, ist dieser **rechtswidrig** und zwar unabhängig davon, ob die Mitwirkung ausschlaggebend war.[25] Gleiches gilt, wenn ein Gemeinderat zu Unrecht ausgeschlossen war (§ 18 Abs. 6 GemO) oder der Gemeinderat einen Ausschlussgrund irrig verneint hat. Hingegen ist es unschädlich, wenn ein Gemeinderat in der irrigen Annahme einer Befangenheit die Sitzung verlässt. Hält sich ein Gemeinderat jenseits der Gründe des § 18 GemO für befangen (etwa weil der Beschluss den freundschaftlich verbundenen Nachbarn betrifft), hat er dies dem Gremium mitzuteilen. Er kann sodann zwar nicht als befangen ausgeschlossen, jedoch **beurlaubt** werden. Allerdings darf ein solches Vorgehen nicht dazu führen, dass sich der ehrenamtlich Tätige ohne Not aus der ihm von den Bürgern übertragenen Verantwortung stiehlt.

Verwaltungsakte, die aufgrund eines unter Missachtung der Befangenheitsregeln gefassten und damit rechtswidrigen Gemeinderatsbeschlusses ergehen, können durch den Betroffenen angefochten werden. Für Satzungen folgt aus einem Verstoß gegen die Befangenheitsregeln des § 18 GemO regelmäßig deren Nichtigkeit.

> ### JURIQ-Klausurtipp
>
> Führen Sie sich erneut die typische Klausurkonstellation vor Augen, in denen die Prüfung der Befangenheit relevant werden kann. Denkbar ist, dass Sie die Befangenheitsnorm inzident prüfen müssen, wenn etwa ein Bürger Anfechtungsklage gegen einen Bescheid der Gemeinde erhebt.

---

23 *VGH* BWGZ 1975, 312; *Ade* § 18 Rn. 2.
24 ESVGH 20, 240; *Ade* § 18 Rn. 8.
25 *VGH BW* DÖV 1987, 448.

270 Wirkt ein befangener Gemeinderat lediglich im **Vorfeld** zu einem Satzungsbeschluss mit, führt dies nicht zur Nichtigkeit der Satzung, wenn beim eigentlichen Satzungsbeschluss die Befangenheitsregeln beachtet wurden.

Beispiel Nimmt ein befangener Gemeinderat an der Beschlussfassung über die Aufstellung eines Bebauungsplanes (§ 2 Abs. 1 BauGB) teil, ist der Bebauungsplan (= Satzung, § 10 Abs. 1 BauGB) dennoch rechtmäßig zustande gekommen, wenn der Befangene am Satzungsbeschluss selbst nicht mitwirkt.[26]

Zeigt der ehrenamtlich tätige Bürger die Befangenheit nicht an, kann gegen ihn gemäß § 17 Abs. 4, 1 i.V.m. § 16 Abs. 3 GemO ein Ordnungsgeld bis zu 1000 € verhängt werden, da die Teilnahme an der Verhandlung in diesen Fällen einen Verstoß gegen die Pflicht der uneigennützigen Amtsausübung darstellt.

9. Heilung

271 § 18 Abs. 6 S. 2 und 3 GemO regelt, unter welchen Bedingungen ein Verstoß gegen die Befangenheitsnormen unbeachtlich ist. Demnach gelten Beschlüsse, die unter Missachtung der Befangenheitsregeln gefasst wurden, ein Jahr nach Beschlussfassung oder, wenn eine öffentliche Bekanntmachung erforderlich ist, ein Jahr nach dieser als von Anfang an gültig zu Stande gekommen. **Keine Heilung** tritt hingegen ein, wenn der Bürgermeister von seiner Verpflichtung zum Widerspruch nach § 43 Abs. 2 GemO Gebrauch gemacht oder die Rechtsaufsichtsbehörde den Beschluss vor Ablauf der Jahresfrist beanstandet hat (§ 18 Abs. 6 S. 2 Hs. 2 GemO). Hat ein Betroffener einen **förmlichen Rechtsbehelf** gegen die auf den rechtswidrigen Beschluss fußende Maßnahme eingelegt, tritt ihm gegenüber ebenfalls keine Heilung ein (§ 18 Abs. 6 S. 3 GemO). In diesen Fällen bleibt der Beschluss rechtswidrig.

> **Hinweis**
>
> **Förmliche Rechtsbehelfe** sind die in der VwGO geregelten, also Widerspruch, Klage, Normenkontrollverfahren und einstweiliger Rechtsschutz. **Formlose Rechtsbehelfe** sind gesetzlich nicht geregelt, sondern lassen sich auf Art. 17 GG (Petitionsrecht) zurückführen. Zu ihnen gehören die Gegenvorstellung und die Aufsichtsbeschwerde.

Bezüglich der Heilung von Satzungen, anderem Ortsrecht oder Flächennutzungsplänen gelten alleine die Heilungsvorschriften des § 4 Abs. 4 und 5 GemO (vgl. § 18 Abs. 6 S. 4 GemO).

10. Rechtsschutz des zu Unrecht ausgeschlossenen Gemeinderats

272 Wurde ein ehrenamtlich tätiger Bürger zu Unrecht von einer Sitzung ausgeschlossen, weil der Gemeinderat einen Befangenheitsgrund unzutreffend bejahte, ist der Betroffene in seinen organschaftlichen Rechten als Gemeinderat betroffen. Er kann gegen eine solche Entscheidung ein **Kommunalverfassungsstreitverfahren** anstrengen (Rn. 377 ff.). Hingegen wäre eine Anfechtungsklage nicht statthaft, da der Ausschluss mangels Außenwirkung keinen VA darstellt.

---

26 *BVerwG* Beschluss vom 15.4.1988 – 4 N 4/87.

VI. Beschlussfähigkeit

Eine ordnungsgemäße Beschlussfassung setzt schließlich die Beschlussfähigkeit des Gemeinderats voraus. Eine Beschlussfähigkeit ist anzunehmen, wenn mindestens die Hälfte aller Mitglieder anwesend und stimmberechtigt ist (§ 37 Abs. 2 GemO). Bei Befangenheit (Rn. 254 ff.) von mehr als der Hälfte aller Mitglieder ist der Gemeinderat beschlussfähig, wenn mindestens ein Viertel aller Mitglieder anwesend und stimmberechtigt ist (§ 37 Abs. 2 GemO).

Ist der Gemeinderat wegen Abwesenheit oder Befangenheit von Mitgliedern nicht beschlussfähig, muss eine zweite Sitzung stattfinden, in der er beschlussfähig ist, wenn mindestens drei Mitglieder anwesend und stimmberechtigt sind. Auf diesen Umstand ist in der Ladung zu der zweiten Sitzung hinzuweisen. Sind in der zweiten Sitzung weniger als drei Mitglieder stimmberechtigt, entfällt die Sitzung (§ 37 Abs. 3 GemO). Ist eine Beschlussfähigkeit des Rates nicht herzustellen, entscheidet der Bürgermeister anstelle des Gemeinderats nach **Anhörung** der nicht befangenen Gemeinderäte (§ 37 Abs. 4 S. 1 GemO). Ist der Bürgermeister (und seine ordentlichen Stellvertreter) auch befangen, kann ein Beauftragter nach § 124 GemO bestellt werden (Rn. 353), wenn nicht der Gemeinderat ein nicht befangenes Ratsmitglied für die Entscheidung zu seinem Stellvertreter bestellt, § 37 Abs. 4 S. 2 GemO.

273 » Zur Wiederholung: Zu den Mitgliedern des Gemeinderats gehört der Bürgermeister, nicht aber ein Beigeordneter! «

C. Fehlerhafte Beschlüsse und Rechtsschutz

Verstößt der Gemeinderat bei der Beschlussfassung gegen Verfahrensvorschriften, hängen die Rechtsfolgen und die Rechtsschutzmöglichkeiten grundsätzlich davon ab, welche Qualität der Beschluss hatte. Handelt es sich um einen Beschluss, der auf eine reine Innenwirkung gerichtet ist (z.B. die Übertragung von Kompetenzen auf Ausschüsse etc.), folgt aus einem Verfahrensfehler seine Nichtigkeit.[27]

274

Gemeinderatsbeschlüsse, die nach der Umsetzung durch die Verwaltung Außenwirkung entfalten, können im (verwaltungs-)gerichtlichen Verfahren inzident auf ihre Rechtmäßigkeit überprüft werden.

Beispiel Beschließt der Gemeinderat eine Satzung über die Erhebung von Erschließungsbeiträgen, kann die Satzung durch eine Normenkontrolle angefochten werden (§ 47 VwGO). In diesem Verfahren wird das Gericht die ordnungsgemäße Beschlussfassung überprüfen. ■

Werden Verfahrensfehler festgestellt ist zu eruieren, ob lediglich gegen eine **Ordnungsvorschrift** (so z.B. § 38 GemO) verstoßen wurde, die keinen eigenen Rechtsschutzgehalt hat. Solche Verstöße sind unbeachtlich. Im Übrigen folgt aus Verfahrensverstößen bei der Beschlussfassung regelmäßig die Rechtswidrigkeit der darauf gründenden Maßnahme.

Hat der Beschluss selbst bereits VA-Qualität, kann er im Rahmen des verwaltungsgerichtlichen Rechtsschutzes unmittelbar angegriffen werden.

---

27 *Gern* Rn. 272; a.A. *Ehlers* NVwZ 1990, 108.

D. Niederschrift

275 Über den wesentlichen Inhalt der Verhandlungen des Gemeinderats ist eine Niederschrift (= Protokoll) zu fertigen. Als Mindestinhalt muss das Protokoll gem. § 38 Abs. 1 GemO den Namen des Vorsitzenden, die Zahl der anwesenden und Namen der abwesenden Gemeinderäte sowie den Grund der Abwesenheit enthalten. Weiter muss die Niederschrift die Gegenstände der Verhandlung, die Anträge, die Abstimmungs- und Wahlergebnisse und den Wortlaut der Beschlüsse beinhalten. Neben diesem Mindestinhalt werden im Protokoll regelmäßig all die Dinge festgehalten, die eine besondere Erwähnung nahe legen, wie etwa die Verhängung von Ordnungsmaßnahmen oder die Befangenheit von Ratsmitgliedern. Darüber hinaus haben der Vorsitzende und die einzelnen Gemeinderäte das Recht, eine wörtliche Protokollierung einer von ihnen abgegeben Erklärung zu verlangen; gleiches gilt für ihr Abstimmungsverhalten.

276 Zur Erleichterung der Protokollierung kann die Sitzung auf **Tonband** aufgenommen werden. Der damit verbundene Eingriff in das Allgemeine Persönlichkeitsrecht der einzelnen Gemeinderäte ist nur dann gerechtfertigt, wenn die Tonbänder nach Herstellung des Protokolls wieder gelöscht werden. Einen konstitutiven Charakter hat die Niederschrift nicht, d.h. Beschlüsse sind auch dann wirksam, wenn das Protokoll fehlerhaft ist.

277 Weitere Formvorschriften enthält § 38 Abs. 2 GemO: demnach ist das Protokoll vom Vorsitzenden und zwei an der Sitzung teilnehmenden Räten zu unterzeichnen und binnen eines Monats dem Gemeinderat zur Kenntnis zu bringen. Rechtlich ist die Sitzungsniederschrift als öffentliche Urkunde i.S.d. §§ 415 ff. ZPO bzw. § 267 und § 271 StGB zu charakterisieren.

278 Bürger haben nach § 38 Abs. 2 S. 4 GemO ein Recht auf Einsichtnahme in die Protokolle der öffentlichen Sitzungen. Gemeinderäte können hingegen auch Einblick in die Niederschriften der nichtöffentlichen Sitzung verlangen, soweit dies für ihre Arbeit als Rat erforderlich ist. Wird das Einsichtnahmerecht verweigert, kann der Bürger dies mittels der Allgemeinen Leistungsklage, der Gemeinderat im Wege des Kommunalverfassungsstreitverfahrens geltend machen.

E. Besondere Arten der Beschlussfassung: Offenlegung und schriftliches bzw. elektronischen Verfahren

279 Abweichend von der allgemein üblichen Beschlussfassung innerhalb der Sitzung unter Einhaltung des beschriebenen Verfahrens können Gegenstände einfacher Art im Wege der Offenlegung sowie im schriftlichen oder elektronischen Verfahren beschlossen werden (§ 37 Abs. 1 S. 2 GemO).

Gegenstände einfacher Art können nur solche sein, die für die Gemeinde weder von grundsätzlicher noch von wirtschaftlicher Bedeutung sind; die in § 39 Abs. 2 GemO genannten Angelegenheiten kommen hierfür nicht in Betracht. Ob ein Gegenstand einfacher Art vorliegt, entscheidet der Bürgermeister nach pflichtgemäßem Ermessen. Die Beschlussfassung durch Offenlegung kann innerhalb und außerhalb der Sitzung erfolgen. Hierbei ist den Gemeinderäten der Beschlusstext zu übermitteln mit dem Hinweis, wann und wo die zugehörigen Verfahrensakten eingesehen werden können. Widerspricht keiner der Gemeinderäte binnen einer zu setzenden Frist, gilt der betreffende Punkt als beschlossen. Bei der Offenlegung innerhalb der Sitzung muss der Gegenstand auf der Tagesordnung erscheinen; auch werden die Akten während der Sitzung zur Einsichtnahme ausgelegt. Bei einer Beschlussfassung im schriftlichen Verfahren wird der Beschlussvorschlag an alle Gemeinderäte schriftlich oder auf elektronischem Wege übersandt. Widerspricht keiner der Räte binnen einer zu setzenden Frist, ist der Antrag angenommen.

F. Vollzug der Beschlüsse

280 Damit Gemeinderatsbeschlüsse Außenwirkung erlangen, bedürfen sie in aller Regel einer gesonderten Umsetzung. Zuständig hierfür ist ausschließlich der Bürgermeister (§ 43 Abs. 1 GemO). Er ist zum Vollzug der gefassten Beschlüsse berechtigt und verpflichtet. Dabei ist er inhaltlich an die Vorgaben der Gemeinderatsentscheidung gebunden, es sei denn, diese lässt einen eigenen Entscheidungsspielraum offen. Vollzieht er die Beschlüsse abweichend von deren vorgegebenen Inhalt, stellt dies eine Amtspflichtverletzung dar, die von der Aufsicht beanstandet werden kann.

Erkennt der Bürgermeister einen (nicht geheilten) Verfahrensfehler, muss er dem Beschluss widersprechen (§ 43 Abs. 2 GemO – Rn. 165). Gleichermaßen kann die Rechtsaufsichtsbehörde fehlerhafte Beschlüsse mit den Mitteln der Aufsicht rügen. Ist Folge des fehlerhaften Beschlusses ein Verwaltungsakt, kann dessen Adressat den Verfahrensfehler im verwaltungsgerichtlichen Verfahren angreifen.

Online-Wissens-Check

Welche Arten von Hausrechten stehen dem Bürgermeister zu?

Überprüfen Sie jetzt online Ihr Wissen zu den in diesem Abschnitt erarbeiteten Themen. Unter **www.juracademy.de/skripte/login** steht Ihnen ein Online-Wissens-Check speziell zu diesem Skript zur Verfügung, den Sie kostenlos nutzen können. Den Zugangscode hierzu finden Sie auf der Codeseite.

G. Übungsfall Nr. 3[28]

„Der einschränkende Bebauungsplan"

Gemeinde G will am Stadtrand ein neues Gewerbegebiet erschließen und hierzu einen entsprechenden Bebauungsplan erlassen. Dieser soll vorsehen, dass in dem Gewerbegebiet Einzelhandels- und Handelsbetriebe mit Verkauf an Endverbraucher nicht zulässig sind, wenn das angebotene Sortiment ganz oder teilweise mit den Waren identisch ist, die bereits in den Läden der Innenstadt angeboten werden. Begründet wird diese Beschränkung damit, dass die Attraktivität der Stadtmitte als Einkaufsort der Einwohner erhalten bleiben soll.

Bürgermeister B hat Zweifel, ob an dem Beschluss über den Bebauungsplan Gemeinderat R mitwirken darf, da er in der Innenstadt einen Supermarkt betreibt und daher von der Regelung profitieren könnte, weil diese Konkurrenzmärkte am Stadtrand verhindert. Er bittet Sie um eine Einschätzung der Rechtslage im Hinblick auf eine mögliche Befangenheit des R.

Befangenheit des R?

Lösung

Fraglich ist, ob die Entscheidung über den Bebauungsplan dem R ein unmittelbares Sonderinteresse und damit einen unmittelbaren Vor- oder Nachteil bringen kann.

I. Unmittelbarer Vor- oder Nachteil

Nach § 18 Abs. 1 GemO darf ein Mitglied des Gemeinderats weder beratend noch entscheidend mitwirken, wenn die Entscheidung einer Angelegenheit ihm selbst oder bestimmten anderen Personen einen unmittelbaren Vor- oder Nachteil bringen kann. Dies ist der Fall, wenn ein Mitglied des Gemeinderats oder eine der in § 18 Abs. 1 Nrn. 1 bis 4 GemO genannten Bezugspersonen auf Grund persönlicher Beziehungen zu dem Gegenstand der Beratung oder Beschlussfassung ein individuelles Sonderinteresse hat, das zu einer Interessenkollision führen kann und die Besorgnis rechtfertigt, dass der Betreffende nicht mehr uneigennützig und nur zum Wohl der Gemeinde handelt.

II. Individuelles Sonderinteresse

Ob ein die Mitwirkung ausschließendes individuelles Sonderinteresse vorliegt, kann nicht allgemein, sondern nur auf Grund einer wertenden Betrachtung der Verhältnisse des Einzelfalles entschieden werden. Dabei ist davon auszugehen, dass jeder individualisierbare materielle oder immaterielle Vor- oder Nachteil zu einer Interessenkollision führen kann. Dabei ist nicht erforderlich, dass es sich um ein rechtlich geschütztes Interesse handelt; auch wirtschaftliche oder ideelle Vor- oder Nachteile können eine Befangenheit begründen. Wie dem Wortlaut des § 18 Abs. 1 GemO zu entnehmen ist, kommt es nicht darauf an, dass eine Interessenkollision tatsächlich besteht. Das Mitwirkungsverbot wird vielmehr schon durch die Möglichkeit eines solchen Vor- oder Nachteils ausgelöst, damit entsprechend dem Zweck der Befangenheitsvorschriften gewährleistet ist, dass bereits der „böse Schein" einer Interessenkollision vermieden wird. Allerdings muss der Eintritt eines Sondervor- oder -nachteils auf Grund der Entscheidung konkret möglich, d.h. hinreichend wahrscheinlich sein.

III. Unmittelbarkeit

Die Berücksichtigung jeder zwar denkbaren, aber tatsächlich fern liegenden Interessenkollision könnte die Handlungsfähigkeit des Gemeinderats gefährden, was mit § 18 GemO nicht vereinbar wäre. Zur Abgrenzung nur abstrakt möglicher, aber bei objektiver Betrachtungsweise die Besorgnis eigennütziger oder voreingenommener Entscheidung nicht rechtfertigender Vor- oder Nachteile aus dem Befangenheitstatbestand dient das Merkmal

---

[28] Der Fall ist einem Urteil des *VGH BW* vom 30.1.2006, 3 S 1259/05, nachgebildet.

der Unmittelbarkeit. Dieses wird in aller Regel zu bejahen sein, wenn rechtlich geschützte individuelle Sonderinteressen berührt werden. Ist ein – rechtlich regelmäßig nicht geschütztes – rein wirtschaftliches Sonderinteresse gegeben, kann Unmittelbarkeit im Sinne des § 18 Abs. 1 GemO dann anzunehmen sein, wenn das Sonderinteresse nicht von ganz untergeordneter Bedeutung ist und sich von allgemeinen oder Gruppeninteressen deutlich abhebt. Die Entscheidung der Angelegenheit muss mithin einen unmittelbar auf die Person des Gemeinderatsmitglieds bezogenen besonderen und über den allgemeinen Nutzen oder die allgemeinen Belastungen hinausgehenden Vor- oder Nachteil bringen können. Sie muss so eng mit den persönlichen Belangen des Gemeinderatsmitglieds – oder der Bezugsperson – zusammenhängen, dass sie sich sozusagen auf ihn „zuspitzt" und er – weil im Mittelpunkt oder jedenfalls im Vordergrund der Entscheidung stehend – als deren „Adressat" anzusehen ist. Dabei sind bei der Frage der Befangenheit eines an der Beratung und Beschlussfassung über einen Bebauungsplan mitwirkenden Gemeinderats auch die in der Planbegründung genannten Ziele und Zwecke mit zu berücksichtigen.

IV. Befangenheit des R

Im Hinblick auf diese Grundsätze ist bezüglich R nicht von einer Befangenheit auszugehen. Allein der Umstand, dass ein Gemeinderatsmitglied in eigener Person in der Innenstadt der Gemeinde G ein Einzelhandelsgeschäft betreibt mit einem nach dem Bebauungsplan im Gewerbegebiet ausgeschlossenen Sortiment, begründet keine Befangenheit im Sinne des § 18 GemO.

1. Nach der Begründung des Bebauungsplans dient der Ausschluss zentrumsrelevanter Einzelhandelsbetriebe und Handelsbetriebe in dem Gewerbegebiet der Sicherung städtebaulicher Absichten der Gemeinde für den Ortskern. In diesem Zusammenhang wird in der Begründung darauf hingewiesen, dass die Attraktivität der Ortsmitte in ihrer Funktion als Versorgungszentrum erhalten und gefördert werden soll. Bei dieser Sachlage ist davon auszugehen, dass der Bebauungsplan den Inhabern von im Ortskern gelegenen Einzelhandelsbetrieben, auch wenn sie ein nach dem Bebauungsplan im Gewerbegebiet ausgeschlossenes Sortiment vertreiben, keinen unmittelbaren Vorteil vermittelt. Sinn und Zweck der Planänderung ist nicht der Schutz der im Ortskern vorhandenen Einzelhandelsbetriebe vor Konkurrenz, sondern die zur Erhaltung der funktionalen Qualität des Ortskerns und damit die aus städtebaulichen Gründen für notwendig erachtete Steuerung der Ansiedlung bestimmter Betriebe. Neue (Einzel-) Handelsbetriebe mit zentrenrelevantem Sortiment sollen nicht verhindert werden, sondern sich statt an der Peripherie ortsnah ansiedeln. Insoweit ist R vorliegend nicht befangen.

2. Einem Ausschluss des R steht im Übrigen auch § 18 Abs. 3 S. 1 GemO entgegen. Danach gilt § 18 Abs. 1 GemO nicht, wenn die Entscheidung nur die gemeinsamen Interessen einer Berufs- oder Bevölkerungsgruppe berührt. Der Ausschluss innenstadtrelevanter Warensortimente im Gewerbegebiet dient – wie oben dargelegt – der Erhaltung und Förderung der Attraktivität der Ortsmitte in ihrer Funktion als Versorgungszentrum und berührt damit die gemeinsamen Interessen des gesamten innerörtlichen Einzelhandels. Damit hebt sich das durch den Bebauungsplan betroffene vermeintliche Sonderinteresse des R von dem allgemeinen Gruppeninteresse der im Ortskern ansässigen Einzelhändler nicht deutlich ab, denn ohne den Ausschluss würde der Ortskern in seiner Funktion als Versorgungszentrum an Attraktivität verlieren, so dass praktisch alle Einzelhändler mit Umsatzeinbußen rechnen müssten. Die Entscheidung über den Ausschluss innenstadtrelevanter Einzelhandelsbetriebe in einem Gewerbegebiet fällt daher grundsätzlich unter den Ausnahmetatbestand des § 18 Abs. 3 S. 1 GemO.[29]

V. Ergebnis

Damit ist eine Befangenheit des R insgesamt zu verneinen.

---

[29] *VGH BW* Urteil vom 30.1.2006 – 3 S 1259/05.

12. Teil
Kommunales Satzungsrecht

283 Zum Grundgehalt der kommunalen Selbstverwaltung zählt auch die **kommunale Satzungshoheit**,[1] im Rahmen derer es den Gemeinden erlaubt ist, ihre Angelegenheiten eigenverantwortlich mittels Satzung zu regeln. Diesbezüglich formuliert § 4 Abs. 1 GemO:

„Die Gemeinden können die weisungsfreien Angelegenheiten durch Satzung regeln, soweit die Gesetze keine Vorschriften enthalten."

A. Begriff der Satzung

284 **Satzungen** i.S.d. GemO sind allgemeinverbindliche untergesetzliche Normen, die sich an einen unbestimmten Adressatenkreis zur Regelung einer unbestimmten Anzahl von Fällen richten und deren zeitliche Geltungsdauer i.d.R. ebenfalls unbestimmt ist. Sie werden von der Gemeinde zur Regelung ihrer eigenen Angelegenheiten erlassen.

Satzungen sind Gesetze im materiellen, nicht aber im formellen Sinn, da sie nicht von einem Bundes- oder Landesparlament, sondern vom Gemeinderat als Verwaltungsorgan erlassen werden. Sie stehen in der Normenpyramide unter den Landesgesetzen. Die Bezeichnung einer Satzung als solche ist nicht konstitutiv. Wenngleich die Entfaltung von Außenwirkung regelmäßig zum Wesen der Satzung gehört,[2] gibt es auch einige (wenige) Satzungen, die lediglich gemeindeintern wirken. Außerhalb der Gemeindeverwaltung stehende Dritte können aus den letztgenannten folglich keine Rechte ableiten.

Beispiele
(1) Die „Kindergartensatzung", welche die Benutzung der kommunalen Kindergärten und die anfallenden Gebühren regelt, ist eine typische Satzung mit Außenwirkung, da sie sich unmittelbar an die Benutzer des Kindergartens richtet.
(2) Die Betriebssatzung eines Eigenbetriebs (§ 3 Abs. 2 EigBG) entfaltet regelmäßig keine Außenwirkung; gleiches gilt für die Hauptsatzung und die Haushaltssatzung (§ 79 GemO). Für außen stehende Dritte ergeben sich hieraus weder Rechte noch Pflichten. ■

285 Die Abgrenzung von Satzungen mit reiner Innenwirkung zu **Verwaltungsvorschriften** – also Regelungen, die kraft Definition stets nur Binnenwirkung für die Verwaltung entfalten – ist mitunter schwierig. Ein wesentliches Differenzierungskriterium ist dabei die **Zuständigkeit**: während Satzungen zwingend vom Gemeinderat erlassen werden müssen (vgl. § 39 Abs. 2 Nr. 3 GemO), liegt die Kompetenz zur Schaffung von Verwaltungsvorschriften einzig beim Bürgermeister. Dies folgt aus dem Umstand, dass Verwaltungsvorschriften lediglich verwaltungsinterne Wirkung entfalten und die Organisation der Verwaltung gerade Aufgabe des Bürgermeisters ist (§ 44 GemO).

---

1 *KBK* § 4 Rn. 1.
2 *KBK* § 4 Rn. 2.

Rechtsgrundlagen 12 B

Die Unterscheidung von Satzung und **Rechtsverordnung** wird zum einen aufgrund einer Analyse der Kompetenzen (wer darf diese erlassen?) und zum anderen aufgrund formeller Aspekte gelingen: So wird die Rechtsverordnung regelmäßig als solche bezeichnet und veröffentlicht; zwingend ist für sie überdies, dass sie das zu ihrem Erlass ermächtigende Gesetz zitiert.[3]

286

> **JURIQ-Klausurtipp**
>
> Wenn es in der Klausur auf die Abgrenzung von Satzungen und Rechtsverordnung ankommt, müssen Sie zunächst einmal prüfen, wer das betreffende Statut erlassen hat bzw. wem hierfür die Kompetenz zukommt (so regelt z.B. § 13 PolG die Zuständigkeit des Bürgermeisters für den Erlass von Polizeiverordnungen). Sodann sollten Sie den Sachverhalt sehr genau auf Hinweise zu den Formalia bezüglich Erlass und Veröffentlichung analysieren.

B. Rechtsgrundlagen

Allgemeine Rechtsgrundlage für den Erlass von Satzungen ist § 4 Abs. 1 S. 1 GemO, soweit es sich um weisungsfreie Aufgaben handelt.

287

> **Hinweis**
>
> Wenngleich § 4 Abs. 1 GemO keine inhaltlichen Vorgaben an die Satzungsgestaltung enthält, verstößt sie dennoch nicht gegen das Bestimmtheitsgebot. Denn nach dem Willen des Gesetzgebers soll es den Gemeinden innerhalb der Selbstverwaltungsgarantie überlassen sein, über Inhalt und Zweck des Regelungsgegenstands zu entscheiden.[4]

>> Beachten Sie: Der Erlass von Satzungen ist eine Tätigkeit der Exekutive und unterliegt damit dem Grundsatz der Gesetzmäßigkeit der Verwaltung (Art. 20 Abs. 3 GG). Gesetzesvorrang und Gesetzesvorbehalt gelten auch hier! <<

Soll durch gemeindliche Satzung in den grundrechtlich geschützten Individualbereich eingegriffen werden, bedarf es hierzu einer ausdrücklichen Ermächtigung. § 4 GemO ist hierfür zu unbestimmt und daher als Rechtsgrundlage nicht tauglich.

Beispiel § 2 KAG ermächtigt die Gemeinden, Kommunalabgaben auf Grundlage einer Satzung zu erheben. Die Ermächtigungsnorm ist wesentlich bestimmter als § 4 GemO und damit taugliche Grundlage für Satzungen, die in Grundrechte eingreifen. ■

Erlässt die Gemeinde eine Satzung, ohne dass hierfür eine entsprechend ausreichende Ermächtigungsgrundlage besteht, so ist diese nichtig.[5]

Soll in einer Weisungsangelegenheit eine Satzung erlassen werden, bedarf es hierzu ebenfalls einer gesonderten Ermächtigung (§ 4 Abs. 1 S. 2 GemO).

Beispiel § 74 LBO erlaubt die Normierung örtlicher Bauvorschriften (= Pflichtaufgabe nach Weisung) durch kommunale Satzung. ■

---

3 *Jarass/Pieroth* Art. 80 Rn. 2.
4 *BVerwGE* 6, 247, 253. Eine analoge Anwendung des Art. 80 GG kommt nicht in Betracht, weil sich RVO und Satzung strukturell grundlegend unterscheiden.
5 *BVerwGE* 6, 247.

C. Begrenzung der Satzungsbefugnis

288 Die Befugnis der Gemeinde, Satzungen zu erlassen, ist in mehrfacher Hinsicht eingeschränkt. Zum einen kann die Gemeinde regelmäßig keine Satzungsregelungen treffen, die räumlich über das Gemeindegebiet hinaus Geltung erlangen (Ausnahme: § 26 GKZ im Fall der interkommunalen Zusammenarbeit); hingegen ist der umgekehrte Fall – die Beschränkung auf Teile des Gemeindegebiets – zulässig, sofern sachliche Gründe dies rechtfertigen.

Beispiel Die Gemeinde G erlässt eine Erschließungsbeitragssatzung (= Satzung, die regelt, welchen Beitrag die Grundstückseigentümer für die Erschließung ihres Grundstücks bezahlen müssen). Der Regelungsgehalt wird dabei auf nur ein bestimmtes Neubaugebiet innerhalb der Gemeinde beschränkt. ■

289 Inhaltlich sind gemeindliche Satzungen sachlogisch auf **kommunale Regelungsgegenstände** beschränkt, da nur hierfür eine Kompetenz besteht. Schließlich müssen die Bestimmungen einer kommunalen Satzung mit Bundes- oder Landesrecht vereinbar sein sowie das Willkürverbot, den Gleichheitsgrundsatz, die Grundsätze der Verhältnismäßigkeit sowie der Bestimmtheit beachten.

D. Pflichtsatzungen

290 Der Erlass von Satzungen steht regelmäßig im Ermessen der Gemeinde. Sie entscheidet, ob sie einen bestimmten Teil ihrer Aufgaben per Satzung regeln möchte. Eine Pflicht zum Erlass von Satzungen besteht lediglich in zwei Fällen: So muss jede Gemeinde eine Haushaltssatzung (§ 79 Abs. 1 GemO) sowie eine Satzung über die öffentlichen Bekanntmachungen (§ 1 Abs. 1 S. 2 DVO GemO) erlassen. Darüber hinaus ist in Stadtkreisen die Hauptsatzung eine Pflichtsatzung (dies ergibt sich aus dem Umstand, dass in Stadtkreisen zwingend Beigeordnete bestellt werden müssen, deren Zahl etc. in der Hauptsatzung zu bestimmen ist).

> **JURIQ-Klausurtipp**
>
> Die Frage nach den gemeindlichen Pflichtsatzungen ist ein Klassiker für die mündliche Prüfung!

E. Hauptsatzung

291 In verschiedenen Normen der GemO ist festgelegt, dass die Regelung bestimmter Sachverhalte – so sie geregelt werden sollen – zwingend in der Hauptsatzung zu erfolgen hat. Es handelt sich hierbei um solche Regelungsgegenstände, welche die **Verfassung** und **innere Organisation** der Gemeinde betreffen. Aus diesem Grunde wird die Hauptsatzung auch als das Verfassungsstatut der Gemeinde bezeichnet.[6]

292 § 4 Abs. 2 GemO schreibt vor, dass Beschlüsse betreffend die Hauptsatzung stets mit einer qualifizierten Mehrheit der Stimmen aller Mitglieder des Gemeinderats (also auch die des Bürgermeisters!) zu treffen sind.

---

6 *KBK* § 4 Rn. 19.

Verfahren betreffend das Zustandekommen einer kommunalen Satzung 12 F

> **JURIQ-Klausurtipp**
>
> Zeigen Sie in der Klausur bei der Bestimmung der qualifizierten Mehrheit, dass Sie mit dem Gesetzeswortlaut umzugehen wissen: § 4 Abs. 2 GemO verlangt die „Mehrheit der Stimmen aller Mitglieder des Gemeinderats". Danach ist auch die Stimme des Bürgermeisters mit zu zählen!

Auch andere als die in der GemO ausdrücklich genannten Sachverhalte können in der Hauptsatzung geregelt werden. Eine qualifizierte Mehrheit ist in diesen Fällen nicht erforderlich, da § 4 Abs. 2 GemO nur für Regelungen gilt, die zwingend in die Hauptsatzung aufzunehmen sind.

> **Hinweis**
>
> In der Hauptsatzung sind zu regeln:
>
> - in Gemeinden mit unechter Teilortswahl die Bestimmung, dass für die Zahl der Gemeinderäte die nächsthöhere Gemeindegrößengruppe maßgebend ist (§ 25 Abs. 2 S. 2 GemO),
> - die Einführung der unechten Teilortswahl (§ 27 Abs. 2 S. 1 GemO),
> - die Bildung eines Ältestenrats (§ 33a Abs. 1 S. 1 GemO),
> - die Bildung und die Zuständigkeiten von beschließenden Ausschüssen, denen Aufgaben zur dauernden Erledigung übertragen werden (§ 39 GemO); der einem beschließenden Ausschuss gleichkommende Werksausschuss wird nach § 7 Abs. 1 des Eigenbetriebsgesetzes durch die Betriebssatzung gebildet,
> - in Gemeinden mit mehr als 500, aber weniger als 2000 Einwohnern die Einführung des hauptamtlichen Bürgermeisters (§ 42 Abs. 2 S. 1 GemO),
> - die dauernde Übertragung der Erledigung bestimmter Aufgaben auf den Bürgermeister (§ 44 Abs. 2 S. 2 GemO),
> - die Bestimmung der Zahl der Beigeordneten in Stadtkreisen oder in Gemeinden mit mehr als 10 000 Einwohnern, wenn dort Beigeordnete bestellt werden sollen (§ 49 Abs. 1 GemO),
> - die Bildung von Gemeindebezirken (Stadtbezirken) und die Bestimmung der Zahl der Bezirksbeiräte (§ 64 Abs. 1 S. 1 und § 65 Abs. 1 S. 2 GemO),
> - die Einrichtung von Ortschaften und deren nähere Ausgestaltung (§§ 68 bis 71 GemO).

F. Verfahren betreffend das Zustandekommen einer kommunalen Satzung

Das Verfahren betreffend das Zustandekommen einer kommunalen Satzung stellt sich wie folgt dar: **293**

Ausgangspunkt ist die **Einbringung** eines ersten Satzungsentwurfs in den Gemeinderat; die Initiative hierfür kann sowohl vom Gemeinderat selbst (oder Teilen hiervon) wie auch vom Bürgermeister ausgehen. Ebenfalls möglich ist, dass die Initiative von den Bürgern ausgeht (z.B. im Rahmen der Bürgerbeteiligung, §§ 20b, 21 GemO – Rn. 74 ff.). Schließlich kann auch die Rechtsaufsichtsbehörde einen entsprechenden Anstoß zum Satzungserlass geben. **294**

295 Es folgt die **Auslegung** des Satzungsentwurfs, sofern dies speziell angeordnet ist (z.B. § 3 Abs. 2 BauGB betreffend den Entwurf eines Bebauungsplanes; gleiches gilt gem. § 74 Abs. 6 LBO für die örtlichen Bauvorschriften).

296 Danach kommt es zur **Beschlussfassung** über die Satzung; hierfür ist zwingend der Gemeinderat zuständig, § 39 Abs. 2 Nr. 3 GemO. Die Zuständigkeit des Rates erstreckt sich auch auf die Satzungen, die Weisungsangelegenheiten zum Gegenstand haben, § 44 Abs. 3 Hs. 2 GemO. Ob sich die Eilkompetenz des Bürgermeisters auch auf den Erlass von Satzungen bezieht, ist umstritten (Rn. 174); jedenfalls wird es regelmäßig an der Dringlichkeit fehlen.

297 Schließlich bedarf die beschlossene Satzung noch der „**Mitwirkung**" i.w.S. durch die **Aufsichtsbehörden**; hierfür kommen drei Arten in Betracht: grundsätzlich ist jede kommunale Satzung bei der Rechtsaufsichtsbehörde anzuzeigen (**Anzeigepflicht**). Dies wird regelmäßig dann erfolgen, wenn die Satzung ausgefertigt und öffentlich bekannt gemacht wurde. Zeigt die Gemeinde eine Satzung nicht bei der Rechtsaufsicht an, hat dies für die Wirksamkeit keine Auswirkungen. Allerdings hat die Aufsicht sodann die Möglichkeit, die Nichtvorlage zu beanstanden und sich entsprechend unterrichten zu lassen. Darüber hinaus ist in bestimmten Fällen eine **Vorlagepflicht** normiert (z.B. in § 81 Abs. 2 GemO betreffend Teile der Haushaltssatzung), die es der Rechtsaufsichtsbehörde ermöglicht, die Gesetzesmäßigkeit der Satzung zu überprüfen. Bis zur Bestätigung derselben oder Ablauf der Monatsfrist (§ 121 Abs. 2 GemO) ist der verwaltungsinterne Vollzug der Satzung gehemmt; aus diesem Grunde erfolgt eine Vorlage regelmäßig vor der öffentlichen Bekanntmachung. Von rechtlicher Relevanz ist, dass sich die Bekanntmachung ohne vorherige Vorlage oder ohne Erteilung einer entsprechenden Bestätigung nicht auf die Satzung auswirkt. Anders verhält es sich, wenn gegen die strengste Form der Mitwirkung – die **Einholung der Genehmigung** – verstoßen wird. Die Genehmigung einer Satzung ist nur dann nötig, wenn das Gesetz dies besonders bestimmt.

Beispiel Der als Satzung beschlossene Bebauungsplan bedarf gem. § 10 Abs. 2 BauGB der Genehmigung.

Solange die Genehmigung nicht erteilt wird, ist die Satzung nicht wirksam. Wenngleich der Terminus „Genehmigung" etwas anderes vermuten lässt, wirkt eine nach Bekanntmachung der Satzung eingeholte Genehmigung nicht auf den Zeitpunkt der Bekanntmachung zurück.[7]

298 Zeitlich zwischen Gemeinderatsbeschluss und öffentlicher Bekanntmachung liegt die **Ausfertigung**. Hierzu unterschreibt der Bürgermeister unter Nennung des Datums und der Amtsbezeichnung den Satzungstext in der Form, wie er vom Gemeinderat beschlossen wurde und bestätigt damit, dass Satzungstext und Beschluss übereinstimmen und unter Beachtung der Gesetzmäßigkeit zustande kamen. Eine Pflicht zur Ausfertigung ist in der GemO nicht normiert; sie wird vielmehr aus dem Rechtsstaatsgebot des Grundgesetzes abgeleitet.

299 Die **öffentliche Bekanntmachung** (= Verkündung) einer Satzung ist in § 4 Abs. 3 S. 1 GemO vorgeschrieben. Nur wenn diese erfolgt ist, kann die Satzung Rechtswirksamkeit entfalten. Die Verkündung hat den Zweck, gegenüber den Bürgern zu dokumentieren, dass ein Rechtsakt in Kraft getreten ist. In welcher Form die öffentliche Bekanntmachung zu erfolgen hat, muss die Gemeinde in der auf § 1 DVO GemO fußenden Satzung bestimmen.

---

[7] *KBK* § 4 Rn. 37.

Zulässige Arten der Bekanntmachung sind die Veröffentlichung im Amtsblatt der Gemeinde (§ 1 Abs. 1 Nr. 1 DVO GemO), die Veröffentlichung in einer regelmäßig erscheinenden Zeitung (§ 1 Abs. 1 Nr. 2 DVO GemO) oder – in Gemeinden mit weniger als 5000 Einwohnern – durch Anschlag an bestimmten Verkündungstafeln (zu den Einzelheiten der Bekanntmachung vgl. § 1 DVO GemO). Die Bestimmung der Form der Bekanntmachung muss hinreichend konkret sein, so dass sich der einzelne Bürger rechtssicher informieren kann, nach welchem Verfahren diese erfolgt. Verstöße gegen die in § 1 DVO GemO genannten Verfahren oder die Bestimmungen der Bekanntmachungssatzung führen zur Unwirksamkeit der Satzung.

Nach erfolgreicher Bekanntmachung der Satzung kann diese in Kraft treten, wobei es § 4 Abs. 3 S. 2 GemO der Gemeinde überlässt zu bestimmen, ob die Satzung mit der Verkündung oder zu einem späteren Zeitpunkt in Kraft treten soll. **300**

> **JURIQ-Klausurtipp**
>
> **Exkurs: Rückwirkendes Inkrafttreten von Satzungen**
>
> Besondere Probleme können sich Ihnen in der Klausur stellen, wenn Satzungen rückwirkend in Kraft treten sollen.
>
> Eine Rückwirkung ist ohne weiteres dann möglich, wenn die Satzung keine Belastungen für den Bürger enthält. Bei belastenden Satzungen ist eine Rückwirkung exemplarisch nur in folgenden Fällen möglich:
>
> - Zulassung der Rückwirkung aufgrund Gesetzes (so ist z.B. die rückwirkende Festsetzung des Gewerbesteuerhebesatzes gem. § 16 Abs. 3 GewStG zulässig);
> - Rückwirkung dient der Klärung einer unklaren, verworrenen oder lückenhaften Rechtslage;[8]
> - Rückwirkung dient dazu, ein bislang systemwidrige und potentiell verfassungswidrige Rechtslage neu zu normieren;[8]
> - zwingende Gründe des Allgemeinwohls, die denen der Rechtssicherheit übergeordnet sind, erfordern eine Rückwirkung;[9]
> - die Rückwirkung verursacht keinen oder nur einen geringwertigen Schaden.[10]

G. Heilung von Verfahrens- und Formvorschriften

Wurden Satzungen unter Verletzung von Verfahrens- oder Formvorschriften erlassen, führt dies nicht per se zu ihrer Unwirksamkeit. Vielmehr statuiert § 4 Abs. 4 GemO einen allgemeinen Heilungstatbestand, nach dem Satzungen ein Jahr nach Bekanntmachung trotz Verfahrens- oder Formfehler als „von Anfang an gültig zustande gekommen" gelten. **301**

---

[8] *BVerfGE* 11, 64.
[9] *BVerfGE* 72, 200.
[10] *BVerfGE* 30, 367.

> **JURIQ-Klausurtipp**
>
> Typische Verfahrens- und Formvorschriften, die Ihnen in der Klausur begegnen können sind die Regelungen über
> - die Einberufung der Gemeinderatssitzung (§ 34 GemO),
> - den Geschäftsgang (§ 36 Abs. 2 GemO),
> - die Beschlussfassung (§ 37 GemO),
> - die Befangenheit (§ 18 GemO),
> - das Zusammenwirken von Gemeinderat und Ausschuss (§ 39 Abs. 2 und 4 GemO).

302 § 4 Abs. 4 GemO dient damit der Rechtssicherheit. Sachlich beschränkt ist die Regelungswirkung der Vorschrift auf „Verfahrens- und Formvorschriften dieses Gesetzes oder auf Grund dieses Gesetzes". **Nicht der Heilung** unterliegen folglich Fehler, die aus anderen Rechtsbereichen resultieren. Ausgeschlossen ist ferner eine Heilung von Satzungen, die unter Missachtung von Vorschriften über die Öffentlichkeit der Sitzung zustande gekommen sind, da der Gesetzgeber dem Öffentlichkeitsgrundsatz eine überaus hohe Bedeutung zumisst. Gleiches gilt bei Verstößen gegen die Genehmigungspflicht oder die Bekanntmachung.

303 § 4 Abs. 4 Nr. 2 GemO schließt darüber hinaus eine Heilung in den Fällen aus, in denen der Bürgermeister dem Beschluss des Gemeinderats wegen Gesetzeswidrigkeit widersprochen hat oder die Rechtsaufsicht eine entsprechende Beanstandung vornimmt. Schließlich kann die Heilung ebenfalls nicht eintreten, wenn ein Bürger einen Verfahrens- oder Formfehler gegenüber der Gemeinde binnen Jahresfrist schriftlich rügt. Eine besondere Rügebefugnis – etwa ein Betroffensein von der gerügten Satzung – ist nicht erforderlich. Wurde eine Rüge i.S.d. § 4 Abs. 4 Nr. 2 GemO erhoben (gleich ob durch den Bürgermeister, die Rechtsaufsicht oder einen Bürger), kann fortan jedermann die gerügten Mängel geltend machen.

Voraussetzung für die Heilungswirkung des § 4 Abs. 4 GemO ist ein entsprechender Hinweis hierauf bei der Bekanntmachung (§ 4 Abs. 4 S. 4 GemO). Fehlt dieser, kann keine Heilung eintreten.

Nur unwesentliche Verfahrensverstöße stehen der Wirksamkeit einer Satzung unabhängig von § 4 Abs. 4 GemO nicht entgegen, sofern sie keine Auswirkung auf den Satzungsinhalt haben.

Beispiel Fehlende Nennung der Ermächtigungsgrundlage.[11] ■

---

[11] *BVerfG* NJW 1974, 2301.

H. Rechtsschutz gegen kommunale Satzungen

Die Nachprüfung der Rechtmäßigkeit von Satzungen ist auf dreierlei (unterschiedliche) Arten möglich: **304**

I. Abstraktes Normenkontrollverfahren

Zum einen erlaubt § 47 Abs. 1 VwGO i.V.m. § 4 AGVwGO die Überprüfung der Gültigkeit von Satzungen auf dem Verwaltungsrechtsweg im Rahmen eines abstrakten Normenkontrollverfahrens. Antragsbefugt ist jede natürliche oder juristische Person, die geltend macht, durch die Satzung oder ihre Anwendung in ihren Rechten verletzt zu sein oder in absehbarer Zeit zu werden; erforderlich ist also eine entsprechende Antragsbefugnis. **305**

Zuständig für die abstrakte Normenkontrolle ist in Baden-Württemberg der Verwaltungsgerichtshof in Mannheim (§ 47 Abs. 1 VwGO i.V.m. § 4 AGVwGO). Kommt dieses Gericht zu der Überzeugung, dass die Satzung ungültig ist, erklärt sie diese für unwirksam. Die Entscheidung ist sodann in der Form zu veröffentlichen, wie die Satzung bekannt zu machen wäre (§ 47 Abs. 5 VwGO).

II. Inzidente Normenkontrolle

Neben der abstrakten Normenkontrolle besteht die Möglichkeit, die Gültigkeit einer Satzung mittels einer sog. inzidenten Normenkotrolle prüfen zu lassen. Dabei wird die Wirksamkeit einer Satzung z.B. im Kontext einer Anfechtungsklage gegen einen Verwaltungsakt, der auf Grundlage der Satzung erlassen wurde, – inzident – auf ihre Wirksamkeit hin überprüft. Diese Art der Normenkontrolle ist also keine besondere Verfahrensart, sondern lediglich Teil des Rechtsschutzes im Zusammenhang mit der Überprüfung eines VA, der auf der Satzung beruht. Anders als bei der abstrakten Normenkontrolle kann das Gericht die Satzung nicht generell für Unwirksam erklären.[12] **306**

III. Verfassungsbeschwerde

Schließlich kann eine kommunale Satzung als Akt der öffentlichen Gewalt mittels Verfassungsbeschwerde (Art. 93 Abs. 1 Nr. 4a GG) auf ihre Rechtmäßigkeit hin überprüft werden. Zu beachten ist dabei jedoch, dass die Verfassungsbeschwerde grundsätzlich **subsidiär** und erst dann zulässig ist, wenn der Rechtsweg erschöpft ist. **307**

---

12 *BVerwGE* 45, 309, 329.

I. Exkurs: Aufbau einer kommunalen Satzung

Aufbau einer kommunalen Satzung

308 In seltenen Fällen wird in Klausuren verlangt, dass Sie eine Satzung selbst entwerfen. Eine Aufgabe könnte beispielsweise lauten: „Eine Gemeinde beschließt, einen kommunalen Kindergarten als öffentliche Einrichtung zu betreiben und die Benutzung per Satzung zu regeln. Entwerfen Sie eine entsprechende Satzung." Sie sollten nun zum einen überlegen, was alles geregelt werden muss (sicher finden Sie dazu im Sachverhalt Vorgaben); achten Sie darauf, dass die einzelnen Regelungen von der Rechtssetzungskompetenz der Gemeinde umfasst sind und nicht gegen höherrangiges Recht verstoßen. Denken Sie in diesem Zusammenhang immer daran, dass möglicherweise Spezialgesetze bestehen, die bestimmte Vorgaben machen (im o.g. Beispiel wäre das KiTaG einschlägig), an denen Sie sich orientieren können.

Die Struktur einer Satzung kann – beispielhaft – wie folgt aussehen:

I. Überschrift

In der Überschrift sollte aus Gründen der Rechtsklarheit zum einen signalisiert werden, welchen Regelungsgegenstand die Satzung hat. Zum anderen muss deutlich werden, dass es sich gerade um eine Satzung und nicht etwa eine Rechtsverordnung handelt.[13]

Beispiel

„Satzung über die Benutzung öffentlicher Kindergärten"

II. Eingangsformel

In der Eingangsformel werden i.d.R. die Ermächtigungsgrundlage, das beschließende Organe und das Datum des Beschlusses genannt. Bei der Ermächtigungsgrundlage sollten Sie darauf achten, sowohl die spezielle Norm (sofern es eine solche gibt) als auch die allgemeine Grundlage (§ 4 GemO) zu zitieren.

Beispiel

„Auf Grundlage der §§ 4, 10 der Gemeindeordnung für Baden-Württemberg hat der Gemeinderat von Musterstadt am .... nachfolgende Satzung beschlossen:"

Soll die Satzung Ordnungswidrigkeitstatbestände enthalten, ist zudem § 142 GemO zu zitieren.

III. Regelungsgehalt der Satzung

Was muss alles in der Satzung geregelt werden? Hier müssen Sie im Einzelfall den Vorgaben des Sachverhalts folgen und diese entsprechend verwerten. Für unseren Fall der Kindergartensatzung könnte dies wie folgt aussehen:

1. Widmung des Kindergartens als öffentliche Einrichtung:

Beispiel

„§ 1 – Öffentliche Einrichtung
Die Gemeinde Musterstadt unterhält einen Kindergarten als öffentliche Einrichtung."

2. Voraussetzungen, unter denen Kinder in den Kindergarten aufgenommen werden können

Beispiel

„§ 2 – Aufnahmebedingungen
Die Aufnahme in der Kindergarten richtet sich nach folgenden Kriterien: (...). Die Aufnahme setzt eine Anmeldung gem. § 3 voraus."

---

[13] So verlangt der *VGH BW*, dass eine Satzung aus Gründen der Rechtsklarheit und Rechtssicherheit als solche bezeichnet wird, Beschluss vom 30.11.1988 – 2 S 1140/87, NVwZ-RR 1989, 267.

Exkurs: Aufbau einer kommunalen Satzung

3. Verfahren zur Aufnahme der Kinder

Beispiel

„§ 3 – Anmeldung
Eine Anmeldung ist schriftlich bei der Gemeindeverwaltung einzureichen. Sie muss enthalten: Name und Alter des Kindes, (…).''

4. Öffnungszeiten des Kindergartens

Beispiel

„§ 4 – Öffnungszeiten
Der Kindergarten steht zur Benutzung täglich von 8.00 Uhr bis 12.30 Uhr und von 14.00 Uhr bis 17.00 Uhr zur Verfügung.''

5. Weitere Regelungstatbestände

Weitere Regelungsgegenstände wären etwa der Ausschluss von der Benutzung, die Erhebung von Gebühren für die Benutzung (sodann müssen Sie als Ermächtigungsgrundlage die entsprechenden Regelungen des KAG mit zitieren – §§ 2, 19 KAG), die Einrichtung eines Elternbeirats, Tatbestände betreffend Ordnungswidrigkeiten etc.

6. Zeitlicher Geltungsbereich

Ab wann soll die Satzung gelten? Muss die Geltung vorangegangener Satzungen aufgehoben werden?

Beispiel

„§ 5 – Inkrafttreten
Die Satzung tritt am ………… in Kraft. Gleichzeitig tritt die Satzung über die Benutzung öffentlicher Kindergärten i.d.F. vom ………… außer Kraft.''

Online-Wissens-Check

Nennen Sie die beiden kommunalen Pflichtsatzungen!

Überprüfen Sie jetzt online Ihr Wissen zu den in diesem Abschnitt erarbeiteten Themen. Unter **www.juracademy.de/skripte/login** steht Ihnen ein Online-Wissens-Check speziell zu diesem Skript zur Verfügung, den Sie kostenlos nutzen können. Den Zugangscode hierzu finden Sie auf der Codeseite.

13. Teil
Aufsicht

A. Begriff

309 Regelungen zur Aufsicht über die Gemeinden enthält die Gemeindeordnung in ihrem 4. Teil (§§ 118 ff.). Zu unterscheiden ist die **Rechtsaufsicht in weisungsfreien Angelegenheiten** von der **Fachaufsicht betreffend Weisungsaufgaben**.

310
> **Hinweis**
>
> Der häufig verwandte Begriff der „**Kommunalaufsicht**" ist gesetzlich nicht verankert und bezeichnet folglich keine dritte, neben der Rechts- und Fachaufsicht stehende Form der Aufsicht, sondern wird meist als Behördenbezeichnung im verwaltungsorganisatorischen Kontext gebraucht (so bezeichnen diverse Landratsämter ihre für die Rechtsaufsicht zuständigen Ämter als „Kommunalaufsicht"; auch die nichtamtliche Überschrift zu Art. 75 LV lautet „Kommunalaufsicht").

B. Verfassungsgrundlagen

311 Ihre verfassungsmäßige Grundlage hat die Aufsicht in Art. 75 Abs. 1 S. 1 LV, wonach das Land die Gesetzmäßigkeit der Verwaltung der Gemeinden und Gemeindeverbänden überwacht. Eine Reglung, die es dem Bund erlaubt, eine Aufsicht über die Gemeinden auszuüben, existiert nicht. Zutreffend stellt das Bundesverfassungsgericht daher fest, dass es eine „Bundeskommunalaufsicht" nicht gibt.[1] Gleichwohl kann das Land aufgrund der Bundestreue verpflichtet sein, die Aufsicht über die Gemeinden im Sinne des Bundes auszuüben.

Bildlich gesprochen ist die Aufsicht über die Kommunen das Spiegelbild zur kommunalen Selbstverwaltung aus Art. 28 Abs. 2 GG. So wie der Staat aufgrund grundgesetzlicher Kompetenzverteilung den Gemeinden Angelegenheiten zur Erledigung in eigener Verantwortung überträgt, muss er gleichsam die Einhaltung der gesetzlichen Vorgaben gewährleisten. Insoweit bildet der Gesetzesvorbehalt des Art. 28 Abs. 2 GG die rechtliche Grundlage der Aufsicht. Begrenzt wird die Aufsicht durch den Kernbereich der kommunalen Selbstverwaltung, der unangetastet bleiben muss.

C. Rechtsaufsicht

I. Allgemeines

312 Die Rechtsaufsicht ist in § 118 Abs. 1 GemO legaldefiniert:

„Die Aufsicht in weisungsfreien Angelegenheiten beschränkt sich darauf, die Gesetzmäßigkeit der Verwaltung sicherzustellen, soweit gesetzlich nichts anderes bestimmt ist (Rechtsaufsicht)."

---

1 *BVerfG* Urteil vom 30.7.1958 – 2 BvG 1/58, NJW 1958, 1341.

Formelle Rechtmäßigkeit des Aufsichtshandelns

Aufgabe der Rechtsaufsicht ist folglich, das Handeln der Gemeinde einer **Gesetzmäßigkeitskontrolle** zu unterziehen, d.h. zu prüfen, ob das geltende Recht beachtet wurde und ggf. rechtmäßige Zustände wieder herzustellen. Die zur Ausübung dieser Aufgaben notwendigen rechtlichen Instrumentarien enthalten die §§ 120 ff. GemO.

II. Formelle Rechtmäßigkeit des Aufsichtshandelns

Um eine bestmögliche Übersichtlichkeit bezüglich des Prüfungsaufbaus in der Klausur zu gewährleisten, werden zunächst die für alle Maßnahmen der Rechtsaufsicht gleichermaßen geltenden Anforderungen an die formelle Rechtmäßigkeit des Handelns dargestellt:

313

> **PRÜFUNGSSCHEMA**
>
> **Formelle Rechtmäßigkeit der aufsichtsrechtlichen Maßnahmen**
>
> 1. **Zuständige Behörde**
> 2. **Form des Handelns**
>   - Schriftform als ungeschriebenes Tatbestandsmerkmal — Rn. 316
> 3. **Anhörung**

1. Rechtsaufsichtsbehörden

Rechtsaufsichtsbehörde ist das Landratsamt als untere Verwaltungsbehörde, für Stadtkreise und Große Kreisstädte das Regierungspräsidium. Obere Rechtsaufsichtsbehörde ist für alle Gemeinden das Regierungspräsidium. Oberste Rechtsaufsichtsbehörde ist das Innenministerium (§ 119 GemO).

314

Zwischen den Aufsichtsbehörden besteht ein Über- bzw. Unterordnungsverhältnis. Ein Selbsteintrittsrecht kommt der oberen und obersten Rechtsaufsichtsbehörde in Bezug auf die Aufsichtsmittel der §§ 120 ff. GemO nicht zu. Vielmehr müssen sie – halten sie die Ausübung eines Aufsichtsmittels für angezeigt – gegenüber der nächst unteren Rechtsaufsichtsbehörde eine entsprechende **Weisung** erteilen.

315

2. Form des Handelns, Anhörung

Aufsichtsrechtliche Maßnahmen sind ihrem Charakter nach **Verwaltungsakte** i.S.d. § 35 LVwVfG.

316

Die Aufsichtsverfügung ist nach h.M. schriftlich zu erlassen, zu begründen, mit einer Rechtsbehelfsbelehrung zu versehen und zuzustellen. Wenngleich die Gemeindeordnung selbst diese Formerfordernisse nicht statuiert, herrscht doch Einigkeit, dass die genannten Formalia nach den allgemeinen Grundsätzen des Verwaltungshandels jedenfalls dann erforderlich sind, wenn andernfalls dem Betroffenen die Wahrnehmung seiner Rechte erschwert würde.[2]

---

[2] So etwa Ziff. 2 VwV GemO zu § 121; ebenso *KBK* § 121 Rn. 14 m.w.N.

3. Anhörung

317 Ebenfalls nicht unmittelbar aus der GemO, jedoch aus § 28 LVwVfG ergibt sich, dass die von der Aufsichtsmaßnahme betroffene Gemeinde vor Erlass des sie belastenden VAs anzuhören ist. Darüber hinaus lässt sich eine Anhörungspflicht mit dem Wesen der Rechtsaufsicht begründen, welches primär auf eine Beratung der Gemeinden gerichtet ist und daher eine Anhörung vor der Ergreifung von Repressalien fordert.

III. Die einzelnen Rechte der Aufsicht

1. Beanstandung, Aufhebung, Rückgängigmachung – § 121 GemO

» Lesen Sie § 121 GemO und machen Sie sich dessen Struktur klar! «

318 Die Rechtsaufsichtsbehörde kann Beschlüsse und Anordnungen der Gemeinde, die das Gesetz verletzen, **beanstanden** und verlangen, dass sie von der Gemeinde binnen einer angemessenen Frist **aufgehoben** werden (§ 121 Abs. 1 S. 1 GemO). Sie kann ferner verlangen, dass Maßnahmen, die aufgrund derartiger Beschlüsse oder Anordnungen getroffen wurden, **rückgängig** gemacht werden (§ 121 Abs. 1 S. 2 GemO).

§ 121 Abs. 1 GemO ist demnach Rechtsgrundlage für **drei verschiedene Aufsichtsmaßnahmen**, nämlich für das Beanstandungsrecht (§ 121 Abs. 1 S. 1 Hs. 1 GemO), das Aufhebungsverlangen (§ 121 Abs. 1 S. 1 Hs. 2 GemO) und das Rückgängigmachungsverlangen (§ 121 Abs. 1 S. 2 GemO). Inhaltlich folgen alle drei Maßnahmen dem folgenden Aufbauschema betreffend die materielle Rechtmäßigkeit.

PRÜFUNGSSCHEMA

Rechtmäßigkeit von Beanstandung, Aufhebung, Rückgängigmachung nach § 121 GemO

I. **Formelle Rechtmäßigkeit**   Rn. 313 ff.

II. **Materielle Rechtmäßigkeit**
  1. **Beanstandung**
     a) Maßnahme in Bezug auf Beschluss und Anordnung
     b) Gesetzesverletzung
        ▷ Unbestimmte Rechtsbegriffe   Rn. 323
     c) Ermessen
        aa) Entschließungsermessen
        bb) Auswahlermessen
     d) Grundsatz der Verhältnismäßigkeit
  2. **Aufhebungsverlangen**: Zusätzlich Fristsetzung
  3. **Zusätzlich bei Rückgängigmachungsverlangen**: Rechtliche Möglichkeit der Rückgängigmachung

Die einzelnen Rechte der Aufsicht

a) Beanstandungsrecht

aa) Beschluss oder Anordnung

Sachlich erstreckt sich das Beanstandungsrecht sowohl auf Beschlüsse/Anordnungen mit Außenwirkung wie auch auf solche, die rein innerdienstlich wirken.

319

> **Beschlüsse** sind Willensäußerungen der Kollegialorgane, also von Gemeinderat, Ausschüssen etc.
>
> **Anordnungen** i.S.d. GemO werden von einzelnen Personen – i.d.R. vom Bürgermeister – verfügt.

Auch bereits vollzogene Beschlüsse bzw. Anordnungen können beanstandet werden. Eine Beschränkung des Beanstandungsrechts auf hoheitliche Maßnahmen sieht § 121 GemO nicht vor; daher ist es zulässig, auch Tätigkeiten im Zusammenhang mit z.B. einem kommunalen Eigenbetrieb zu beanstanden.

Da § 121 GemO dem Wortlaut nach nur auf Beschlüsse und Anordnungen anwendbar ist, sind hingegen bloße Äußerungen von Gemeinderäten oder Bediensteten, die erkennbar keine rechtliche Wirkung entfalten, nicht beanstandungsfähig. Gleiches gilt für private Äußerungen von Personen aus dem Wirkungskreis der Gemeinde. Da sie keine Tätigkeit der Gemeinde sind, unterliegen sie folglich ebenfalls nicht dem Beanstandungsrecht.

320

Da Beschlüsse wie auch Anordnungen regelmäßig ein Tätigwerden voraussetzen, kann auf Grundlage des § 121 Abs. 1 GemO eine (rechtswidrige) **Untätigkeit** der Gemeinde **nicht gerügt** werden.[3] In diesen Fällen besteht jedoch die Möglichkeit, eine aufsichtsrechtliche Maßnahme in Form des Anordnungsrechts nach § 122 GemO zu ergreifen (Rn. 334).

bb) Gesetzesverletzung – Prüfungsmaßstab der Rechtmäßigkeit

Voraussetzung des § 121 Abs. 1 GemO ist, dass die beanstandete Maßnahme das Gesetz verletzt.

321

Maßstab der Rechtmäßigkeitskontrolle sind Gesetze im materiellen Sinne, also Bundes- und Landesgesetze sowie die hierauf fußenden Verordnungen, ferner die Normen des Kommunalrechts unabhängig davon, ob es sich um Zuständigkeits- oder um Verfahrensregeln oder aber um materielles Recht handelt. Auch zum Prüfungsmaßstab gehören öffentlich-rechtliche Verträge[4] und rechtmäßig ergangene Weisungen und Anordnungen von Aufsichtsbehörden.

Nicht in die Kontrolle einbezogen werden darf die Frage, ob die Aufgabenerledigung zweckmäßig war, da die Zweckmäßigkeitskontrolle nur innerhalb der Fachaufsicht zulässig ist (dazu Rn. 364 ff.).

322

Ob ein Verstoß vorliegt, beurteilt sich auf Grundlage eines **objektiven Maßstabs**; auf die Frage, ob eine Verletzung des Rechts schuldhaft erfolgte, kommt es nicht an.

---

3 Vgl. Ziff. 1 VwV GemO zu § 121.
4 *Ade* § 11 Rn. 5.

323 Sofern die Gemeinde aufgrund einer Ermessensnorm handelte, kann die Rechtsaufsicht nur prüfen, ob die Grenzen der Ermessensbetätigung eingehalten wurden oder ob ein Ermessensfehler vorliegt.

> **JURIQ-Klausurtipp**
>
> Wiederholen Sie an dieser Stelle die stets klausurrelevanten Arten von Ermessensfehlern, Ermessensüberschreitung, Ermessensnichtgebrauch und Ermessensmissbrauch.

Inwieweit **unbestimmte Rechtsbegriffe** einer Prüfung durch die Rechtsaufsichtsbehörde zugänglich sind, hängt davon ab, ob diese Beurteilungsspielräume zugunsten der Gemeinde enthalten oder nicht. Ist letzteres der Fall, kann die Aufsicht diese inhaltlich voll überprüfen; ist ein Beurteilungsspielraum gegeben, ist die Prüfung auf die Einhaltung des Beurteilungsspielraums beschränkt. Für die Überprüfung gelten sodann die gleichen Maßstäbe wie für die Prüfung von Ermessensfehlern. Ob ein Beurteilungsspielraum gegeben ist, ergibt sich durch eine **Auslegung** der entsprechenden Norm nach Sinn und Zweck. Doch ist hierbei Zurückhaltung geboten. Im Zweifel ist davon auszugehen, dass der zu prüfende unbestimmte Rechtsbegriff **keinen Beurteilungsspielraum** enthält. Begründet werden kann dies mit Überlegungen zur gerichtlichen Überprüfbarkeit des Verwaltungshandelns: Eine solche, im Hinblick auf das Gebot des effektiven Rechtsschutzes wünschenswerte umfassende richterliche Kontrolle ist nur dann gegeben, wenn ein Beurteilungsspielraum nicht besteht, mithin der unbestimmte Rechtsbegriff voll justiziabel ist.

> **JURIQ-Klausurtipp**
>
> Merken Sie sich für die Klausur:
>
> Die unbestimmten Begriffe „öffentliche Aufgaben", „laufende Verwaltung", „angemessene Frist", „wichtiger Grund", „öffentliches Bedürfnis", „dauernde Leistungsfähigkeit" und „öffentliches Wohl" sind voll justiziabel, da der Gesetzgeber eindeutig definieren will, was „öffentliche Aufgabe" etc. ist.[5] Für einen Beurteilungsspielraum ist hier kein Platz.

cc) Ermessen

(1) Entschließungsermessen

324 Kommt die Rechtsaufsicht bei ihrer Prüfung zu dem Ergebnis, dass das Handeln der Gemeinde gesetzeswidrig war, erwächst daraus ein **Entschließungsermessen**, d.h. die Aufsicht entscheidet über ein Einschreiten nach pflichtgemäßem Ermessen. Hingegen besteht eine Pflicht zum Tätigwerden nicht; dies folgt aus dem **Opportunitätsprinzip**,[6] nach dem die Aufsichtsbehörde abzuwägen hat, ob das Tätigwerden im öffentlichen Interesse geboten ist.

325 Dogmatisch lässt sich die fehlende Pflicht zum Einschreiten aus dem jeweiligen Wortlaut der §§ 119 bis 124 GemO herleiten, nach dem die Aufsicht die ihr zustehenden Rechte geltend machen „kann" und nicht etwa „muss".[7] Aus dem ungeschriebenen Merkmal des „öffentli-

---

5 Zu den Beispielen im Einzelnen *KBK* § 118 Rn. 26 m.w.N.
6 *BVerfG* 6, 104; 8, 122.
7 *VGH Mannheim* Urteil vom 25.4.1989 – 1S 1635/88.

chen Interesses" folgt zugleich, dass Privatpersonen einen Anspruch auf Einschreiten nicht haben – die Aufsicht wird gerade nicht im Interesse des Einzelnen, sondern nur in dem der Allgemeinheit tätig. Stört sich z.B. ein Bürger an einer Maßnahme der Gemeinde und hält er diese für rechtswidrig, kann er dies zwar gegenüber der Rechtsaufsicht zur Kenntnis bringen; einen (klagbaren) Anspruch auf Einschreiten hat er aber nicht. Jedoch kann die Hinweiserteilung auf ein rechtswidriges Verhalten einer Gemeinde sowohl eine Ermittlungspflicht der Rechtsaufsicht auslösen als auch die Pflicht, den Bürger sachgerecht zu bescheiden.[8]

Entschließt sich die Rechtsaufsichtsbehörde erst nach längerer Zeit zu einem Einschreiten, so ist dies unschädlich. Eine **Verwirkung** des Beanstandungsrechts kommt nach h.M. selbst dann nicht in Betracht, wenn die rechtswidrigen Zustände von der Aufsicht lange geduldet oder zuvor sogar genehmigt wurden, da die Herstellung rechtmäßiger Zustände dem Vertrauensschutz der Gemeinde vorgeht.

(2) Auswahlermessen

Ist die Rechtsaufsichtbehörde entschlossen, gegenüber einer Gemeinde tätig zu werden, stehen ihr hierfür die in §§ 120 bis 124 GemO genannten Mittel zur Verfügung. Diese Aufzählung ist nach h.M. abschließend.[9] Für welches der Aufsichtsmittel sich die Behörde entscheidet, steht in ihrem Ermessen (sog. **Auswahlermessen**). Dabei hat sie die allgemeinen Grundsätze der Ermessensausübung zu beachten. 326

dd) Grundsatz der Verhältnismäßigkeit

Im Übrigen ist bei der Ausübung des Beanstandungsrechts der Grundsatz der Verhältnismäßigkeit zu beachten. Mithin ist die Aufsicht gehalten, auf die Erlangung rechtmäßiger Zustände zunächst durch eine entsprechende Beratung hinzuwirken. Nur wenn sich die Gemeinde als „beratungsresistent" erweist, kann eine Beanstandung erfolgen. 327

ee) Inhalt und Folge der Beanstandung

Inhaltlich ist die Beanstandung eine **Feststellung der Rechtswidrigkeit** eines Beschlusses bzw. einer Anordnung. Einen „vollstreckbaren" Inhalt enthält die Beanstandung nicht. 328

Folge der Beanstandung ist, dass die Gemeinde den Beschluss bzw. die Anordnung nicht vollziehen darf, da gemäß § 121 Abs. 1 S. 3 GemO der Beanstandung eine **aufschiebende Wirkung** zukommt.

> **Hinweis**
>
> Bitte beachten Sie, dass die in § 121 Abs. 1 S. 3 GemO angeordnete aufschiebende Wirkung entfällt, wenn die Gemeinde die aufsichtsrechtliche Verfügung anficht. In diesem Fall tritt sodann im Hinblick auf die Beanstandungsverfügung die aufschiebende Wirkung des § 80 Abs. 1 S. 1 VwGO ein. Die beanstandete Maßnahme kann dann wiederum vollzogen werden. Möchte die Aufsichtsbehörde dies verhindern, muss sie den Sofortvollzug nach § 80 Abs. 2 Nr. 4 VwGO anordnen.

---

[8] *BGH* NJW 1971, 1699.
[9] *KBK* § 118 Rn. 43.

Aus der Gesetzesformulierung des § 121 Abs. 1 S. 2 GemO folgt, dass die Beanstandung der Rechtsaufsicht die Außenwirkung des Beschlusses bzw. der Maßnahme nicht tangiert; hierzu bedarf es vielmehr einer entsprechenden Verfügung der Gemeinde.

b) Aufhebungsverlangen

aa) Voraussetzungen

329 Beanstandet die Rechtsaufsichtsbehörde eine Anordnung oder einen Beschluss, kann sie zudem deren bzw. dessen Aufhebung verlangen. Die Voraussetzungen sind insoweit mit denen des Beanstandungsrechts identisch (Rn. 319 ff.).

Zusätzlich ist der Gemeinde eine **angemessene Frist** einzuräumen, innerhalb der die Aufhebung erfolgen muss. Zu laufen beginnt diese Frist erst dann, wenn die Verfügung der Aufsicht bestandskräftig wird. Etwas anderes gilt nur dann, wenn der Sofortvollzug unter den Voraussetzungen des § 80 Abs. 2 Nr. 4 VwGO angeordnet wurde.

> **JURIQ-Klausurtipp**
>
> Beachten Sie für die Klausur: Fehlt der Verfügung die Rechtsbehelfsbelehrung oder wurde diese unrichtig erteilt, tritt Bestandskraft erst nach Ablauf eines Jahres ein, § 58 Abs. 2 VwGO.

bb) Folge des Aufhebungsverlangens

330 Als Folge des Aufhebungsverlangens hat der Gemeinderat bzw. der Bürgermeister den beanstandeten Akt aufzuheben. Kommt die Gemeinde dem Verlangen nicht nach, kann die Rechtsaufsichtsbehörde die Ersatzvornahme gem. § 123 GemO anordnen (Rn. 347 ff.). Hingegen führt das Aufhebungsverlangen selbst nicht direkt zur Aufhebung der beanstandeten Maßnahme.

c) Rückgängigmachungsverlangen

aa) Voraussetzungen

331 Wurden aufgrund des Beschlusses/der Anordnung von gemeindlicher Seite bereits Maßnahmen getroffen, kann die Aufsicht deren Rückgängigmachung verlangen.

Voraussetzung für ein solches Verlangen ist zunächst die Beanstandung des zugrunde liegenden Beschlusses bzw. der entsprechenden Anordnung.

> **JURIQ-Klausurtipp**
>
> An dieser Stelle kann Ihnen eine inzidente Prüfung der Rechtmäßigkeit der Beanstandung abverlangt werden.

332 Zulässig ist ein Rückgängigmachungsverlangen zudem nur in denen Fällen, in denen die Gemeinde die **rechtliche Möglichkeit** hat, diesem nachzukommen. Problematisch kann dies insbesondere dann sein, wenn die Maßnahme, die rückgängig gemacht werden soll, Außenwirkung hat. In diesen Fällen muss die Aufsicht prüfen, ob eine rechtliche Befugnis besteht, die Maßnahme zu revidieren.

Die einzelnen Rechte der Aufsicht 13 C III

Beispiel Die Gemeinde hat aufgrund eines rechtswidrigen Gemeinderatsbeschlusses einen VA gegenüber einem Bürger erlassen. Soll dieser aufgehoben werden, muss die Rechtsaufsicht vor Erlass der Anordnung prüfen, ob die Gemeinde z.B. gemäß § 48 LVwVfG zur Rücknahme berechtigt ist. In der Klausur ist dies selbstverständlich Ihre Aufgabe!

bb) Folge des Rückgängigmachungsverlangens

Wie das Aufhebungsverlangen ist auch das Rückgängigmachungsverlangen ein **Verwaltungsakt**. Die Gemeinde ist als Folge hiervon gehalten, die streitgegenständliche Maßnahme rückgängig zu machen. Kommt sie dem nicht nach, kann die aufsichtsrechtliche Verfügung mittels Ersatzvornahme (Rn. 347 ff.) „vollstreckt" werden. 333

2. Anordnungsrecht – § 122 GemO

Erfüllt die Gemeinde die ihr gesetzlich obliegenden Pflichten nicht, kann die Rechtsaufsichtsbehörde anordnen, dass die Gemeinde innerhalb einer angemessenen Frist die notwendigen Maßnahmen durchzuführen hat (§ 122 GemO). Im Gegensatz zu der auf § 121 GemO gestützten Beanstandung schafft § 122 GemO die Möglichkeit, einer **gesetzeswidrigen Untätigkeit** der Gemeinde durch den Erlass einer entsprechenden Anordnung entgegen zu wirken. 334

Rechtmäßigkeit von Anordnungen nach § 122 GemO

I. Formelle Rechtmäßigkeit   Rn. 313 ff.

II. Materielle Rechtmäßigkeit
  1. Nichterfüllung gesetzlicher Pflichten
  2. „Fälligkeit" der Verpflichtung
  3. Fristsetzung
  4. Ermessen/Grundsatz der Verhältnismäßigkeit

PRÜFUNGSSCHEMA

---

a) Nichterfüllung gesetzlicher Pflichten

Voraussetzung der Anordnung nach § 122 GemO ist, dass die Gemeinde eine ihr gesetzlich obliegende **öffentlich-rechtliche Pflicht** nicht erfüllt. Grundlage der jeweiligen Verpflichtung muss folglich ein rechtsgültiges Gesetz im formellen oder materiellen Sinne sein. Nach h.M. muss sich die jeweilige Verpflichtung jedoch nicht unmittelbar aus der Rechtsnorm ergeben. Vielmehr werden auch solche Pflichten von § 122 GemO erfasst, die mittelbar auf eine gesetzliche Verpflichtung zurückgehen, unmittelbar aber aus einem öffentlich-rechtlichen Vertrag resultieren.[10] 335

Beispiel Die Straßenbaulast kann mittels öffentlich-rechtlichem Vertrag abweichend von den gesetzlichen Vorgaben geregelt werden (§ 45 StraßenG). Die sich aus diesem Vertrag im Einzelfall ergebenden Pflichten sind solche i.S.d. § 122 GemO.

---

10 *KBK* § 122 Rn. 3.

336 Nicht anordnen kann die Aufsichtsbehörde die Erfüllung rein privatrechtlicher Pflichten. An der Durchsetzung privatrechtlicher Ansprüche fehlt i.d.R. das öffentliche Interesse, da der Betroffene ohne weiteres den Zivilrechtsweg beschreiten kann.

> **Hinweis**
>
> Die Unterscheidung, ob die Pflicht dem öffentlichen oder aber dem zivilen Recht zuzuordnen ist, wird zumeist anhand der gleichen Kriterien zu beantworten sein wie bei der Abgrenzung des Verwaltungsrechtswegs vom ordentlichen Rechtsweg. Insoweit helfen Ihnen die Kenntnisse im Zusammenhang mit § 40 VwGO an dieser Stelle weiter.

337 Unbeachtlich ist, aus welchem Grunde die Gemeinde der ihr obliegenden Pflicht nicht nachkommt. Ausreichend – aber auch erforderlich ist –, dass eine objektive Pflicht zum Handeln besteht.

> **JURIQ-Klausurtipp**
>
> Wenn der Klausursachverhalt ein schuldloses Unterlassen der Gemeinde nahe legt, wird die Rechtsaufsichtsbehörde möglicherweise gegen den Grundsatz der Verhältnismäßigkeit verstoßen, wenn sie sofort eine förmliche Anordnung trifft, ohne die Gemeinde vorher im Wege der Beratung auf die Handlungspflicht hinzuweisen. Verwerten Sie also entsprechende Informationen bei der Prüfung der Verhältnismäßigkeit.

b) Fälligkeit der Verpflichtung

338 Da eine Pflicht zum Handeln seitens der Gemeinde nur besteht, wenn der betreffende Anspruch „fällig" ist, d.h. erfüllt werden muss, kann eine wirksame Anordnung nur nach Eintritt der Fälligkeit ergehen.

c) Fristsetzung

339 Notwendig ist ferner, dass die Gemeinde eine angemessene Frist zur Durchführung der notwendigen Maßnahme erhält, wobei diese erst mit **Bestandskraft des VA** zu laufen beginnt, es sei denn, es wurde seitens der Aufsicht ein Sofortvollzug angeordnet (hierzu Rn. 329).

d) Ermessen/Grundsatz der Verhältnismäßigkeit

340 Bezüglich der Ermessensausübung sowie der Beachtung des Grundsatzes der Verhältnismäßigkeit kann auf die Rn. 327 verwiesen werden. Besonderheiten hinsichtlich des Anordnungsrechts ergeben sich nicht.

e) Folge der Anordnung

341 Die Anordnung selbst ist ein Verwaltungsakt, der jedoch keinen eigenen Anspruch auf Vornahme der gerügten Handlung begründet. Vielmehr setzt die (rechtmäßige) Anordnung einen solchen Anspruch gerade voraus. Dies bedeutet: Die Anordnungsverfügung soll der Gemeinde lediglich vor Augen führen, dass sie eine ihr obliegende Verpflichtung nicht erfüllt hat.

Kommt die Gemeinde der Anordnung innerhalb der behördlich gesetzten, angemessenen Frist nicht nach, kann die Rechtsaufsicht die gebotene Handlung im Wege der **Ersatzvornahme** (§ 123 GemO, Rn. 347 ff.) selbst ausführen. Die Ersatzvornahme kann dabei bereits in der Anordnungsverfügung angedroht werden.

3. Informationsrecht – § 120 GemO

Grundlage für eine wirksame Ausübung der Aufsichtsfunktion ist die Gewährleistung von ausreichenden Informationen. § 120 GemO schafft hierfür die Rechtsgrundlage, indem die Norm der Behörde die Befugnis einräumt, sich „über einzelne Angelegenheiten der Gemeinde in geeigneter Weise zu unterrichten".

342

Rechtmäßigkeit der Einholung von Informationen nach § 120 GemO

I. Formelle Rechtmäßigkeit   Rn. 313 ff.

II. Materielle Rechtmäßigkeit
 1. Erfüllung rechtsaufsichtlicher Aufgaben
 2. Ermessen/Grundsatz der Verhältnismäßigkeit

PRÜFUNGSSCHEMA

---

a) Erfüllung rechtsaufsichtlicher Aufgaben

Voraussetzung für die rechtmäßige Ausübung des Informationsrechts nach § 120 GemO ist, dass dieses zur Erfüllung der Aufgaben der Aufsichtsbehörde erforderlich ist. Bestehen Hinweise auf ein rechtswidriges Verhalten einer Gemeinde, kann die Behörde nach Ausübung ihres Entschließungsermessens Informationen einholen um daraufhin zu entscheiden, ob und ggf. welche Aufsichtsmaßnahmen erforderlich sind.

343

b) Ermessen/Grundsatz der Verhältnismäßigkeit

Ob die Aufsicht von ihrem Informationsrecht Gebrauch macht, liegt in ihrem Ermessen. Gleiches gilt für die Auswahl der Maßnahme, die sie ergreift, um ihr Informationsbegehren zu befriedigen. Insoweit steht ihr ein Ermessen zu, welche Aktivitäten sie entfaltet, um sich in „geeigneter Weise" zu informieren.

344

Beispiel Möglich ist etwa die telefonische/schriftliche Auskunftseinholung, die Anforderung von Akten, die Teilnahme an Ausschuss- oder Gemeinderatssitzungen etc. ∎

Dabei ist der Grundsatz der Verhältnismäßigkeit zu beachten. Insoweit kann allgemein auf die Rn. 327 verwiesen werden.

Ebenfalls verhältnismäßig sein muss das Verlangen im Hinblick auf den Informationsumfang. Dieser wird sich regelmäßig nur auf einzelne Verwaltungsvorgänge beziehen können. Hingegen besteht eine umfassende Auskunftspflicht über das gesamte Verwaltungsgeschehen nur in begründeten Ausnahmefällen (zulässig könnte dies etwa im Falle des § 124 GemO sein, wenn die Verwaltung insgesamt nicht den gesetzmäßigen Erfordernissen genügt).

345

c) Folgen des Auskunftsersuchens

346 Dogmatisch handelt es sich bei dem Auskunftsersuchen der Behörde um einen **Verwaltungsakt**, der an die Gemeinde zu richten ist. Widersetzt sich die Gemeinde dem Auskunftsbegehren, kann die Aufsicht eine Anordnung gem. § 122 GemO erlassen und diese nötigenfalls im Wege der Ersatzvornahme (§ 123 GemO) vollstrecken.

> **Hinweis**
>
> Dem Informationsrecht der Aufsichtsbehörde steht korrespondierend gegenüber die **Anzeige- und Vorlagepflicht** der Gemeinde. Ist eine entsprechende Verpflichtung angeordnet – wie etwa in § 4 Abs. 3 GemO (vgl. hierzu Rn. 297) – muss die Gemeinde von sich aus informieren, ohne dass es einer Nachfrage durch die Aufsichtsbehörde bedarf. Besonders geregelt ist die Vorlagepflicht in § 121 Abs. 1 GemO. Ordnet das Gesetz eine Vorlagepflicht an, darf der betreffende Beschluss erst vollzogen werden, wenn die Aufsicht die Gesetzmäßigkeit bestätigt oder aber den Beschluss nicht binnen eines Monats beanstandet hat. Die Monatsfrist beginnt mit dem Eingang des Beschlusses bei der Behörde zu laufen, den diesen unverzüglich gegenüber der Gemeinde zu bestätigen hat.[11] § 121 Abs. 2 GemO dient damit der **präventiven Rechtskontrolle**.
>
> Beschlüsse, für die eine **Vorlagepflicht** besteht, sind:
>
> - § 81 Abs. 2 GemO: Haushaltssatzung,
> - § 82 Abs. 1 GemO: Nachtragssatzung,
> - § 92 Abs. 3 GemO: Veräußerung von Grundstücken und grundstücksgleichen Rechten sowie von Vermögensgegenständen, die unter ihrem Wert veräußert werden sollen,
> - § 96 Abs. 3 GemO: Wirtschaftsplan der wirtschaftlichen Unternehmen ohne eigene Rechtspersönlichkeit und öffentlicher Einrichtungen, für die auf Grund gesetzlicher Vorschriften Sonderrechnungen geführt werden,
> - § 103 Abs. 1, § 108 GemO: Errichtung, Übernahme oder wesentliche Erweiterung von wirtschaftlichen Unternehmen,
> - §§ 104, 108 GemO: Beteiligung an wirtschaftlichen Unternehmen,
> - §§ 106, 108 GemO: Veräußerung von wirtschaftlichen Unternehmen, von Teilen solcher und von Beteiligungen oder Abschluss von Rechtsgeschäften, durch welche die Gemeinde ihren Einfluss auf das wirtschaftliche Unternehmen verliert oder vermindert,
> - §§ 107, 108 GemO: Abschluss, Verlängerung oder Nichtverlängerung sowie wichtige Änderung von Energie- und Konzessionsverträgen,
> - § 109 Abs. 4 GemO: Entziehung der Leitung des Rechnungsprüfungsamtes und
> - § 126 Abs. 2 GemO: Verträge der Gemeinde mit einem Gemeinderat und dem Bürgermeister sowie nach § 72 GemO Verträge der Gemeinde mit einem Ortschaftsrat und dem Ortsvorsteher.
>
> Vorlagepflichtige Beschlüsse sind auch vor Bestätigung durch die Aufsichtsbehörde bzw. Ablauf der Monatsfrist in vollem Umfang wirksam. Insoweit unterscheidet sich die Vorlagepflicht des § 121 Abs. 2 GemO von einer in verschiedenen Fällen angeordneten Genehmigungspflicht. § 121 Abs. 2 GemO wird nach h.M. als **reine Ordnungsvorschrift** qualifiziert, deren Nichtbeachtung die Außenwirkung des Vollzugs nicht einschränkt.[12] Jedoch kann die Nichtbefolgung der Vorlagepflicht sowohl **dienstrechtliche** wie auch **haftungsrechtliche Konsequenzen** nach sich ziehen.

---

[11] Ziff. 4 VwV GemO zu § 121.
[12] *KBK* § 121 Rn. 23.

4. Ersatzvornahme – § 123 GemO

Kommt die Gemeinde einer Anordnung der Rechtsaufsichtsbehörde nach §§ 120 bis 122 GemO nicht innerhalb der bestimmten Frist nach, kann die Rechtsaufsichtsbehörde die Anordnung anstelle und auf Kosten der Gemeinde selbst durchführen oder die Durchführung einem Dritten übertragen (§ 123 GemO). § 123 GemO bietet der Rechtsaufsicht die Möglichkeit, die zuvor von ihr getroffenen **Aufsichtsmaßnahmen zu vollstrecken**, leistet die Gemeinde von sich aus keine oder nur ungenügend Folge. Die aufsichtsrechtliche Ersatzvornahme aus § 123 GemO ist insoweit der Ersatzvornahme des Verwaltungsvollstreckungsgesetzes nachgebildet (vgl. § 25 LVwVG). Die Norm beinhaltet kein eigenes Aufsichtsrecht, wie dies in den §§ 120–122 GemO der Fall ist, sondern eine Regelung zur Umsetzung der zuvor angeordneten Maßnahmen.

347

Rechtmäßigkeit einer Ersatzvornahme nach § 123 GemO

I. Formelle Rechtmäßigkeit   Rn. 313 ff.

II. Materielle Rechtmäßigkeit
1. Vollziehbare aufsichtsrechtliche Maßnahme i.F.v.
   - Informationsverlangen
   - Aufhebungsverlangen
   - Rückgängigmachungsverlangen oder
   - Anordnung,
2. Androhung
3. Ermessen/Grundsatz der Verhältnismäßigkeit

PRÜFUNGSSCHEMA

---

a) Vollziehbare aufsichtsrechtliche Maßnahme

Voraussetzung einer Ersatzvornahme ist zum einen, dass eine **rechtmäßige Anordnung** auf Grundlage der §§ 120 bis 123 GemO getroffen wurde, die der Gemeinde ein aktives Tun abverlangt. Taugliche Grundverfügungen, die mittels Ersatzvornahme „vollstreckt" werden können, sind demnach das Informationsverlangen nach § 120 GemO, das Verlangen nach Aufhebung gem. § 121 Abs. 1 S. 1 GemO und das nach Rückgängigmachung nach § 121 Abs. 1 S. 2 GemO sowie die Anordnung nach § 122 GemO. Der Ersatzvornahme nicht zugänglich ist eine Beanstandung nach § 121 Abs. 1 S. 1 GemO: sie stellt lediglich die Rechtswidrigkeit eines Beschlusses oder einer Anordnung fest und hat demnach keinen „vollstreckbaren" Inhalt.

348

Weiterhin muss die Anordnung vollstreckbar sein, d.h. sie muss entweder in **Bestandskraft** erwachsen sein oder es muss eine rechtmäßige **Anordnung des Sofortvollzugs** gem. § 80 Abs. 2 Nr. 4 VwGO vorliegen.

Schließlich muss die von der Aufsicht gesetzte Frist fruchtlos abgelaufen sein, wobei die Frist nur dann zu laufen beginnt, wenn Bestandskraft eingetreten oder Sofortvollzug angeordnet ist.

b) Androhung

349 Eine Pflicht zur Androhung der Ersatzvornahme sieht die GemO nicht vor. Auch ist das LVwVG, welches in § 20 eine Androhungspflicht explizit vorsieht, nicht unmittelbar auf die aufsichtsrechtlichen Maßnahmen nach § 123 GemO anzuwenden. Dennoch wird es aus Gründen der Rechtsstaatlichkeit und aufgrund des Wesens der Aufsicht, der letztlich auch eine Schutzfunktion zugunsten der Gemeinde zukommt, nur in besonders begründeten Ausnahmefällen zulässig sein, eine Ersatzvornahme ohne vorherige Androhung vorzunehmen.[13]

Die Androhung selbst ist ein **VA**, der i.d.R. schriftlich zu erlassen, zu begründen, zuzustellen und mit einer Rechtsbehelfsbelehrung zu versehen ist. Im Regelfall wird die Androhung mit der eigentlichen Anordnung nach §§ 120 bis 122 GemO bereits verbunden sein; zwingend erforderlich ist dies aber nicht. Die Androhung ist als eigenständiger VA anfechtbar.

c) Ermessen/Grundsatz der Verhältnismäßigkeit

350 Bezüglich der Ermessensausübung sowie der Beachtung des Grundsatzes der Verhältnismäßigkeit kann auf die Rn. 327 verwiesen werden.

d) Folge der Anordnung

351 Mittels der Anordnung nach § 122 GemO kann die Aufsicht sowohl Beschlüsse des Gemeinderats als auch Anordnungen des Bürgermeisters ersetzen. Ebenfalls ist sie befugt, die gefassten Beschlüsse oder Anordnungen umzusetzen. Handelt sie dabei nach Außen, so wirken die Maßnahmen **unmittelbar für und gegen die Gemeinde**. Dabei hat sie die gleichen rechtlichen Vorgaben zu beachten wie das Organ, für das sie tätig wird. Erlässt die Rechtsaufsicht im Wege der Ersatzvornahme einen VA gegen einen Dritten, so ist fraglich, wer in einem Widerspruchs- oder Klageverfahren passivlegitimiert ist. Die wohl h.M. nimmt an, dass der Widerspruch bzw. die Klage **gegen die Gemeinde** zu richten ist, da die Aufsicht an ihrer Stelle handelt.[14]

352 Die **Kosten der Ersatzvornahme** sind ausweislich § 123 GemO von der Gemeinde zu tragen. Die Norm statuiert damit einen Kostenerstattungsanspruch zugunsten der Aufsichtsbehörde.

> **JURIQ-Klausurtipp**
>
> In einer Klausur kann damit auch der Kostenerstattungsbescheid Ausgangspunkt Ihrer Prüfung sein. Wenn also nach der Rechtmäßigkeit der Kostenentscheidung gefragt wird, müssen Sie prüfen, ob die ihr zugrunde liegende Ersatzvornahme und zuvor die Aufsichtsmaßnahme rechtmäßig waren.

---

13 In diesem Sinne auch *KBK* § 123 Rn. 14; Ziff. 1 VwV GemO zu § 123.
14 *Ade* § 123 Rn. 2

5. Bestellung eines Beauftragten – § 124 GemO

Wenn die Verwaltung der Gemeinde in erheblichem Umfang nicht den Erfordernissen einer gesetzmäßigen Verwaltung entspricht und die Befugnisse der Rechtsaufsichtsbehörde nach §§ 120 bis 123 GemO nicht ausreichen, die Gesetzmäßigkeit der Verwaltung der Gemeinde zu sichern, kann die Rechtsaufsichtsbehörde einen **Beauftragten** bestellen, der alle oder einzelne Aufgaben der Gemeinde auf deren Kosten wahrnimmt (§ 124 GemO). Damit die Rechtsaufsicht von diesem weitreichenden Mittel Gebrauch machen kann, muss die Gemeinde wiederholt und schwer gegen die Gesetze verstoßen haben. Strenge Maßstäbe sind auch an den **Umfang der Bestellung** anzulegen: so ist dieser auf das unbedingt erforderliche Maß zu begrenzen. Im Rahmen seiner Bestellung erhält der Beauftragte die Kompetenzen, die das Organ, für das er bestellt wurde, originär hat. Gleichsam unterliegt er den gesetzlichen Bindungen des Organs, für das er handelt.

353

> **Hinweis**
>
> Die Bestellung eines Beauftragten ist die absolute Ausnahme und kommt in praxi wie auch in der Klausur so gut wie nie vor. Aus diesem Grunde wird auf eine ausführliche Darstellung dieser Maßnahme und auf ein Prüfungsschema verzichtet.

6. Vorzeitige Beendigung der Amtszeit des Bürgermeisters – § 128 GemO

Wird der Bürgermeister den Anforderungen seines Amtes nicht gerecht und treten dadurch so erhebliche Missstände in der Verwaltung ein, dass eine Weiterführung des Amts im öffentlichen Interesse nicht vertretbar ist, kann, wenn andere Maßnahmen nicht ausreichen, die Amtszeit des Bürgermeisters für beendet erklärt werden (§ 128 GemO). Zuständig für diese Maßnahme ist die Obere Rechtsaufsichtsbehörde, die die Amtsenthebung in einem förmlichen Verfahren zu betreiben hat.

354

> **Hinweis**
>
> Ebenso wie die Bestellung eines Beauftragten ist die Möglichkeit der Amtsenthebung eher theoretischer Natur, so dass auf eine ausführliche Darstellung dieses Rechts verzichtet wird.

7. Weitere Kompetenzen der Rechtsaufsichtsbehörde

a) Geltendmachung von Ansprüchen, Verträge mit der Gemeinde – § 126 GemO

Zuständig ist die Rechtsaufsichtsbehörde gem. § 126 GemO für die Geltendmachung von Ansprüchen der Gemeinde gegen Gemeinderäte, Ortschaftsräte, den Bürgermeister, den Ortsvorsteher oder den Ersten Beigeordneten. Ihr kommt insoweit die Stellung eines gesetzlichen Vertreters zu. Von § 126 GemO umfasst sind alle Ansprüche der Gemeinde, unabhängig davon, ob sie im Zusammenhang mit weisungsfreien oder weisungsgebundenen Aufgaben stehen. Die „Geltendmachung" eines Anspruchs ist nicht anzunehmen, wenn lediglich unstreitige Ansprüche erfüllt oder verwertet werden; damit unterliegt die Annahme, die Abtretung oder die Aufrechnung nicht dem § 126 GemO. Durch die Regelung und die damit verbundene Kompetenzverlagerung soll eine Interessenkollision innerhalb der Gemeinde verhindert werden.

355

356 § 126 GemO enthält in Abs. 2 des Weiteren eine Vorlagepflicht für Beschlüsse über Verträge der Gemeinde mit einem Gemeinderat oder dem Bürgermeister, sofern die Verträge nicht über feststehende Tarife abgeschlossen werden oder für die Gemeinde nur von nicht erheblicher wirtschaftlicher Bedeutung sind.

b) Zwangsvollstreckung – § 127 GemO

357 Eine besondere Verfahrensvorschrift betreffend die Zwangsvollstreckung gegen die Gemeinde wegen Geldforderungen beinhaltet § 127 GemO. Die Norm verlangt die Einholung einer Zulassungsverfügung zur Zwangsvollstreckung, in der die Rechtsaufsichtsbehörde zum einen die Gegenstände bezeichnen muss, in die vollstreckt werden kann und zum anderen den Zeitpunkt der Vollstreckung. Der Aufsicht kommt damit die Aufgabe zu, durch entsprechende Beschränkungen eine Vollstreckung in „lebenswichtige" Gegenstände zu verhindern um auf diese Weise die Handlungsfähigkeit der Gemeinde zu gewährleisten. Die Zulassungsverfügung selbst ist ein VA. Eine Vollstreckung ist erst möglich, wenn dieser bestandskräftig geworden ist oder aber die sofortige Vollziehung angeordnet wurde.

8. Exkurs: Besonderheiten beim Rechtsschutz gegen Maßnahmen der Rechtsaufsicht

358 Nachfolgend werden die Besonderheiten beim verwaltungsgerichtlichen Rechtsschutz gegen Maßnahmen der Rechtsaufsicht dargestellt.

a) Statthafte Klageart

359 Maßnahmen der Rechtsaufsicht sind **Verwaltungsakte** i.S.d. § 35 LVwVfG,[15] so dass als statthafte Klagearten regelmäßig die Anfechtungs- und Verpflichtungsklage (§ 42 Abs. 1 VwGO) in Betracht kommen.

> **JURIQ-Klausurtipp**
>
> In der Klausur kann im Zusammenhang mit den Aufsichtsverfügungen die Frage, ob ein VA vorliegt im Hinblick auf das Merkmal der **Außenwirkung** vor dem Hintergrund, dass die Gemeinde – gerade wie die Aufsichtsbehörde – Verwaltungsträger ist, (kurz) diskutiert werden. Letztlich ist dies aber zu bejahen, da die Gemeinde durch eine entsprechende Verfügung in einer eigenen Rechtsposition tangiert wird, nämlich dem aus Art. 28 Abs. 2 GG resultierenden Recht, Angelegenheiten der örtlichen Gemeinschaft eigenverantwortlich auszuführen. Damit wirkt die Verfügung nicht verwaltungsintern, sondern gegenüber der Gemeinde als Rechtssubjekt.

360 § 125 GemO stellt klar, dass sich die Gemeinde gegen Verfügungen auf dem Gebiet der Rechtsaufsicht nach Maßgabe des 8. Abschnitts der VwGO mit der Anfechtungs- und Verpflichtungsklage zur Wehr setzen kann. Einen eigenen Regelungsgehalt hat § 125 GemO damit nicht. Denn aufgrund der Qualifizierung der aufsichtsrechtlichen Maßnahme als Verwaltungsakt ist der Rechtsschutz bereits durch die VwGO abschließend vorgegeben.

---

15 *BVerwGE* 34, 301.

Die einzelnen Rechte der Aufsicht **13 C III**

> **Hinweis**
>
> Der Bundesgesetzgeber hat von seiner Gesetzeskompetenz aus Art. 74 Abs. 1 Nr. 1 GG Gebrauch gemacht, indem er die VwGO erlassen hat. Damit ist den Ländern aber in diesem Bereich die Rechtssetzungskompetenz entzogen; aus diesem Grunde konnte der Landesgesetzgeber in § 125 GemO keine eigenständige Regelung mehr treffen.

> **JURIQ-Klausurtipp**
>
> Stützen Sie aus den genannten Gründen die Statthaftigkeit der Anfechtungs- oder Verpflichtungsklage nicht auf § 125 GemO, sondern begründen Sie diese mit der VA-Qualität der jeweiligen Maßnahme.

Nicht im Wege der Anfechtungs- oder Verpflichtungsklage angegangen werden kann die Erklärung der vorzeitigen Beendigung der Amtszeit des Bürgermeisters (§ 128 GemO); diesbezüglich gehen die Regelungen des Disziplinarrechts vor. Rechtsschutz ist hier im Wege des förmlichen Disziplinarverfahrens zu suchen. **361**

b) Klagebefugnis

Klagebefugt (§ 42 Abs. 2 VwGO) ist ausschließlich die Gemeinde selbst, nicht hingegen einzelne Organe oder Organteile. Auch Dritte, die von der aufsichtsrechtlichen Maßnahme beschwert werden, sind nicht klagebefugt. **362**

c) Vorverfahren

Unter den Voraussetzungen des § 68 VwGO ist vor Klageerhebung ein Vorverfahren in Form eines Widerspruchsverfahrens durchzuführen. Bezüglich Form und Frist des Widerspruchs gelten die Anforderungen des § 70 Abs. 1 VwGO: Der Widerspruch der Gemeinde muss in Schriftform oder zur Niederschrift bei der Rechtsaufsichtsbehörde erhoben werden, die den VA erlassen hat. Die Frist, innerhalb derer der Widerspruch eingelegt werden muss, beträgt einen Monat. Die Frist ist auch gewahrt, wenn der Widerspruch bei der Behörde, die den Widerspruchsbescheid erlässt, eingelegt worden ist. Die Frist beginnt mit Zugang bei der Gemeinde zu laufen; unerheblich ist, ob an diesem Tage der Bürgermeister als Vertreter der Gemeinde oder der Gemeinderat Kenntnis von dem VA erlangt hat. Insoweit liegt es bei der Gemeinde, durch organisatorische Maßnahmen entsprechende Vorkehrungen zu treffen, um eine umgehende Kenntnisnahme des zuständigen Organs zu gewährleisten. **363**

D. Fachaufsicht

I. Begriff, Rechtsstellung

364 Der Begriff der Fachaufsicht ist in § 118 Abs. 2 GemO legaldefiniert:

„Die Aufsicht über die Erfüllung von Weisungsaufgaben bestimmt sich nach den hierüber erlassenen Gesetzen (Fachaufsicht)."

Fachaufsichtliches Handeln ist demnach nur in Bezug auf **weisungsgebundene Aufgaben** möglich.

›› Machen Sie sich an dieser Stelle nochmals den Unterschied von weisungsfreien und weisungsgebundenen Aufgaben klar (vgl. Rn. 46 ff.)! ‹‹

> **Hinweis**
>
> Bei weisungsfreien Aufgaben obliegt das „wie" der Aufgabenerfüllung stets der Gemeinde. Daher kommt i.d.R. eine Zweckmäßigkeitskontrolle nicht in Betracht (Ausnahme: soweit auf Grundlage von Art. 75 Abs. 1 S. 2 LV angeordnet). Hingegen bestimmt der Staat bei Weisungsaufgaben auch, wie die betreffende Aufgabe erfüllt wird. Somit kann sich eine aufsichtsrechtliche Kontrolle auch auf die Frage beziehen, ob die Art und Weise der Aufgabenausführung zweckmäßig war.

365 Zweck der Fachaufsicht ist es, die Gemeinden im Bereich der Weisungsaufgaben – also dort, wo übertragene staatliche Aufgaben und nicht solche der örtlichen Gemeinschaft erledigt werden – durch Ausübung von Kontrollbefugnissen in die Staatsverwaltung einzubinden. Die Befugnisse der Fachaufsicht sind weitergehend als die der Rechtsaufsicht, da sie sowohl eine **Rechtmäßigkeits- als auch eine Zweckmäßigkeitskontrolle** erlauben.

II. Aufsichtsmittel der Fachaufsichtsbehörde

366 Aus dem Wortlaut des § 118 Abs. 2 GemO wird deutlich, dass die Befugnisnormen für die Fachaufsicht nicht nur in der GemO selbst, sondern in den Spezialgesetzen zu suchen sind.

1. GemO

367 § 129 Abs. 2 S. 1 GemO räumt der Fachaufsicht lediglich ein **Informationsrecht** gem. § 120 GemO ein (hierzu Rn. 342). Weitere Aufsichtsrechte zugunsten der Fachaufsicht sieht die GemO nicht vor. Insbesondere kann die Fachaufsichtsbehörde die zugunsten der Rechtsaufsicht in den §§ 121 ff. GemO verankerten Rechte **nicht** für sich in Anspruch nehmen. Dies geht ausdrücklich aus § 129 Abs. 2 S. 2 GemO hervor, der statuiert:

„Für Aufsichtsmaßnahmen nach den Vorschriften der §§ 121 bis 124, die erforderlich sind, um die ordnungsgemäße Durchführung der Weisungsaufgaben sicherzustellen, ist nur die Rechtsaufsichtsbehörde zuständig, soweit gesetzlich nichts anderes bestimmt ist."

2. Spezialgesetzliche Aufsichtsrechte

368 Neben dem unmittelbar aus der GemO resultierenden Informationsrecht wird der Fachaufsichtsbehörde in diversen Spezialgesetzen ein **Weisungsrecht** gegenüber der mit der Weisungsaufgabe betrauten Gemeinde eingeräumt.

Beispiel Gemäß § 65 PolG können die für die Fachaufsicht zuständigen Behörden den allgemeinen Polizeibehörden – und damit der Gemeinde – unbeschränkt Weisungen erteilen.

Das Weisungsrecht ist insoweit mit dem rechtsaufsichtlichen Anordnungs- und Beanstandungsrecht (§§ 121, 122 GemO) vergleichbar. Auf seiner Grundlage kann die Fachaufsichtsbehörde die Gemeinde anweisen, wie sie bestimmte Aufgaben auszuführen hat. Damit kann sie sich über Beschlüsse oder Anordnungen hinwegsetzen und die Rückgängigmachung von bereits getroffenen Maßnahmen verlangen; zu beachten ist hierbei indes, dass eine Rückgängigmachung von Maßnahmen nur dann in Betracht kommt, wenn dies rechtlich zulässig ist.

Beispiel Die Rückgängigmachung eines VA kann nur verlangt werden, wenn dies gem. §§ 48, 49 LVwVfG noch möglich ist.

Das Recht der Ersatzvornahme steht der Fachaufsicht nur dann zu, wenn eine entsprechende spezialgesetzliche Ermächtigung besteht.

369

Beispiel § 65 Abs. 2 PolG normiert, dass jede zur Fachaufsicht zuständige Behörde die erforderliche Maßnahme treffen kann, wenn die angewiesene Behörde der Weisung keine Folge leistet. Diese Befugnis entspricht inhaltlich dem Recht auf Ersatzvornahme.

Gleichviel, welches Aufsichtsmittel die Fachaufsicht anwendet, hat sie stets § 118 Abs. 3 GemO zu beachten, nachdem die Aufsicht die **Entschlusskraft** und die **Verantwortungsfreudigkeit** der Gemeinde nicht beeinträchtigen darf.

III. Verhältnis der Fachaufsicht zur Rechtsaufsicht

Kommt der Fachaufsichtsbehörde kein eigenes Weisungsrecht zu, muss sie sich zur Geltendmachung ihrer Rechte **an die Rechtsaufsicht wenden** und diese um die Ausübung ihrer Aufsichtsrechte nach §§ 121 ff. GemO ersuchen. Gleiches gilt, wenn sie aufgrund eines bestehenden Weisungsrechts tätig wird, die Gemeinde dieser Weisung nicht nachkommt und der Fachaufsicht spezialgesetzlich kein Recht zur Ersatzvornahme eingeräumt ist. In diesem Fall kann nur die von der Fachaufsicht angerufene Rechtsaufsicht tätig werden und von ihrem Recht aus § 123 GemO Gebrauch machen, d.h. die Weisung im Wege der Ersatzvornahme umsetzen. Dabei muss jedoch beachtet werden, dass die fachaufsichtliche Weisung selbst nicht im Wege der rechtsaufsichtlichen Ersatzvornahme „vollstreckt" werden kann, da es hierzu einer Anordnung der Rechtsaufsicht bedarf. Daraus folgt: missachtet die Gemeinde eine Weisung der Fachaufsicht, muss die Rechtsaufsicht zunächst eine Anordnung erlassen, aus der sich die Pflicht zur Umsetzung der Weisung ergibt. Befolgt die Gemeinde diese Anordnung (ebenfalls) nicht, kommt eine rechtsaufsichtliche Ersatzvornahme nach § 123 GemO in Betracht.

370

Grundsätzlich ist die Rechtsaufsichtsbehörde zur Mitwirkung bei der Durchsetzung der fachaufsichtlichen Weisungen verpflichtet. Aus dieser Mitwirkungsverpflichtung resultiert jedoch **kein Anspruch auf Tätigwerden** der Rechtsaufsicht. Vielmehr hat sie das Ersuchen der Fachaufsicht nach pflichtgemäßem Ermessen zu prüfen und sodann im Lichte des Opportunitätsprinzips zu entscheiden, ob sie von ihren Aufsichtsmitteln Gebrauch macht. Grundlage ihrer Entscheidung wird zunächst die Prüfung sein, ob die Gemeinde gesetzeswidrig handelte und damit die Voraussetzungen der §§ 120 ff. GemO vorliegen. Eine solche Gesetzeswidrigkeit ist zu bejahen, wenn die Fachaufsicht ein Weisungsrecht hatte und die Gemeinde die Weisung

371

nicht befolgte. Ob die Weisung inhaltlich zutreffend erteilt wurde, entzieht sich weitgehend der Prüfung der Rechtsaufsicht. Insbesondere ist sie nicht befugt, die Zweckmäßigkeit der Weisung zu beurteilen, da sich ihre Kompetenz gerade nicht auf eine Zweckmäßigkeitskontrolle bezieht. Zu prüfen hat sie jedoch, ob ein ggf. zugunsten der Fachaufsicht bestehendes Ermessen bezüglich der Weisungserteilung fehlerfrei ausgeübt wurde. Entscheidet sich die Rechtsaufsicht für ein Einschreiten, steht die Auswahl des anzuwendenden gesetzlichen Aufsichtsmittels in ihrem Ermessen.

> **JURIQ-Klausurtipp**
>
> Stellt sich der Klausursachverhalt so dar, dass eine Gemeinde eine fachaufsichtliche Weisung missachtet und daraufhin die Rechtsaufsicht tätig wird, müssen Sie bei der Prüfung, ob das Handeln der Rechtsaufsicht rechtmäßig war zunächst klären, ob die der Maßnahme zugrunde liegende Weisung der Fachaufsicht ihrerseits rechtmäßig erging.

372 Kommt die Rechtsaufsicht dem Antrag der Fachaufsicht auf Vornahme einer rechtsaufsichtlichen Maßnahme zur Durchsetzung der fachaufsichtlichen Weisung nicht nach, kann die Fachaufsichtsbehörde hiergegen eine **Dienstaufsichtsbeschwerde** erheben.

IV. Fachaufsichtsbehörden

373 Eine Regelung betreffend die Zuständigkeit für die Ausübung der Fachaufsicht enthält die GemO nicht. Welche Behörde Fachaufsichtsbehörde ist, bestimmt sich – gerade wie die Aufsichtsmittel – nach den jeweiligen Spezialgesetzen.

> **Beispiel** Gemäß § 64 Nr. 3 PolG führen die Fachaufsicht über die Ortspolizeibehörden (= Gemeinden) in den Stadtkreisen und Großen Kreisstädten die Regierungspräsidien, im Übrigen die Landratsämter.

V. Exkurs: Besonderheiten beim Rechtsschutz gegen Maßnahmen der Fachaufsicht

1. Rechtliche Einordnung der fachaufsichtlichen Maßnahme

374 Die Frage, ob und ggf. welche Art von Rechtsschutz der Gemeinde gegen Maßnahmen der Fachaufsicht zusteht, beantwortet sich anhand der rechtlichen Qualität dieser Maßnahme. Die h.M. nimmt an, dass fachaufsichtliche Weisungen grundsätzlich **keine Verwaltungsakte** sind, da ihnen die Außenwirkung fehlt.[16] Begründet wird dies mit der Funktion der Gemeinde bei Erledigung der Weisungsaufgabe, bei der sie als nachgeordnete Behörde tätig wird und nicht – wie bei weisungsfreien Angelegenheiten – im Wege der kommunalen Selbstverwaltung. Wenngleich die fachaufsichtliche Weisung an die Gemeinde als rechtliche Körperschaft gerichtet ist, erfüllt diese die Weisungsaufgaben nicht als eigene Aufgaben, sondern als solche des Landes. Aufgrund des in der staatlichen Verwaltung vorherrschenden Grundsatzes der Über- und Unterordnung stehen ihr folglich keine eigenen Rechte, sondern

---

16 *BVerwGE* 19, 121, 123; 45, 207, 210.

nur Kompetenzen gegenüber der vorgesetzten Behörde zu.[17] Damit verlässt die Weisung – bildlich gesprochen – den Bereich der staatlichen Verwaltung nicht. Folglich kommt ihr keine Außenwirkung und damit keine VA-Qualität zu. Etwas anderes kann nur dann gelten, wenn die Weisung gleichzeitig in subjektive Rechte der Gemeinde eingreift.

Beispiel Die Weisung greift in die Organisations- oder Personalhoheit der Gemeinde ein, indem sie im Einzelnen vorschreibt, unter Einsatz welcher Mittel bzw. welchen Personals die Aufgabe zu erledigen ist. ■

In diesen Fällen wird eine Außenwirkung jedenfalls von der h.M. bejaht.[18]

2. Weisungen ohne VA-Qualität

Kommt der Weisung keine Außenwirkung zu, liegt kein VA vor, so dass eine Anfechtungsklage nicht statthaft ist. Eine allgemeine Leistungsklage wäre aufgrund des auf sie analog anzuwendenden § 42 Abs. 2 VwGO nur dann zulässig, wenn die Gemeinde eine Klagebefugnis und damit die Betroffenheit in subjektiven Rechten geltend machen könnte. Dies ist aber regelmäßig zu verneinen, da die Weisung als „verwaltungsinterne" Maßnahme die Gemeinde gerade nicht in eigenen Rechten verletzt. Ähnliches gilt für die Feststellungsklage: folgt man der Ansicht, nach der § 42 Abs. 2 VwGO auf sie ebenfalls analog anzuwenden ist, führt dies zum selben Ergebnis wie bei der Leistungsklage. Nimmt man hingegen an, dass § 42 Abs. 2 VwGO nicht analog anzuwenden ist, wird man das Feststellungsinteresse (§ 43 Abs. 1 VwGO) verneinen müssen.

375

3. Weisung mit VA-Qualität

Hat die Weisung ausnahmsweise VA-Qualität, weil sie in die subjektiven Rechte der Gemeinde eingreift, ist eine Anfechtungsklage statthaft.

376

Online-Wissens-Check

Was darf die Rechtsaufsicht überprüfen, was die Fachaufsicht?

Überprüfen Sie jetzt online Ihr Wissen zu den in diesem Abschnitt erarbeiteten Themen. Unter **www.juracademy.de/skripte/login** steht Ihnen ein Online-Wissens-Check speziell zu diesem Skript zur Verfügung, den Sie kostenlos nutzen können. Den Zugangscode hierzu finden Sie auf der Codeseite.

---

17 *BVerwG* DVBl. 1978, 638.
18 *KBK* § 129 Rn. 16 m.w.N.; a.A. *Gern* Rn. 460.

14. Teil
Kommunalverfassungsstreit

377 Streitigkeiten zwischen Organen, Organteilen und Organvertretern einer Gemeinde (bzw. eines Landkreises) unterliegen im Hinblick auf das Prozessrecht Besonderheiten. Streiten Organe oder Organteilen miteinander und ist Gegenstand dieses Streits ein organschaftliches Recht, welches ihnen aufgrund ihrer Organstellung zusteht, liegt eine **reine Innenrechtsstreitigkeit** vor. Im Gegensatz zu den „normalen", in der VwGO vorgesehenen Klageverfahren, in denen auf Kläger- und Beklagtenseite unterschiedliche juristische oder natürliche Personen stehen, sind die Parteien des Organstreits rechtlich ein und demselben Verwaltungsträger zuzuordnen.

> **Beispiele**
> (1) Ein Viertel der Gemeinderäte beantragt gem. § 34 Abs. 1 GemO die Einberufung einer Gemeinderatssitzung. Der Bürgermeister lehnt den Antrag unberechtigt ab. Der Anspruch eines Viertels des Gemeinderats auf Einberufung einer Sitzung ist ein organschaftliches Recht, welches nur von diesem reklamiert werden kann (und nicht etwa von einem außen stehenden Dritten). Kommt es zum verwaltungsgerichtlichen Verfahren, wird dies als **Innenrechtsstreit** geführt, da Verfahrensbeteiligte Organe bzw. Organteile derselben Gemeinde sind; der Streit verlässt – bildlich gesprochen – die Gemeinde nicht. Deutlich wird dies auch dadurch, dass die Ablehnung des Antrags nach § 34 Abs. 1 GemO mangels Außenwirkung **kein VA** ist.
> (2) Verweist der Bürgermeister kraft seines Hausrechts einen randalierenden Zuhörer aus der Gemeinderatssitzung, ist dieser Verweis ein VA. Wehrt sich der Bürger auf dem Verwaltungsrechtsweg, handelt es sich um einen Rechtsstreit in einer Außenrechtsbeziehung (Gemeinde – Bürger), nicht um einen Organstreit. ■

378 Da die VwGO zunächst nicht auf Streitigkeiten im Innenrechtsverhältnis zugeschnitten war, bedurfte es einer „schöpferischen Rechtsfortbildung",[1] um die Rechtsbeziehungen der Organe untereinander im System der VwGO justitiabel zu machen. Kreiert wurde für den Streit zweier Organe über Rechtspositionen, die ihnen jeweils als Organ zustehen, das sog. **Organstreitverfahren**. Handelt es sich bei den Organen um solche einer Gemeinde oder eines Landkreises, ist von einer Sonderform des Organstreits, nämlich dem **Kommunalverfassungsstreit** die Rede.

379 Begrifflich werden zwei Arten des Kommunalverfassungsstreits unterschieden: sind Verfahrensbeteiligte zwei Personen eines Organs, handelt es sich um ein **intraorganliches Verfahren**. Streiten indes zwei Organe eines Verwaltungsträgers, bezeichnet man dies als **interorganliches Verfahren**.[2]

> **Hinweis**
>
> Um Ihnen die Probleme im Zusammenhang mit dem Kommunalverfassungsstreitverfahren möglichst klausuroptimiert darzustellen, sind die nachfolgenden Ausführungen im Stile einer verwaltungsgerichtlichen Klageprüfung aufgebaut.

---
1 *Gern* Rn. 420.
2 *Gersdorf* Rn. 265.

Kommunalverfassungsstreit

A. Zulässigkeit der Klage
  I. Eröffnung des Verwaltungsrechtswegs – § 40 VwGO
    - Rechtsstreitigkeit   Rn. 381
    - Nichtverfassungsrechtliche Streitigkeit   Rn. 382
  II. Statthafte Klageart
    - Klage sui generis?   Rn. 383
  III. Klagebefugnis
  IV. Feststellungsinteresse
  V. Beteiligtenfähigkeit
    - § 61 Nr. 1, 2 oder 3 VwGO?   Rn. 386
  VI. Weitere Zulässigkeitsvoraussetzungen

B. Begründetheit der Klage
  I. Passivlegitimation
  II. Rechtsverletzung
    - Verletzung organschaftlicher Rechte   Rn. 389

PRÜFUNGSSCHEMA

A. Zulässigkeit der Klage

I. Eröffnung des Verwaltungsrechtswegs – § 40 VwGO

Erste Voraussetzung für die Zulässigkeit eines verwaltungsgerichtlichen Verfahrens ist die Eröffnung des Verwaltungsrechtswegs (§ 40 VwGO). § 40 VwGO ist bei einem Kommunalverfassungsstreit im Ergebnis in der Regel zu bejahen, da die **streitentscheidenden Normen** aus der GemO (bzw. LKrO) stammen und damit dem öffentlichen Recht zuzuordnen sind. Dennoch sollten in der Klausur zwei Problempunkte angesprochen und in der gebotenen Kürze diskutiert werden:

380

1. Rechtsstreitigkeit

Bisweilen wurde vertreten, das innerhalb einer juristischen Person des öffentlichen Rechts herrschende Binnenrecht könne einer juristischen Prüfung nicht unterzogen werden. Die in diesen Binnenrechtsbereich eingegliederten Personen seien einem besonderen Gewaltenverhältnis unterworfen, welches nicht justitiabel sei. Nach dieser Ansicht war bei einem sich auf reines Innenrecht beziehenden Kommunalverfassungsstreit mangels Rechtsstreitigkeit der Verwaltungsrechtsweg bereits nicht eröffnet. Nach der heute h.M. ist jedoch auch das Binnenrecht eines Verwaltungsträgers rechtlich überprüfbar.[3] Das Merkmal der „Streitigkeit" i.S.d. § 40 VwGO ist demnach erfüllt.

381

---
[3] *Schenke* Rn. 95.

2. Nichtverfassungsrechtliche Streitigkeit

 382 Gemäß § 40 VwGO können auf dem Verwaltungsrechtsweg nur nichtverfassungsrechtliche Streitigkeiten verfolgt werden.

Verfassungsrechtliche Streitigkeiten sind nach der Definition des BVerfG solche zwischen den am Verfassungsleben unmittelbar beteiligten Rechtsträgern, Verfassungsorganen auf Bundes- und Landesebene und Teilen hiervon um ihre **verfassungsmäßig verbrieften Rechte und Pflichten**.[4] Wenngleich es sich bei dem Kommunalverfassungsstreit begrifflich um eine „verfassungsrechtliche" Streitigkeit handelt, ist Gegenstand eines solchen Rechtsstreits nur einfaches Gesetzesrecht und die sich daraus ergebenden Rechte und Pflichten der Organe der Gemeinde (bzw. des Landkreises). Die vom BVerfG aufgestellten Voraussetzungen an eine verfassungsrechtliche Streitigkeit i.S.d. § 40 VwGO sind demnach nicht erfüllt, so dass eine nichtverfassungsrechtliche Streitigkeit anzunehmen ist.

II. Statthafte Klageart

 383 Die Frage nach der statthaften Klageart ist bezüglich des Kommunalverfassungsstreits umstritten. Teils wird das Kommunalverfassungsstreitverfahren als **Klageart sui generis** bezeichnet.[5] Dem wird jedoch von der wohl h.M. der numerus clausus der in der VwGO genannten Klagearten entgegengehalten.[6] Als Folge dieser Ansicht muss ein Kommunalverfassungsstreit mittels der in der VwGO vorgesehenen Klagearten geführt werden. Die Anfechtungs- wie auch die Verpflichtungsklage scheiden hierfür aus, da die angegriffene Maßnahme mangels Außenwirkung regelmäßig keine VA-Qualität hat. Somit kommen lediglich die **allgemeine Leistungsklage** oder die **Feststellungsklage** in Betracht. Welche dieser Klagearten statthaft ist, hängt im Einzelfall vom **Klageziel** ab.

Eine Leistungsklage ist dann zu erheben, wenn von einem Organ oder Organteil ein Tun, Dulden oder Unterlassen begehrt wird.

Beispiel Ein Viertel der Gemeinderäte begehrt die Einberufung einer Sitzung gem. § 34 Abs. 1 S. 3 GemO. Der Bürgermeister verweigert dies. Statthaft hiergegen ist die allgemeine Leistungsklage. ∎

Soll hingegen die Verletzung organschaftlicher Rechte geltend gemacht werden, ist hierfür die (subsidiäre) Feststellungsklage statthaft. Ein hierfür erforderliches feststellungsfähiges Rechtsverhältnis ist aufgrund des organschaftlichen Rechte- und Pflichtenverhältnis zwischen den Beteiligten anzunehmen.[7]

Beispiel Der Gemeinderat will feststellen lassen, dass die vom Bürgermeister angeordnete allgemeine Begrenzung der Redezeit auf 5 Minuten je Gemeinderat rechtswidrig ist. ∎

---

4 *BVerfGE* 27, 157; *Gern* Rn. 422.
5 So etwa *OVG Münster* DVBl. 1973, 647; *Gern* Rn. 423.
6 Statt vieler: *VGH BW* BWVBl. 1973, 137; *BVerwGE* 20, 238; *Gern* Rn. 423.
7 *VGH BW* NVwZ-RR 1990, 369; *Gern* Rn. 423.

III. Klagebefugnis

Zulässigkeitsvoraussetzung des Kommunalverfassungsstreitverfahrens ist sowohl bezüglich der allgemeinen Leistungsklage wie auch der Feststellungsklage die Bejahung der Klagebefugnis (§ 42 Abs. 2 VwGO analog). Hierfür muss nach dem Sachvortrag des Klägers eine **Verletzung** der aus Gesetz oder der Geschäftsordnung abgeleiteten **organschaftlichen Rechte** möglich sein. Eine Berufung auf Normen des Außenrechts (z.B. auf Grundrechte) ist hingegen ausgeschlossen, weil sich der Kommunalverfassungsstreit gerade nur auf die im Innenrechtsverhältnis bestehenden Rechte und Pflichten bezieht.

384

IV. Feststellungsinteresse

Neben der Klagebefugnis muss der Kläger bei Erhebung einer Feststellungsklage weiterhin ein Feststellungsinteresse (§ 43 VwGO) für sich reklamieren. Er muss also ein berechtigtes Interesse an der begehrten Feststellung geltend machen.[8] Ein Feststellungsinteresse ist in der Regel dann gegeben, wenn Gegenstand der Klage die Verletzung eigener organschaftlicher Befugnisse ist.[9] Typischerweise liegt ein Feststellungsinteresse vor, wenn eine **Wiederholungsgefahr** der gerügten Rechtsverletzung besteht.[10]

385

V. Beteiligtenfähigkeit

Fähig, an einem verwaltungsgerichtlichen Verfahren beteiligt zu sein, sind gem. § 61 VwGO natürliche und juristische Personen (Nr. 1), Vereinigungen, soweit ihnen ein Recht zustehen kann (Nr. 2) und Behörden, sofern das Landesrecht dies bestimmt (Nr. 3).

386

Die Beteiligtenfähigkeit von Organen oder Organteilen (so etwa den Fraktionen) ist dem Grunde nach unbestritten, solange sie eine Verletzung ihrer organschaftlichen Rechte geltend machen.[11] Streit herrscht lediglich darüber, auf welchen der drei genannten Tatbestände des § 61 VwGO hierbei abzustellen ist. Nach verschiedenen Ansichten ist § 61 Nr. 1 VwGO dann nicht unmittelbar anwendbar, wenn der Kläger die Verletzung von Innenrecht vorbringt. Ebenso sei § 61 Nr. 2 VwGO nicht direkt anwendbar, weil dessen Regelungsgehalt nur auf Vereinigungen von Außenrechtssubjekten abziele.[12] Für die Anwendung des § 61 Nr. 3 VwGO fehlt es bereits an einer landesrechtlichen Bestimmung in Baden-Württemberg. Im Ergebnis wendet die h.M. daher betreffend die Beteiligtenfähigkeit einer einzelnen Person (z.B. eines einzelnen Gemeinderats) § 61 Nr. 1 VwGO, betreffend einer Personenmehrheit § 61 Nr. 2 VwGO **analog** an.

> **JURIQ-Klausurtipp**
>
> Vergeuden Sie in der Klausur an diesem rein dogmatischen Streit keine Zeit und fassen Sie sich entsprechend kurz.

---

8 *VG Gelsenkirchen* NVwZ-RR 1989, 209; *Gern* Rn. 424.
9 *BVerwGE* 36, 192 (199); *Gern* Rn. 424.
10 *VGH BW*, NVwZ-RR 1990, 1650.
11 *VGH BW*, NVwZ 1984, 664.
12 Einen kurzen Überblick über den Meinungsstand finden Sie bei *Gern* Rn. 426.

VI. Weitere Zulässigkeitsvoraussetzungen

387 Bezüglich der weiteren Zulässigkeitsvoraussetzungen ergeben sich im Hinblick auf das kommunalverfassungsrechtliche Verfahren keine Besonderheiten zur „normalen" Leistungs- oder Feststellungsklage.

B. Begründetheit der Klage

I. Passivlegitimation

388 Im Kommunalverfassungsstreitverfahren ist die Klage in analoger Anwendung des § 78 VwGO **gegen das Organ** zu richten, dem die behauptete Rechtsverletzung angelastet wird bzw. gegenüber dem die in Anspruch genommene Rechtsposition besteht.[13]

II. Rechtsverletzung

389 Eine kommunalverfassungsrechtliche Klage in Form einer allgemeinen Leistungsklage ist begründet, wenn die Ablehnung der begehrten Maßnahme gegen organschaftliche Rechte verstößt und der Kläger hierdurch in **seinen Befugnissen als Organ oder Organteil** verletzt ist. Entsprechendes gilt für die Feststellungsklage: Sie ist begründet, wenn eine **Verletzung der organschaftlichen Rechte** des Klägers gegeben ist und diese Rechtsverletzung auf einer Organhandlung beruht. Sodann ist im Urteil die Rechtsverletzung auszusprechen. Nicht festgestellt wird hingegen, dass die angegriffene Organhandlung selbst rechtswidrig war.[14]

> **Hinweis**
>
> **Organschaftliche Rechte**
>
> Nachfolgend fassen wir für Sie einige organschaftliche Rechte zusammen, deren Verletzung im Kommunalverfassungsstreitverfahren geltend gemacht werden können:
>
> - § 24 Abs. 3 GemO: Recht eines Viertels der Gemeinderäte auf Unterrichtung und Akteneinsicht,
> - § 24 Abs. 4 GemO: Recht des einzelnen Gemeinderats, Anfragen stellen zu dürfen,
> - § 34 GemO: Recht des einzelnen Gemeinderats (spiegelbildlich zur Pflicht aus § 34 Abs. 3 GemO), an einer Sitzung teilnehmen zu dürfen, sowie das mit der Teilnahme verbundenen Mitwirkungs-, Rede- und Antragsrecht,
> - § 34 Abs. 1 GemO: Recht eines Mitglieds des Gemeinderats auf Einhaltung der Regeln über die ordnungsgemäße Einberufung der Sitzung, so z.B. die Übersendung der erforderlichen Sitzungsunterlagen,
> - § 34 Abs. 1 S. 4 GemO: Anspruch eines Viertels der Gemeinderäte auf Aufnahme eines Tagesordnungspunktes in die Tagesordnung der Gemeinderatssitzung,
> - § 37 GemO: Teilnahmerecht des einzelnen Gemeinderats an den Beratungen und Beschlussfassungen, Abstimmungen und Wahlen,
> - § 37 Abs. 7 S. 1 GemO: Widerspruchsrecht eines jeden Ratsmitglieds gegen offene Wahlen,
> - § 38 Abs. 1 S. 2 GemO: Recht eines jeden Ratsmitglieds auf Protokollierung von Erklärungen und Abstimmungsverhalten,
> - § 43 Abs. 4 GemO: Recht des Gemeinderats auf Einhaltung der Grenzen der Eilentscheidungszuständigkeit durch den Bürgermeister.

---

13 *VGH BW* NVwZ-RR 1990, 370; *OVG Münster* NVwZ 1990, 188.
14 *VGH BW* NVwZ-RR 1989, 153.

C. Einstweiliger Rechtsschutz

In Fällen besonderer Eilbedürftigkeit kann Rechtsschutz mittels einer **einstweiligen Anordnung** gem. § 123 VwGO erlangt werden. Diese Verfahrensart ist statthaft, da in der Hauptsache eine Leistungs- oder Feststellungsklage zu erheben ist. Ein Antrag nach § 80 VwGO scheidet im Zusammenhang mit einer kommunalverfassungsrechtlichen Streitigkeit hingegen aus, da dieser nur dann statthaft ist, wenn Gegenstand des Hauptsacheverfahrens eine Anfechtungsklage ist.

390

Online-Wissens-Check

Welches sind die statthaften Klagearten beim Kommunalverfassungsstreit?

Überprüfen Sie jetzt online Ihr Wissen zu den in diesem Abschnitt erarbeiteten Themen. Unter **www.juracademy.de/skripte/login** steht Ihnen ein Online-Wissens-Check speziell zu diesem Skript zur Verfügung, den Sie kostenlos nutzen können. Den Zugangscode hierzu finden Sie auf der Codeseite.

D. Übungsfall Nr. 4

391 „Die nichtöffentliche Gemeinderatssitzung"

Im Gemeinderat der Gemeinde R wurde in nichtöffentlicher Sitzungen über die Vergabe eines Planungsauftrags beraten. Gemeinderat G hält es für rechtswidrig, dass die Öffentlichkeit bei der Beschlussfassung ausgeschlossen war. Er erhebt daraufhin Klage gegen die Gemeinde zum zuständigen Verwaltungsgericht und beantragt festzustellen, dass Beratung und Beschlussfassung über den Planungsauftrag im nichtöffentlichen Teil der Gemeinderatssitzung rechtswidrig waren. Durch die Nichtöffentlichkeit der Sitzung sei er in seinem Mitgliedschaftsrecht auf Öffentlichkeit der Gemeinderatssitzung verletzt. Der Öffentlichkeitsgrundsatz diene der demokratischen Kontrolle und Legitimation des Gemeinderats. Diese Funktion begründe ein vom Gemeinderat abgeleitetes Mitgliedschaftsrecht des Gemeinderatsmitglieds auf Öffentlichkeit der Sitzung.

Hat die Klage Aussicht auf Erfolg?

392 Lösung

I. Verwaltungsrechtsweg – § 40 VwGO

Das von G geführte Kommunalverfassungsstreitverfahren ist eine Streitigkeit i.S.d. § 40 VwGO, wenngleich hiervon reines Innenrecht der Gemeinde betroffen ist. Dies folgt daraus, dass im Hinblick auf das Gebot des effektiven Rechtsschutzes auch reine Binnenrechtsstreitigkeiten gerichtlich überprüfbar sein müssen. Die Streitigkeit ist zudem eine öffentlich-rechtliche, da die streitentscheidende Norm – § 35 GemO – dem öffentlichen Recht zuzuordnen ist.

Des Weiteren handelt es sich um eine Streitigkeit nichtverfassungsrechtlicher Art. Verfassungsrechtliche Streitigkeiten sind nur zwischen den am Verfassungsleben unmittelbar beteiligten Rechtsträgern, Verfassungsorganen auf Bundes- und Landesebene oder Teilen hiervon um ihre verfassungsmäßig verbrieften Rechte und Pflichten anzunehmen. Der von G angestrengte Kommunalverfassungsstreit umfasst hingegen lediglich die einfachrechtlichen Rechte und Pflichten der Organe der Gemeinde.

II. Statthaftigkeit der Klage

Die statthafte Klageart richtet sich nach dem Klagebegehren. G begehrt mit seiner Klage die Feststellung, dass die Durchführung der streitgegenständlichen Gemeinderatssitzung unter Ausschluss der Öffentlichkeit rechtswidrig war.

Die Feststellungsklage ist lediglich dann statthaft, wenn der Kläger seine Rechte nicht mit den anderen verwaltungsgerichtlichen Klagearten geltend machen kann. G konnte vorliegend sein Begehren nicht im Wege der Anfechtungsklage überprüfen lassen, da der Ausschluss der Öffentlichkeit von einer Gemeinderatssitzung lediglich gegenüber den Zuhörern in der Sitzung ein Verwaltungsakt ist. Im Hinblick auf den einzelnen Gemeinderat handelt es sich hingegen um eine rein gemeindeinterne Maßnahme ohne Außenwirkung, mithin nicht um einen VA, so dass die Erhebung einer Anfechtungsklage unstatthaft gewesen wäre. Anhaltspunkte dafür, dass G sein Begehren mittels Leistungsklage durchsetzten könnte, sind nicht ersichtlich. Die Feststellungsklage ist daher statthaft.

III. Klagebefugnis – § 42 Abs. 2 VwGO analog

Der kommunalverfassungsrechtliche Organstreit ist nach dem die Verwaltungsgerichtsordnung beherrschenden Prinzip des subjektiven Rechtsschutzes nur dann zulässig, wenn und soweit der Kläger sich auf eine Rechtsposition berufen kann, die ihm durch das Gesetz eingeräumt ist (§ 42 Abs. 2 VwGO analog). Im Rahmen eines Kommunalverfassungsstreits kann sich der Kläger lediglich auf die ihm als Organteil zustehenden mitgliedschaftlichen Rechte berufen. Fraglich ist, ob sich G vorliegend auf die behauptete Missachtung des aus § 35 GemO resultierenden Öffentlichkeitsgrundsatzes berufen kann, d.h. ob § 35 GemO ihm eine aufgrund seiner Mitgliedschaft im Gemeinderat bestehende Rechtsposition vermittelt.

1. Der Grundsatz der Öffentlichkeit der Gemeinderatssitzungen (§ 35 Abs. 1 S. 1 GemO) schützt ausschließlich ein Interesse der Allgemeinheit und vermittelt dem einzelnen Gemeinderatsmitglied keine subjektive Rechtsposition. Das ergibt sich aus dem Zweck der gesetzlichen Regelung. Die Sitzungsöffentlichkeit ist im demokratischen Rechtsstaat nicht nur ein Mittel, das Interesse der Bürgerschaft an der Selbstverwaltung zu wecken und zu unterhalten sowie die Volksverbundenheit der Verwaltung zu gewährleisten. Im Vordergrund steht vielmehr auch die Funktion, dem Gemeindebürger Einblick in die Tätigkeit der Vertretungskörperschaft und ihrer einzelnen Mitglieder zu ermöglichen und dadurch eine auf eigener Kenntnis und Beurteilung beruhende Grundlage für eine sachgerechte Kritik sowie für die Willensbildung bei künftigen Wahlen zu schaffen.

2. Weiterhin unterzieht der Grundsatz der Öffentlichkeit den Gemeinderat der allgemeinen Kontrolle der Öffentlichkeit und trägt so dazu bei, einerseits der Einwirkung persönlicher Beziehungen, Einflüsse und Interessen auf die Beschlussfassung vorzubeugen und andererseits bereits den Anschein zu vermeiden, dass „hinter verschlossenen Türen" unsachliche Motive für die Entscheidungen maßgebend gewesen sein könnten.

3. Mit dem Zweck, eine gesetzmäßige und sachgerechte Arbeit des Gemeinderats zu ermöglichen und um Missdeutungen seiner Willensbildung und Beschlussfassung zu vermeiden, dient der Grundsatz der Sitzungsöffentlichkeit allein dem öffentlichen Interesse an demokratischer Legitimation des Gemeinderats, seiner Kontrolle durch die Bürger und der bürgerschaftlichen Begleitung seiner Beratungen und Entscheidungen. Dem organschaftlichen Individualinteresse des Gemeinderatsmitglieds an öffentlicher Selbstdarstellung oder Vertretung der öffentlichen Interessen als „Sachwalter" der Allgemeinheit ist der Grundsatz der Öffentlichkeit nicht zu dienen bestimmt.

4. Vorstehendes Ergebnis wird durch den gesetzlichen Regelungszusammenhang bestätigt. Dem einzelnen Gemeinderatsmitglied räumt das Gesetz lediglich die Befugnis ein, die öffentliche Verhandlung eines Gegenstands in Abweichung von der Tagesordnung zu beantragen (§ 35 Abs. 1 S. 3 GemO). Ein weitergehendes Mitgliedschaftsrecht gewährt das Gesetz in Bezug auf die öffentliche Verhandlung nicht.[15]

Kann aber G durch eine Verletzung des § 35 Abs. 1 GemO unter keinen Gesichtspunkten in seinen mitgliedschaftlichen Rechten als Gemeinderat verletzt sein, fehlt es vorliegend an einer Klagebefugnis.

IV. Ergebnis

Die Klage ist daher unzulässig.

---

15 *VGH BW* Urteil vom 24.2.1992 – 1 S 2242/91.

15. Teil
Besondere Verwaltungsformen

A. Ortschaftsverfassung

I. Allgemeines, Begriff

393 In Gemeinden mit räumlich getrennten Ortsteilen kann durch Hauptsatzung eine Ortschaftsverfassung eingeführt werden. Sinn der Ortschaftsverfassung ist die Förderung der Eigenverantwortlichkeit der rechtlich unselbstständigen Ortschaften. Sie sollen trotz der Eingliederung in die Gesamtgemeinde eine gewisse organisatorische Eigenständigkeit bewahren können.

Zur Errichtung einer Ortschaftsverfassung werden durch Satzungsregelung zunächst die Ortschaften **räumlich voneinander abgegrenzt**. Sodann wird für die einzelnen Ortschaften ein Ortschaftsrat gebildet (§ 68 Abs. 2 GemO) und ein Ortsvorsteher eingesetzt (§ 68 Abs. 3 GemO). Weiter kann für die einzelnen Ortschaften eine örtliche Verwaltung eingerichtet werden (§ 68 Abs. 4 GemO).

Beispiel Die Gemeinde A besteht aus den Ortsteilen A, B, C. Gemäß Hauptsatzung werden die einzelnen Ortsteile zu Ortschaften erklärt und je ein Ortschaftsrat eingeführt sowie je ein Ortsvorsteher bestellt. ■

II. Ortschaftsrat

394 Werden in einer Gemeinde Ortschaften gebildet, ist gem. § 68 Abs. 2 GemO ein Ortschaftsrat einzurichten. Wahlberechtigt und wählbar sind die Bürger der Ortschaft. Bezüglich des Wahlverfahrens gelten die Regelungen betreffend die Gemeinderäte entsprechend (Rn. 148).

Die Amtszeit der Ortschaftsräte richtet sich nach der des Gemeinderats. Wie viele Mitglieder der Ortschaftsrat hat, wird durch die Hauptsatzung bestimmt (§ 69 Abs. 2 GemO). Den **Vorsitz** im Ortschaftsrat hat der **Ortsvorsteher** (§ 69 Abs. 3 GemO). Der Bürgermeister darf an den Sitzungen des Ortschafsrats grundsätzlich teilnehmen. Auf Verlangen ist ihm das Wort zu erteilen. Eine Verpflichtung des Bürgermeisters (bzw. seines Stellvertreters) zur Teilnahme ist in den §§ 67 ff. GemO nicht ausdrücklich normiert. Aus dem Umstand, dass aus § 70 GemO ein Informationsrecht des Ortschaftsrats gegenüber der Gemeinde resultiert, wird man jedoch eine solche Verpflichtung in den Fällen herleiten können, in denen der Ortschaftsrat die Teilnahme verlangt. Nimmt der Bürgermeister an Sitzungen des Ortschaftsrats teil, kann er den Vorsitz der Versammlung nicht übernehmen, da § 69 Abs. 3 GemO nicht disponibel ist.

395 Gemeinderäte, die in der Ortschaft wohnen und nicht in den Ortschaftsrat gewählt wurden, können an den Sitzungen mit beratender Stimme teilnehmen. Gleiches gilt in Gemeinden mit unechter Teilortswahl für die Gemeinderäte, die den jeweiligen Ortsteil repräsentieren.

396 Die Aufgaben des Ortschaftsrats ergeben sich teilweise unmittelbar aus Gesetz. Gemäß § 70 Abs. 1 GemO hat der Ortschaftsrat die örtliche Verwaltung zu beraten. Er ist in wichtigen Angelegenheiten der Ortschaft vom Bürgermeister oder Gemeinderat zu hören. Schließlich hat er gegenüber den zuständigen Gemeindeorganen ein Vorschlagsrecht in allen Angelegenheiten, die die Ortschaft betreffen.

Beispiel Im Ortschaftsrat wird der desolate Zustand des örtlichen Kinderspielplatzes festgestellt und daraufhin beschlossen, dem Gemeinderat ein Sanierungskonzept vorzuschlagen. ∎

Neben den gesetzlich zugewiesenen beratenden Funktionen des Ortschaftsrats können diesem zudem durch die Hauptsatzung bestimmte, die Ortschaft betreffende **Angelegenheiten zur Entscheidung** übertragen werden (§ 70 Abs. 2 GemO). Nicht übertragbar sind jedoch vorlage- oder genehmigungspflichtige und die in § 39 Abs. 2 GemO genannten Angelegenheiten.

Bei seiner Willensbildung ist der Ortschaftsrat stets an die **kommunalpolitischen Richtlinien** des Gemeinderats gebunden.[1] Eine nur auf die Interessen der Ortschaft ausgerichtete Handlungsweise, bei der die Belange der Gesamtgemeinde unberücksichtigt bleiben, ist indes unzulässig.

III. Ortsvorsteher

In jeder Ortschaft muss ein Ortsvorsteher bestellt werden. Hierfür zuständig ist der Gemeinderat. Dieser wählt aus der Mitte der wahlberechtigten Bürger der Ortschaft auf Vorschlag des Ortschaftsrats den Ortsvorsteher. Möchte der Gemeinderat diesem Vorschlag nicht folgen, kann er mit einer Mehrheit von zwei Dritteln seiner Mitglieder Bewerber aus der Mitte des Ortschaftsrats in die Auswahl einbeziehen. Die Stellvertreter des Ortsvorstehers sind ebenfalls vom Gemeinderat zu bestellen; sie müssen zwingend aus der Mitte des Ortschaftsrats kommen. Statusrechtlich ist der Ortsvorsteher **Ehrenbeamter auf Zeit**. Seine Amtszeit richtet sich nach derjenigen der Ortschaftsräte.

Der Ortsvorsteher ist der Vorsitzende des Ortschaftsrats (§ 69 Abs. 3 GemO). Daneben vertritt er den Bürgermeister, in Gemeinden mit Beigeordneten auch den Beigeordneten ständig bei dem Vollzug der Beschlüsse des Ortschaftsrats und bei der Leitung der örtlichen Verwaltung (§ 71 Abs. 3 GemO). Eine Weisungsbefugnis des Bürgermeisters (bzw. der Beigeordneten) besteht gegenüber dem Ortsvorsteher nur in den Fällen, in denen er sie vertritt. Als Vorsitzender des Ortschaftsrats ist der Ortsvorsteher hingegen an Weisungen des Bürgermeisters nicht gebunden. Ausnahmen von diesem Grundsatz bestehen gem. § 71 Abs. 3 S. 3 GemO nur für die Ausübung des Widerspruchsrechts (§ 43 Abs. 2 GemO) sowie der Eilentscheidungskompetenz (§ 43 Abs. 4 GemO).

B. Bezirksverfassung – § 64 ff. GemO

I. Allgemeines

Durch die Hauptsatzung können in Gemeinden mit mehr als 100 000 Einwohnern und in Gemeinden mit räumlich getrennten Ortsteilen Gemeindebezirke (**Stadtbezirke**) eingerichtet werden. In den Gemeindebezirken können Bezirksbeiräte gebildet und eine örtliche Verwaltung eingerichtet werden (§ 64 GemO). Sinn der Einrichtung von Bezirken ist es, insbeson-

---

1 *KBK* § 68 Rn. 5.

dere in Großstädten, in denen mangels räumlich getrennter Ortsteile die Etablierung einer Ortschaftsverfassung ausgeschlossen ist, für die Bürgern eine dezentrale Verwaltungsstruktur zu schaffen.

II. Bezirksbeirat

401 Die Mitglieder des Bezirksbeirats (Bezirksbeiräte) werden vom Gemeinderat bestellt. Bei der Bestellung der Bezirksbeiräte soll das von den im Gemeinderat vertretenen Parteien und Wählervereinigungen bei der letzten regelmäßigen Wahl der Gemeinderäte im Gemeindebezirk erzielte Wahlergebnis berücksichtigt werden. Anders als beim Ortschaftsrat werden die Mitglieder der Bezirksbeiräte im Regelfall nicht unmittelbar von den Bürgern gewählt. In Gemeinden mit mehr als 100 000 Einwohnern kann der Gemeinderat jedoch durch die Hauptsatzung bestimmen, dass die Bezirksbeiräte nach den für die Wahl der Gemeinderäte geltenden Vorschriften gewählt werden. Vorsitzender des Bezirksbeirats ist i.d.R. der Bürgermeister. Wird jedoch in der Hauptsatzung die unmittelbare Wahl der Bezirksbeiräte durch die Bürger bestimmt, sind für die Gemeindebezirke auch eigene Bezirksvorsteher zu wählen. Die Vorschriften über die Ortschaftsverfassung, den Ortschaftsrat, die Ortschaftsräte und den Ortsvorsteher gelten entsprechend.

402 Aufgabe des Bezirksbeirats ist es, die örtliche Verwaltung des Gemeindebezirks in allen wichtigen Angelegenheiten zu beraten. Sofern in den Ausschüssen des Gemeinderats wichtige Angelegenheiten, die einen Gemeindebezirk betreffen, auf der Tagesordnung stehen, kann der Bezirksbeirat eines seiner Mitglieder zu den Ausschusssitzungen entsenden. Das entsandte Mitglied nimmt an den Ausschusssitzungen mit beratender Stimme teil. Zu wichtigen Angelegenheiten, die einen Gemeindebezirk betreffen, ist der Bezirksbeirat zu hören.

16. Teil
Landkreise

A. Rechtsstellung

Landkreise sind – gerade wie die Gemeinden – **Gebietskörperschaften des öffentlichen Rechts** und als solche rechts- und prozessfähig. Sie nehmen öffentliche Aufgaben mit hoheitlichen Mitteln unter staatlicher Aufsicht wahr. Ihre Mitglieder sind die Einwohner des Kreises. Innerhalb des Verwaltungsaufbaus sind sie zwischen den Gemeinden und den Regierungspräsidien angesiedelt.

403

Charakteristisch an den Landkreisen ist ihre **Doppelfunktion**: Das Landratsamt als einheitliche Behörde ist Selbstverwaltungskörperschaft im Sinne von Art. 28 Abs. 2 GG (und Art. 69 und 71 LV) einerseits und Untere Verwaltungsbehörde und damit Staatsbehörde (§ 1 Abs. 3 LKrO) andererseits. Dementsprechend unterschiedlich sind die Rechtsgrundlagen, aufgrund derer die Kreise tätig werden. Soweit sie ihre Funktion als Selbstverwaltungskörperschaft wahrnehmen, handeln sie auf Grundlage der mit der GemO vergleichbaren LKrO. Werden sie hingegen als Staatsbehörde tätig, geschieht dies nach den Normen des LVG.

404

Zuordnungssubjekt für das Handeln als Selbstverwaltungskörperschaft ist der Landkreis in seiner Eigenschaft als juristische Person des öffentlichen Rechts. Handelt das Landratsamt hingegen als Staatsbehörde, wird diese Handlung dem Land zugerechnet.

405

> **JURIQ-Klausurtipp**
>
> Diese Differenzierung ist außerordentlich wichtig bei der Bestimmung der Passivlegitimation im verwaltungsprozessualen Verfahren. Richtet sich die Klage gegen Maßnahmen des Landkreises als Untere Verwaltungsbehörde, ist Beklagter das Land. Wird eine Tätigkeit der Selbstverwaltungskörperschaft angegriffen, ist Klagegegner der Landkreis selbst.

B. Verfassungsmäßige Garantie des Art. 28 Abs. 2 GG

Landkreise sind Gemeindeverbände i.S.d. Art. 28 Abs. 2 GG[1] und genießen daher verfassungsmäßigen Schutz betreffend ihren Bestand sowie ihren Kernbereich. Im Vergleich zu den Gemeinden ist die verfassungsmäßige Garantie der Kreise jedoch weniger stark ausgeprägt. Insbesondere gibt es keine feststehenden Aufgaben, die den Kreisen übertragen sind. Innerhalb der bestehenden Subjektsgarantie ist lediglich gewährleistet, dass den Landkreisen überhaupt Aufgaben übertragen werden müssen.

406

---

1 *StGH BW* ESVGH 18, 2; 23, 3, *Gern* Rn. 468.

C. Aufgaben

407 Die Aufgaben der Landkreise werden – wie die der Gemeinden – in weisungsfreie (freiwillige Aufgaben und Pflichtaufgaben) und weisungsgebundene Aufgaben unterteilt (vgl. § 2 Abs. 1 bis 4 LKrO). Im Unterschied zu den Gemeinden besteht zugunsten der Landkreise indes nur ein **eingeschränktes Aufgabenfindungsrecht** für freiwillige Aufgaben. Diese Einschränkung folgt aus § 2 Abs. 1 LKrO, nach dem sich die Kreise nur den freiwilligen Aufgaben annehmen dürfen, die die Leistungsfähigkeit der kreisangehörigen Gemeinden übersteigen.

408 > **Hinweis**
>
> Eine solche Einschränkung des Aufgabenfindungsrechts der Landkreise ist konsequent. Bestünde sie nicht, käme es zu einer Kollision des gemeindlichen Aufgabenfindungsrechts mit dem der Landkreise.

D. Organe

409 Organe des Landkreises sind der **Kreistag** und der **Landrat** (§ 18 LKrO). Diese Zweiteilung ist – mutatis mutandis – mit derer innerhalb der Gemeinden (Gemeinderat und Bürgermeister) vergleichbar.

I. Kreistag

410 Der Kreistag ist – wie der Gemeinderat – die **Vertretung der Einwohner** und **Hauptorgan** des Landkreises (§ 19 LKrO). Seine Mitglieder (sog. **Kreisräte**) werden direkt vom Volk gewählt (§ 22 LKrO). Der Kreistag legt die Grundsätze der Kreisverwaltung fest und entscheidet über alle Angelegenheiten des Landkreises, sofern nicht der Landrat zuständig ist.

II. Landrat

411 Der Landrat ist **Vorsitzender des Kreistags** und **Leiter des Landratsamts**. Er vertritt den Landkreis (§ 37 LKrO). Anders als der Bürgermeister wird der Landrat in Baden-Württemberg nicht vom Volk, sondern vom Kreistag gewählt. Er hat damit **keine unmittelbare demokratische Legitimation**. Aus diesem Grund ist der Landrat als Vorsitzender des Kreistags auch nicht stimmberechtigt. Die übrigen Befugnisse des Landrats sind mit denen des Bürgermeisters vergleichbar. Auch er bereitet die Sitzungen des Kreistags vor und vollzieht die Beschlüsse. Ferner hat auch er ein Widerspruchsrecht gegen gesetzeswidrige oder für den Kreis nachteilige Beschlüsse (§ 41 Abs. 2 LKrO) und kann kraft Eilentscheidungskompetenz (§ 41 Abs. 4 LKrO) unter besonderen Voraussetzungen Beschlüsse anstelle des Kreistags fassen.

E. Aufsicht

Als Körperschaft des öffentlichen Rechts unterliegt der Landkreis der staatlichen Aufsicht (§ 51 LKrO). Rechtsaufsichtsbehörde und obere Rechtsaufsichtsbehörde ist das Regierungspräsidium, oberste Rechtsaufsichtsbehörde ist das Innenministerium.

412

Was die Ausgestaltung der Rechtsaufsicht anbelangt, gelten die Regelungen des 4. Teils der GemO (§ 51 LKrO) (Rn. 312 ff.).

Bezüglich der Fachaufsicht beinhaltet die LKrO keine Regelungen. Insoweit gelten die in den Spezialgesetzen enthaltenen Vorschriften.

17. Teil
Überblick: Interkommunale Zusammenarbeit

> **Hinweis** 413
>
> Die interkommunale Zusammenarbeit bildet in kommunalrechtlich geprägten Klausuren kaum einen Schwerpunkt. Aus diesem Grunde beschränken sich die nachfolgen Ausführungen auf einen Überblick.

» Verschaffen Sie sich zumindest einen groben Überblick über die Normen des GKZ. «

414 Sowohl in der GemO wie auch im Gesetz über kommunale Zusammenarbeit (GKZ) ist die Möglichkeit der Zusammenarbeit mehrerer Gemeinden vorgesehen.[1] Sinn einer interkommunalen Zusammenarbeit ist zum einen, Aufgaben, welche die Leistungsfähigkeit einer einzelnen Gemeinde übersteigen würden, gemeinsam erfüllen zu können. Zum anderen sollen durch die gemeinsame Aufgabenerfüllung Synergieeffekte genutzt und damit ein besonders wirtschaftliches Handeln ermöglicht werden.

Beispiel Typische Beispiele für Projekte der interkommunalen Zusammenarbeit sind die besonders kostspieligen oder raumübergreifenden Aufgaben wie Wasserversorgung, Abwasser- und Müllentsorgung sowie der Bau von Schulen. ■

A. Zweckverband

415 Kommunale Zweckverbände sind Zusammenschlüsse insbesondere von Gemeinden und Landkreisen mit dem Ziel, gemeinsame Aufgaben, zu deren Erledigung sie berechtigt oder verpflichtet sind, dauerhaft für alle oder einzelne Mitglieder gemeinsam zu erfüllen. Rechtsgrundlage für die Gründung sowie für die Arbeit des Zweckverbands ist in Baden-Württemberg das GKZ (§§ 2 ff. GKZ). Es gelten subsidiär die Vorschriften der GemO (§ 5 Abs. 2 GKZ).

416 Zweckverbände sind **Körperschaften des öffentlichen Rechts** und somit rechtsfähig. Mangels Gebietshoheit – dem Zweckverband wird gerade kein Hoheitsgebiet mit universellem Wirkungskreis überlassen – sind sie jedoch **keine Gebietskörperschaften**. Ihnen kann durch Vereinbarung die Möglichkeit übertragen werden, Rechtsverordnungen und Satzungen zu erlassen. Sie haben zudem kraft Gesetzes Personal- sowie Finanzhoheit und sind in der Wahl der Organisations- und Handlungsformen frei (§§ 17, 19 GKZ).

417 Organe des Zweckverbands sind die **Verbandsversammlung** und der **Verbandsvorsitzende** (§ 12 Abs. 1 GKZ). Fakultativ kann als weiteres Organ noch ein Verwaltungsrat eingerichtet werden (§ 12 Abs. 2 GKZ). In der Verbandsversammlung – dem Hauptorgan des Zweckverbands – werden die Mitglieder durch mindestens einen Vertreter repräsentiert (§ 13 Abs. 2 GKZ). In den öffentlichen Sitzungen erfolgt die Beschlussfassung mit Stimmenmehrheit. Vorsitzender der Verbandsversammlung und Leiter der Verbandsverwaltung ist der Verbandsvorsitzende, der den Zweckverband zudem nach außen hin vertritt (§ 16 Abs. 1 GKZ).

---

[1] Zur interkommunalen Zusammenarbeit vgl. ausführlich *Müller* S. 7 ff.

B. Öffentlich-rechtliche Vereinbarung bzw. Zweckvereinbarung

Die öffentlich-rechtliche Vereinbarung oder Zweckvereinbarung stellt einen Vertrag zwischen zwei Körperschaften dar, mittels dessen sich der eine Vertragsteil zur **Übernahme von einzelnen Aufgaben** für den anderen Teil verpflichtet. Gesetzliche Regelungen hierzu finden sich in den §§ 25 ff. GKZ. Dogmatisch handelt es sich bei dieser Vereinbarung um einen koordinationsrechtlichen öffentlich-rechtlichen Vertrag, welcher der Schriftform bedarf und von der Rechtsaufsichtsbehörde genehmigt werden muss. Da mit Wirksamwerden der Vereinbarung gesetzliche Zuständigkeiten partiell umverteilt werden, mithin objektives Recht geändert wird, und dies auch Außenwirkung hinsichtlich Dritten hat, kommt ihm die Qualität eines Rechtssetzungsakts zu. Folgerichtig bedarf der Vertrag sowie die Genehmigung der Rechtsaufsichtsbehörde um rechtswirksam zu werden der **öffentlichen Bekanntmachung** (§ 25 Abs. 5 GKZ). Bezeichnend für diese Form der interkommunalen Zusammenarbeit ist, dass hierbei – anders als beim Zweckverband – gerade kein neuer Rechtsträger geschaffen wird, mithin auch kein Raum für besondere Organe ist.

418

C. Verwaltungsgemeinschaften

Eine unmittelbar in der GemO (§ 59 ff.) geregelte Form der kommunalen Zusammenarbeit ist die sog. Verwaltungsgemeinschaft. Die GemO unterscheidet zwischen zwei verschiedenen Formen der Verwaltungsgemeinschaft, nämlich dem **Gemeindeverwaltungsverband** (§ 59 S. 1 Alt. 1 GemO) einerseits und der **vereinbarten Verwaltungsgemeinschaft** (§ 59 S. 1 Alt. 2 GemO) andererseits.

419

I. Gemeindeverwaltungsverband

Der Gemeindeverwaltungsverband stellt hinsichtlich seiner rechtlichen Konstruktion eine Sonderform des im GKZ normierten Zweckverbands dar. Folgerichtig sind die Regelungen des GKZ über den Zweckverband subsidiär neben den Bestimmungen der GemO auf diese Form der gemeindlichen Kooperation anwendbar (§ 60 Abs. 1 GemO). Wie der Zweckverband nach GKZ ist auch der Gemeindeverwaltungsverband eine **Körperschaft des öffentlichen Rechts**, die mitgliedschaftlich organisiert ist. Unterschiede bestehen jedoch beim Kreis der potentiell Beteiligten: während beim Zweckverband sowohl Gemeinden, Landkreise, andere Körperschaften, Anstalten und Stiftungen des öffentlichen Rechts sowie Private beteiligt werden können, beschränkt die GemO das Feld der potentiellen Beteiligten des Verwaltungsverbands auf **benachbarte Gemeinden desselben Landkreises** (§ 59 S. 1 GemO).

420

Auch wenn ein Gemeindeverwaltungsverband – gerade wie ein Zweckverband – grundsätzlich zur Erfüllung einzelner klar umrissener Aufgaben gegründet wird, ist sein Tätigkeitsfeld dennoch weiter. Ihm obliegt es, die teilnehmenden Gemeinden umfassend zu betreuen und ihre Aufgaben verwaltungsmäßig zu erledigen. Darüber hinaus hat er die Pflicht, seine Mitglieder bei deren Aufgabenwahrnehmung zu beraten (§ 61 Abs. 1 GemO). Er kann ihnen überdies – bei Bedarf – (Fach)Bedienstete zur Verfügung zu stellen (§ 61 Abs. 2 GemO).

Beispiel Typische Aufgaben der Verwaltungsgemeinschaft sind die Verwaltung gemeindlicher Abgaben, die Vorbereitung und Aufstellung der Haushaltspläne oder aber die Durchführung der Kassengeschäfte.

421 Die Gründung des Verbands erfolgt mittels eines gemeinsamen öffentlich-rechtlichen Vertrags. Dieser legt den Inhalt einer Satzung fest, die ihrerseits genehmigungspflichtig ist.[2] Organe des Gemeindeverwaltungsverbands sind die **Verbandsversammlung als Hauptorgan** sowie der **Verbandsvorsitzende**.[3] Eine Mitwirkung der beteiligten Gemeinden findet im Rahmen der Arbeit in der Verbandsversammlung statt. Die Mitglieder haben als Vertreter ihrer Gemeinden deren Interessen zu vertreten und sind ihnen gegenüber weisungsgebunden.

II. Vereinbarte Verwaltungsgemeinschaft

422 Eine **vereinbarte Verwaltungsgemeinschaft** liegt vor, wenn „benachbarte Gemeinden desselben Landkreises (…) vereinbaren, dass eine Gemeinde (erfüllende Gemeinde) die Aufgaben des Gemeindeverwaltungsverband erfüllt" (§ 59 Abs. 1 S. 1 Var. 2 GemO). Wie schon aus dem Wortlaut deutlich wird, soll dabei **keine neue Körperschaft** gegründet, sondern lediglich ein bestimmter Aufgabenkatalog auf die erfüllende Gemeinde übertragen werden. Dieser kommt nach dem Willen des Gesetzgebers die gleiche Betreuungspflicht zu wie dem Gemeindeverwaltungsverband. Für die vereinbarte Verwaltungsgemeinschaft gelten die Regelungen des GKZ subsidiär (§ 60 Abs. 1 GemO). Hinsichtlich ihrer Bildung kommen insoweit die Normen über die öffentlich-rechtliche Vereinbarung (Rn. 418) in Betracht. Gleichwohl hat die vereinbarte Verwaltungsgemeinschaft eine gänzlich andere Funktion als die öffentlich-rechtliche Vereinbarung nach GKZ. Während im letzten Fall lediglich einzelne Aufgaben übertragen werden, gehen bei der Verwaltungsgemeinschaft ganze **Bündel von Obliegenheiten** auf die erfüllende Gemeinde über.

423 Um die verfassungsrechtlich gebotene Mitwirkung der übertragenden Gemeinden sicherzustellen, muss als Organ der Verwaltungsgemeinschaft ein gemeinsamer Ausschuss bei der erfüllenden Gemeinde eingerichtet werden, der im Rahmen der übertragenen Aufgaben für den Gemeinderat der erfüllenden Gemeinde entscheidet (§ 60 Abs. 4 GemO).

Hinsichtlich der Aufgaben der Verwaltungsgemeinschaft kann zwischen **Erledigungsaufgaben** einerseits und **Erfüllungsaufgaben** andererseits unterschieden werden (§ 61 Abs. 3 bzw. 4 GemO). Erledigungsaufgaben sind solche, die durch den Verwaltungsverband bzw. die erfüllende Gemeinde im Namen der jeweiligen Mitgliedsgemeinden ausgeführt werden. Die Zuständigkeit bleibt bei den teilnehmenden Gemeinden, lediglich die verwaltungsmäßige Abwicklung wird übertragen. Hingegen erfolgt im Bereich der Erfüllungsaufgaben ein Zuständigkeitswechsel durch Delegation der Aufgabe auf den Gemeindeverwaltungsverband bzw. die erfüllende Gemeinde.

424 Das Gesetz sieht bezüglich beider Arten einen Mindestkatalog an Aufgaben vor, die auf den Verband bzw. die erfüllende Gemeinde übertragen werden müssen (§ 61 Abs. 3 GemO). Daneben können durch Satzung bzw. Vereinbarung noch weitere – sowohl freiwillige als auch pflichtige – Aufgaben übertragen werden. Darüber hinaus existieren allgemeine Beratungsaufgaben sowie die Möglichkeit der Personalbereitstellung durch die betreuende Gemeinde (§ 61 Abs. 1, 2 GemO).

---

[2] Das Verfahren ist insoweit identisch mit dem der Zweckverbandsbildung. Das Genehmigungserfordernis rührt aus § 60 Abs. 1 GemO BW i.V.m. § 7 Abs. 1 GKZ BW her.
[3] § 60 Abs. 1 GemO BW i.V.m. §§ 12 Abs. 1, 13 Abs. 1 GKZ BW. Sonderregelungen über die Zusammensetzung der Verbandsversammlung beinhaltet jedoch § 60 Abs. 3 GemO BW.

18. Teil
Überblick: Wirtschaftliche Betätigung der Gemeinden

> **Hinweis**
>
> Die wirtschaftliche Betätigung der Gemeinden spielt in der Klausur regelmäßig keine Rolle, weshalb sich die Ausführungen hier auf einen groben Überblick beschränken.

425

Von der Selbstverwaltungsgarantie des Art. 28 Abs. 2 GG mit umfasst ist die Möglichkeit der Gemeinden, sich wirtschaftlich zu betätigen. Den rechtlichen Rahmen für eine wirtschaftliche Tätigkeit normiert die GemO in den §§ 102 ff. („Unternehmen und Beteiligungen").

426

》 Lesen Sie die §§ 102 ff. GemO und verschaffen Sie sich einen Überblick über die Möglichkeiten der wirtschaftlichen Betätigung der Gemeinden. 《

Gemäß § 102 GemO dürfen Gemeinden wirtschaftliche Unternehmen ungeachtet der Rechtsform nur dann errichten, übernehmen, wesentlich erweitern oder sich an solchen beteiligen, wenn dies der **öffentliche Zweck** des Unternehmens rechtfertigt, es in Einklang mit der **Leistungsfähigkeit der Gemeinde** zu bringen ist und der Zweck bei einer Tätigkeit **außerhalb der kommunalen Daseinsfürsorge** nicht ebenso gut durch einen **privaten Dritten** erfüllt werden kann.

427

Der Begriff des wirtschaftlichen Unternehmens ist gesetzlich nicht definiert. In der Lehre werden wirtschaftliche Unternehmen als rechtliche selbstständige oder unselbstständige Zusammenfassungen persönlicher und sachlicher Mittel in der Hand von Rechtsträgern mit einer gewissen organisatorischen Selbstständigkeit zum Zweck der Teilnahme am Wirtschaftsverkehr angesehen.[1] Die Verwaltungsvorschriften zu § 102 GemO sprechen insoweit von Einrichtungen, die grundsätzlich auch von einem Privatunternehmen mit der Absicht der Gewinnerzielung betrieben werden können, wobei Einigkeit herrscht, dass das Merkmal der Gewinnerzielung nicht konstitutiv für die Annahme eines wirtschaftlichen Unternehmens ist.

428

Beispiel Beispiele für wirtschaftliche Unternehmen sind ÖPNV, Wasserversorgungsunternehmen, Parkhaus, Messegesellschaften. ■

Keine wirtschaftlichen Unternehmen sind ausweislich § 102 Abs. 4 GemO Unternehmen, zu deren Betrieb die Gemeinde gesetzlich verpflichtet ist: Einrichtungen des Unterrichts-, Erziehungs- und Bildungswesens, der Kunstpflege, der körperlichen Ertüchtigung, der Gesundheits- und Wohlfahrtspflege sowie Einrichtungen ähnlicher Art. Ebenfalls nicht unter den Begriff des wirtschaftlichen Unternehmens zu fassen sind die sog. **Hilfsbetriebe** der Gemeinde, die ausschließlich zur Deckung ihres Eigenbedarfs dienen. Für sie gelten die strengen Anforderungen der §§ 102 ff. GemO nur eingeschränkt (§ 106a GemO).

429

Beispiel Beispiele für nichtwirtschaftliche Unternehmen: Krankenhäuser, Theater, Kindergärten. Hilfsbetriebe sind etwa der örtliche Bauhof oder die kommunale Service-GmbH, die Reinigungsleistungen ausschließlich für die Gemeinde erbringt. ■

---

1 *Gern* Rn. 391.

430 Wirtschaftliche Unternehmen können sowohl in öffentlich-rechtlicher wie auch in zivilrechtlicher Organisationsform betrieben werden. Typische Betriebe in öffentlich-rechtlicher Organisationsform sind der rechtlich unselbstständige Regiebetrieb, bei dem das Unternehmen rechtlich und organisatorisch in den Verwaltungsapparat eingegliedert ist sowie der – ebenfalls rechtlich unselbstständige – Eigenbetrieb, der sich allerdings durch seine organisatorische Selbstständigkeit auszeichnet.

> **Hinweis**
>
> Die Rechtsgrundlagen für den kommunalen Eigenbetrieb finden sich im EigBG sowie in der EigBVO.

》 Kommentieren Sie – soweit erlaubt – § 104 GemO bei § 44 GemO, da die Norm eine typische Kompetenz des Bürgermeisters normiert. 《

Daneben ist es den Gemeinden unter den besonderen Voraussetzungen der §§ 103 ff. GemO gestattet, kommunale Unternehmen in Privatrechtsform zu betreiben. Praktisch spielt hierbei die GmbH die größte Rolle. Gemäß § 104 GemO vertritt der Bürgermeister die Gemeinde in der Gesellschafterversammlung bzw. dem entsprechenden Organ des Unternehmens.

Sachverzeichnis

Die Zahlen verweisen auf die Randnummern.

Abstimmungen 211
allgemeine Stellvertretung 193
Allzuständigkeit 20
Ältestenrat 189
Amtsverweser 202
Androhung 349
Angelegenheiten der örtlichen Gemeinschaft 14
Anhörung 92
Anordnungsrecht 334
Anschluss- und Benutzungszwang 129
Anstalten 8
Anzeigepflicht 297
Aufgaben
– freiwillige 45, 49
– Pflichtaufgaben 45 f., 51
Aufgabenfindungsrecht 49, 407
Ausfertigung 298
Ausscheiden aus dem Gemeinderat 154
Ausschüsse 182
– beratende 188
– beschließende 183
Auswahlermessen 326

Beanstandungsrecht 319
Beauftragter 353
Beauftragung 203
Befangenheit 71, 193, 254 ff.
Befassungskompetenz 21
Beigeordnete 194
berechtigtes Interesse 241
Beschlussfähigkeit 273
Beschlussfassung 210
Beschränkungen des Zulassungsanspruchs 120
Bezirksbeirat 401
Bezirksverfassung 400
Bundesauftragsangelegenheiten 55
Bundeskommunalaufsicht 311
Bundestreue 311
Bürger 60
Bürgerantrag 84
Bürgerbegehren 99
Bürgerentscheid 93

Bürgermeister 162
– Stellvertreter 192
Bürgerversammlung 76

Dienstvorgesetzter 175
Dringlichkeit 174

ehrenamtliche Tätigkeit 62
Eigenverantwortlichkeit 29
Eilentscheidungskompetenz 174
Einberufung im Notfall 233
Einrichtung 110
– öffentliche 108
Einwohner 56
– sachkundige 187
Entschließungsermessen 324
Ersatzvornahme 347
Erster Beigeordneter 198

Fachaufsicht 364
Fachaufsichtsbehörde 373
Finanzhoheit 28
Fragestunde 92
Fraktionen 156
freiwillige Aufgaben 45, 49 f.

Gebietshoheit 24
Gebietskörperschaften 9
Gebietsveränderung 39
Gelegenheit zur Äußerung 75
Geltendmachung von Ansprüchen 355 ff.
Gemeindehoheiten 22
Gemeinderat 139
Gemeindeverband 406
Gemeindeverwaltungsverband 420
Gemeingebrauch 110
Geschäft der laufenden Verwaltung 170
Geschäftskreise 195
Geschäftsordnung 159
gesetzlicher Vertreter 176
Gesetzmäßigkeitskontrolle 312
Gewerbetreibende 57

Sachverzeichnis

Große Kreisstadt 12
Gründe des öffentlichen Wohls 240
Grundstücksbesitzer 57

Haftung 155
Hauptorgan 139
Hauptsatzung 291
Hausrecht 249
Heilung 302
Hilfsbetriebe 429
Hinderungsgrund 153 f., 181

Informationsrecht 231, 342
Inkrafttreten 300
institutionelle Garantie 15
institutionelle Rechtssubjektsgarantie 16
Interessenkollision 258
interkommunale Zusammenarbeit 414
interorganliches Verfahren 379
intraorganliches Verfahren 379

Jugendgemeinderat 191

Kernbereich der kommunalen Selbstverwaltung 32
Kommunalaufsicht 310
kommunale Selbstverwaltung 14
kommunale Selbstverwaltungsgarantie 14
Kooperationshoheit 23
Körperschaften 8
Kosten der Ersatzvornahme 352
Kostenerstattungsanspruch 352
kreisangehörige Gemeinde 11
Kreistag 410

Landkreise 403
Landrat 411
Lenkungsorgan 139

Mehrheitswahl 179
mittelbare Staatsverwaltung 8 f.

Nichtöffentlichkeit 239 ff.
Niederschrift 275
Normenkontrolle
– abstrakte 305
– inzidente 306

objektive Rechtsinstitutionsgarantie 17
Offenlegung 279
öffentlich-rechtliche Vereinbarung 418
öffentliche Bekanntmachung 299
öffentliche Einrichtung 108
Öffentlichkeit der Sitzungen 235
ordnungsgemäße Einberufung 219
Organ 162
Organisationshoheit 23
Organstreit 377
Organstreitverfahren 378
Ortschaftsrat 394
Ortschaftsverfassung 393
ortsübliche Bekanntgabe 232
Ortsvorsteher 398

Partei 123
Personalhoheit 25
Personalkörperschaften 9
persönliche Betroffenheit 259
Pflichtaufgaben 45 f.
– weisungsfreie 51
Pflichtsatzung 290
Pflichtsatzungen 290
Planungshoheit 26

Randbereich der kommunalen Selbstverwaltung 33
Rechtsaufsicht 312
rechtsgeschäftliche Vollmacht 206
Rechtsverordnung 286
Rückgängigmachungsverlangen 332

Sachen im Gemeingebrauch 110
sachkundige Einwohner 187
Satzung 283
Satzungshoheit 27, 283
Selbsteinberufungsrecht 221
Sitzungsordnung 249
Sitzungsvorlagen 230
Sonderinteresse 258
Sondervertretung 193
Stadtbezirk 400
Stadtkreis 13
Stellvertreter des Bürgermeisters 192
Steuer- und Abgabenhoheit 28
Stiftungen 8
subjektive Rechtsstellungsgarantie 18, 41

Sachverzeichnis

Tagesordnung 227
Teilnahmepflicht 234
Territorialprinzip 24
Tischvorlage 230

übertragene Aufgaben 172
Unechte Teilortswahl 151
unmittelbare Staatsverwaltung 7
Unternehmen 426

Verbandskompetenz 20
vereinbarte Verwaltungsgemeinschaft 422
Verfahren
– schriftliches/elektronisches 279
Verfassungsbeschwerde 307
Verfassungsstatut der Gemeinde 291
Verhältniswahl 149
Verhandlungsleitung 248
Verkündung 299
Vertretungsverbot 66
Verwaltungseinrichtung 110
Verwaltungsgemeinschaft 419
Verwaltungsvorschriften 285
Vorsitzender des Gemeinderats 164

Wahlen 211
Weisungsaufgaben 46, 53, 173
weisungsfreie Pflichtaufgabe 51
Wesensgehaltstheorie 32
Widerspruchspflicht 165
Widerspruchsrecht 165
Widmung 111
wirtschaftliche Tätigkeit 426
wirtschaftliche Unternehmen 427

Zulassungsanspruch 116
Zwangsvollstreckung 357
Zweckmäßigkeitskontrolle 365
Zweckverband 415
Zweckvereinbarung 418
Zwei-Stufen-Theorie 126

Blitzschnell nachschlagen
im Hörsaal und Zuhause

Die Reihe „Textbuch Deutsches Recht"
- handliche Sammlungen der wichtigsten Gesetze für das Studium
- ausgewählt und zusammengestellt nach Ausbildungsrelevanz
- optimale Orientierung und problemloses Zitieren durch Satznummerierung

Kirchhof/Kreuter-Kirchhof (Hrsg.)
Staats- und Verwaltungsrecht Bundesrepublik Deutschland
Mit Europarecht
52. Auflage 2013. € 15,99

Kirchhof/Kreuter-Kirchhof (Hrsg.)
Staats- und Verwaltungsrecht Baden-Württemberg
36. Auflage 2014. Ca. € 19,99

Alle Bände der Reihe und weitere Infos unter: **www.cfmueller-campus.de/textbuecher**

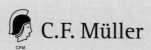 C.F. Müller   Jura auf den ● gebracht